编委会

高等学校"十四五"规划酒店管理与数字化运营专业新形态系列教材

总主编

周春林　全国旅游职业教育教学指导委员会副主任委员，教授

编　委（排名不分先后）

臧其林　苏州旅游与财经高等职业技术学校党委书记、校长，教授
叶凌波　南京旅游职业学院校长
姜玉鹏　青岛酒店管理职业技术学院校长
李　丽　广东工程职业技术学院党委副书记、校长，教授
陈增红　山东旅游职业学院副校长，教授
符继红　云南旅游职业学院副校长，教授
屠瑞旭　南宁职业技术学院健康与旅游学院党委书记、院长，副教授
马　磊　河北旅游职业学院酒店管理学院院长，副教授
王培来　上海旅游高等专科学校酒店与烹饪学院院长，教授
王姣蓉　武汉商贸职业学院现代管理技术学院院长，教授
卢静怡　浙江旅游职业学院酒店管理学院院长，教授
刘翠萍　黑龙江旅游职业技术学院酒店管理学院院长，副教授
苏　炜　南京旅游职业学院酒店管理学院院长，副教授
唐凡茗　桂林旅游学院酒店管理学院院长，教授
石　强　深圳职业技术学院管理学院院长，教授
李　智　四川旅游学院希尔顿酒店管理学院副院长，教授
匡家庆　南京旅游职业学院酒店管理学院教授
伍剑琴　广东轻工职业技术学院酒店管理学院教授
刘晓杰　广州番禺职业技术学院旅游商务学院教授
张建庆　宁波城市职业技术学院旅游学院教授
黄　昕　广东海洋大学数字旅游研究中心副主任/问途信息技术有限公司创始人
汪京强　华侨大学旅游实验中心主任，博士，正高级实验师
王光健　青岛酒店管理职业技术学院酒店管理学院副院长，副教授
方　堃　南宁职业技术学院健康与旅游学院酒店管理与数字化运营专业带头人，副教授
邢宁宁　漳州职业技术学院酒店管理与数字化运营专业主任，专业带头人
曹小芹　南京旅游职业学院旅游外语学院旅游英语教研室主任，副教授
钟毓华　武汉职业技术学院旅游与航空服务学院副教授
郭红芳　湖南外贸职业学院旅游学院副教授
彭维捷　长沙商贸旅游职业技术学院湘旅学院副教授
邓逸伦　湖南师范大学旅游学院教师
沈蓓芬　宁波城市职业技术学院旅游学院教师
支海成　南京御冠酒店总经理，副教授
杨艳勇　北京贵都大酒店总经理
赵莉敏　北京和泰智研管理咨询有限公司总经理
刘懿纬　长沙菲尔德信息科技有限公司总经理

高等学校"十四五"规划酒店管理与数字化运营专业新形态系列教材

总主编 ◎ 周春林

前厅服务与数字化运营

主　编　徐文苑　徐　萌

QIANTING FUWU
YU SHUZIHUA
YUNYING

华中科技大学出版社
http://press.hust.edu.cn
中国·武汉

内 容 简 介

本教材以天津市职业教育精品在线开放课程"前厅管理与实务"为依托,以酒店典型工作任务、案例等为载体,对接酒店行业职业标准和岗位(群)能力要求,融入在线精品课程资源,通过数字化内容推动课堂教学革命,体现现代服务业发展的新规范、新标准,反映人才培养模式改革方向,满足酒店行业技术技能人才需求变化。本教材将课程内容重构为3大模块12个项目34个任务,以适应结构化、模块化专业课程教学要求。每个项目都有"项目目标"和"知识导图",每个任务均有"任务导入"和"任务分析",中间穿插"知识拓展""同步思考"和"对点案例",核心知识点和技能点在书中配有二维码学习资源,随扫随学,每个项目最后都有"英语积累"和"项目训练",可供学生学习和练习。

图书在版编目(CIP)数据

前厅服务与数字化运营/徐文苑,徐萌主编. —武汉:华中科技大学出版社,2023.7(2024.8重印)
ISBN 978-7-5680-9574-7

Ⅰ.①前… Ⅱ.①徐… ②徐… Ⅲ.①饭店—商业服务 ②饭店—商业管理 Ⅳ.①F719.2

中国国家版本馆 CIP 数据核字(2023)第 125664 号

前厅服务与数字化运营 徐文苑 徐萌 主编
Qianting Fuwu yu Shuzihua Yunying

策划编辑:李家乐
责任编辑:贺翠翠 李家乐
封面设计:原色设计
责任校对:刘　竣
责任监印:周治超
出版发行:华中科技大学出版社(中国·武汉)　　电话:(027)81321913
　　　　　武汉市东湖新技术开发区华工科技园　　邮编:430223
录　　排:孙雅丽
印　　刷:武汉市籍缘印刷厂
开　　本:787mm×1092mm 1/16
印　　张:15
字　　数:335千字
版　　次:2024年8月第1版第2次印刷
定　　价:49.90元

本书若有印装质量问题,请向出版社营销中心调换
全国免费服务热线:400-6679-118　竭诚为您服务
版权所有　侵权必究

总序

2021年,习近平总书记对全国职业教育工作作出重要指示,强调要加快构建现代职业教育体系,培养更多高素质技术技能人才、能工巧匠、大国工匠。同年,教育部对职业教育专业目录进行全面修订,并启动《职业教育专业目录(2021年)》专业简介和专业教学标准的研制工作。

新版专业目录中,高职"酒店管理"专业更名为"酒店管理与数字化运营"专业,更名意味着重大转型。我们必须围绕"数字化运营"的新要求,贯彻党中央、国务院关于加强和改进新形势下大中小学教材建设的意见,落实教育部《职业院校教材管理办法》,联合校社、校企、校校多方力量,依据行业需求和科技发展趋势,根据专业简介和教学标准,梳理酒店管理与数字化运营专业课程,更新课程内容和学习任务,加快立体化、新形态教材开发,服务于数字化、技能型社会建设。

教材体现国家意志和社会主义核心价值观,是解决培养什么样的人、如何培养人以及为谁培养人这一根本问题的重要载体,是教学的基本依据,是培养高质量优秀人才的基本保证。伴随我国高等旅游职业教育的蓬勃发展,教材建设取得了明显成果,教材种类大幅增加,教材质量不断提高,对促进高等旅游职业教育发展起到了积极作用。在2021年首届全国教材建设奖评审中,有400种职业教育与继续教育类教材获奖。其中,旅游大类获一等奖优秀教材3种、二等奖优秀教材11种,高职酒店类获奖教材有3种。当前,酒店职业教育教材同质化、散沙化和内容老化、低水平重复建设现象依然存在,难以适应现代技术、行业发展和教学改革的要求。

在信息化、数字化、智能化叠加的新时代,新形态高职酒店类教材的编写既是一项研究课题,也是一项迫切的现实任务。应根据酒店管理与数字化运营专业人才培养目标准确进行教材定位,按照应用导向、能力导向要求,优化设计教材内容结构,将工学结合、产教融合、科教融合和课程思政等理念融入教材,带入课堂。应面向多元化生源,研究酒店数字化运营的职业特点及人才培养的业务规格,突破传统教材框架,探索高职学生易于接受的学习模式和内容体系,编写体现新时代高职特色的专业教材。

我们清楚,行业中多数酒店数字化运营的应用范围仅限于前台和营销渠道,部分酒店应用了订单管理系统,但大量散落在各个部门的有关顾客和内部营运的信息数据没有得到有效分析,数字化应用呈现碎片化。高校中懂专业的数字化教师队伍和酒店里懂营运的高级技术人才是行业在数字化管理进程中的最大缺位,是推动酒店职业教育数字化转型面临的最大困难,这方面人才的培养是我们努力的方向。

高职酒店管理与数字化运营专业教材的编写是一项系统工程,涉及"三教"改革的多个层面,需要多领域高水平协同研发。华中科技大学出版社与南京旅游职业学院、广州市问途信息技术有限公司合作,在全国范围内精心组织编审、编写团队,线下召开酒店管理与数字化运营专业新形态系列教材编写研讨会,线上反复商讨每部教材的框架体例和项目内容,充分听取主编、参编老师和业界专家的意见,在此特向这些参与研讨、提供资料、推荐主编和承担编写任务的各位同仁表示衷心的感谢。

该系列教材力求体现现代酒店职业教育特点和"三教"改革的成果,突出酒店职业特色与数字化运营特点,遵循技术技能人才成长规律,坚持知识传授与技术技能培养并重,强化学生职业素养养成和专业技术积累,将专业精神、职业精神和工匠精神融入教材内容。

期待这套凝聚全国高职旅游院校多位优秀教师和行业精英智慧的教材,能够在培养我国酒店高素质、复合型技术技能人才方面发挥应有的作用,能够为高职酒店管理与数字化运营专业新形态系列教材协同建设和推广应用探出新路子。

全国旅游职业教育教学指导委员会副主任委员

周春林　教授

  数字化技术在酒店业的广泛应用,为酒店业带来了新的发展机遇。酒店业与信息化、数字化、智能化融合已是大势所趋。酒店管理专业更名为酒店管理与数字化运营专业是旅游职业教育呼应酒店业数字化时代的标志。酒店业对"宽视野、厚基础、精技能"的专业技能人才的需求十分迫切,教材是课程建设与教学内容改革的载体,职业教育教材建设需要围绕国家重大战略,紧密对接产业升级和技术变革趋势,服务职业教育专业升级和数字化改造,发挥高水平教材培根铸魂、启智增慧作用。

  本教材为天津市职业教育精品在线开放课程"前厅管理与实务"配套教材,其对应的专业核心课程为"前厅服务与数字化运营"。本教材融入在线精品课程资源,基础理论言简意赅,操作训练实用可行,先后层次体系连贯,运行流程与时俱进。本教材主要特点如下:

  第一,校企合作"双元"开发,共建基于工作过程的实训教材,并将酒店数字化服务内容纳入教材中。在教材编写过程中,力求知识教学与工作实践紧密结合,编写组与酒店企业共同设计教材模块与内容,注重实践性。教材根据服务过程设计典型的学习任务,且每个学习任务包含的理论知识、操作技能和工作案例等均来自酒店前厅部的实践操作,能够真实再现前厅部的工作过程,从而激发学生的学习兴趣。

  第二,融入思政元素,充分发挥思政功能。坚持立德树人,深入贯彻落实习近平新时代中国特色社会主义思想,以理想信念教育为核心,以社会主义核心价值观为引领,以专业知识为载体,充分融入思政元素,将课程思想政治教育与技术技能培养融合统一,帮助学生树立正确的价值观和职业观。同时,为了深入学习贯彻党的二十大精神,全面落实党的二十大精神进课堂、进教材、进头脑,"项目目标"中增加了素质目标,将知识、能力和正确价值观的培养有机结合,如文化自信、工匠精神、诚实守信、精益求精、乐于助人、劳动意识、爱岗敬业等,充分发挥教材的铸魂育人功能。

  第三,"岗课赛证"融通。针对前厅部岗位群的素质分析和要求,有针对性地构建教材教学目标,设计教材内容。根据行业岗位职责任务,分析对应岗位能力素质要求;结合订单培养、1+X证书等,将国家职业技能竞赛和世界技能大赛中前厅接待赛项的有关内容有机融入教材。进一步推进传统教材的改革和创新性的教学模式改革，为对接当前新型活页式教材开发奠定坚实的基础，并将当前酒店前厅运营的新知识、新技术和新方法纳入其中，拓宽了学生的专业视野，提高了教材的普适性和拓展性。

第四，适应结构化、模块化专业课程教学要求，尝试新形态教材编写思路。教材内容对接行业标准，结合岗位需求，引入世赛标准，以前厅部典型工作任务、案例等为载体组织教学单元。根据客人在酒店的活动过程设计教材逻辑脉络，选取前厅部各个岗位最实用的工作内容作为教学项目，采用项目导入、任务驱动教学模式，实现学生职业能力与企业岗位要求的有效对接。将课程内容重构为3大模块12个项目34个任务，以适应结构化、模块化专业课程教学要求。每个项目都有"项目目标"和"知识导图"，每个任务均有"任务导入"和"任务分析"，中间穿插"知识拓展""同步思考"和"对点案例"，核心知识点和技能点在书中配有二维码学习资源，随扫随学。每个项目最后有"英语积累"和"项目训练"，可供学生学习和练习。符合学生认知特点，满足项目学习、案例学习、模块化学习等不同学习方式要求，有效激发学生学习兴趣和创新潜能。

本教材主要适用于高等院校酒店管理与数字化运营专业教学，也可作为酒店从业人员的培训和自学之用。

本教材由天津职业大学徐文苑、徐萌担任主编。本教材在编写过程中得到了洲际酒店集团的大力支持与帮助，同时借鉴了国内外大量文献资料，在此一并表示感谢。由于编者水平所限，加之酒店行业数字化转型日新月异，书中难免存在不足之处，敬请广大读者指正。

编者
2023年6月

模块一　入职学习过程模块

项目一　初识前厅部　003
任务一　前厅部的地位作用与工作任务　004
任务二　前厅部组织机构及各岗位任务　008
任务三　前厅部员工素质能力要求　012
任务四　前厅部发展趋势　018

模块二　对客服务过程模块

项目二　预订处对客服务　025
任务一　预订基础知识　026
任务二　预订服务流程　031
任务三　超额预订　044

项目三　礼宾部对客服务　050
任务一　迎送客人服务　051
任务二　行李服务　058
任务三　委托代办服务　069

项目四　前台入住接待对客服务　074
任务一　前台入住接待基础知识　075
任务二　前台入住接待流程　079

项目五　前台住店、离店对客服务　095
任务一　前台住店对客服务　096

任务二　前台收银服务接待流程　　105
　　任务三　前台外币兑换服务　　116
　　任务四　前台贵重物品寄存服务　　119

项目六　总机对客服务　　124
　　任务一　电话转接服务　　125
　　任务二　叫醒服务　　127
　　任务三　其他总机服务　　131

项目七　商务中心对客服务　　138
　　任务一　商务中心服务　　139
　　任务二　商务楼层及行政酒廊服务　　145

模块三　基层管理过程模块

项目八　前厅销售管理　　155
　　任务一　客房销售　　156
　　任务二　酒店新媒体营销　　163
　　任务三　前厅经营报表与指标分析　　167

项目九　前厅服务质量管理　　174
　　任务一　前厅服务质量解析　　175
　　任务二　前厅服务质量管理控制　　177
　　任务三　网评分数的有效管理　　180

项目十　前厅沟通与协调　　185
　　任务一　建立良好的宾客关系　　186
　　任务二　前厅部内外沟通协调　　189
　　任务三　宾客投诉及其处理　　193

项目十一　前厅人力资源管理　　202
　　任务一　前厅部员工培训　　203
　　任务二　员工班次安排　　205

项目十二　前厅信息管理　　209
　　任务一　客史档案建立与管理　　210
　　任务二　前厅信息化管理　　216

参考文献　　226

数字资源目录

微课	前厅部主要部门及工作任务	007
微课	前厅部组织结构分析	009
知识拓展	前厅部经理岗位职责	010
知识拓展	客户关系部主要职能	012
微课	服务语言的艺术	014
知识拓展	服务语言的作用、原则和分类	014
知识拓展	酒店职业道德	017
知识拓展	前厅部门的升级合并	020
微课	预订基础知识	027
知识拓展	客房预订的渠道	030
微课	预订服务流程	032
微课	礼宾部迎送服务	052
知识拓展	机场代表的岗位职责与素质要求	056
知识拓展	门童的岗位职责	058
微课	礼宾部行李服务	059
知识拓展	机器人引领,协助散客抵店行李服务	061
知识拓展	礼宾部行李员的工作职责和素质要求	064
知识拓展	行李寄存新升级！"码"上取件更轻松	067
微课	礼宾部委托代办服务	070
知识拓展	金钥匙应具备的基本素质	070
微课	前台入住接待基础知识	075
知识拓展	客房差异状态	076
微课	前台入住接待流程	080
知识拓展	公安旅业数据传送	085
知识拓展	智慧前台	087
知识拓展	留言服务注意事项	104
微课	前台收银服务基础知识	105
微课	前台收银服务流程	108
知识拓展	OTA闪住和闪退服务	108
知识拓展	结账付款方式	110
知识拓展	收银处的工作任务	115
微课	前台外币兑换服务	117

微课	前台贵重物品寄存服务	120
知识拓展	保管客人贵重物品	121
微课	电话转接服务	126
知识拓展	总机服务人员的素质要求和工作内容	126
知识拓展	总机是酒店的第二张脸	127
知识拓展	叫醒服务注意事项	130
知识拓展	电话总机服务功能的进一步延伸和扩展	132
微课	商务中心服务	140
知识拓展	上海首家"全能商务中心"	143
知识拓展	商务中心的发展趋势	144
知识拓展	商务中心的设置方式	144
微课	商务楼层及行政酒廊服务	145
知识拓展	商务楼层的设施设备	147
微课	客房销售的基本要求	157
知识拓展	客房升级销售技巧	157
知识拓展	客房销售的一般流程	160
微课	客房销售及排房技巧	161
知识拓展	排房注意事项	163
知识拓展	酒店点评管理的内容与方法	165
微课	前厅服务质量解析	175
微课	前厅服务质量管理控制	178
知识拓展	前厅服务质量控制的特征与要求	179
知识拓展	希尔顿酒店如何对客人说"No"	189
知识拓展	酒店业客户关系管理系统的主要功能	189
知识拓展	信息化助推酒店服务升级	192
微课	宾客投诉及其处理	193
知识拓展	LEARN模式	194
知识拓展	对投诉的正确认识	198
微课	前厅部员工培训	204
知识拓展	四步培训法	205
知识拓展	建立客史档案的意义	211
知识拓展	客史档案的基本内容	212
知识拓展	正确使用客史档案	214
知识拓展	Opera系统介绍	218
微课	前厅部计算机系统的应用——Opera系统介绍	218
知识拓展	Opera系统结账程序	223
附件	第三届"海河工匠杯"技能大赛世赛选拔项目酒店接待竞赛要点(节选)	225

模块一
入职学习过程模块

MO KUAI YI
RU ZHI XUE XI GUO CHENG MO KUAI

项目一
初识前厅部

 项目目标

素质目标

1. 具有正确的服务礼仪规范及良好的职业道德修养。
2. 培养学生爱岗敬业的服务意识及诚实的工作态度。
3. 培养学生团队合作精神,树立兼收并蓄的文化自信。

知识目标

1. 对前厅部有初步的了解,能够正确认识和评价前厅部在酒店经营管理中的地位、作用,熟悉前厅部的主要工作任务。
2. 明确前厅部组织机构的设置及各岗位任务。
3. 掌握前厅部人员的素质要求,用以规范个人的行为。
4. 了解前厅部发展趋势。

能力目标

1. 能够根据酒店等级规格和规模大小,绘制不同类型酒店前厅部的组织机构图。
2. 结合前厅部人员素质的基本要求,培养良好的职业素养。
3. 掌握优雅仪态的训练及养成方法,掌握站、坐、走、手势等基础姿势的规范。
4. 掌握良好的言谈礼仪,能够根据语言礼仪的基本要求,与客人进行有效的语言沟通。

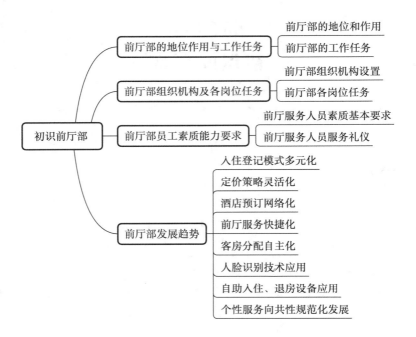

任务一　前厅部的地位作用与工作任务

一直以来，酒店前厅部都设有商务中心，可是近年来，随着手机、电脑等现代化通信设备的普及，商务中心的业务在逐渐萎缩，过去的电传已被传真所代替，而传真也逐渐被 E-mail、手机通信等取代。现在住店客人都有手机，传统的长话业务基本消失，而很多商务客人也都自带电脑（一些商务客房配有电脑），所以，传真业务也在大幅萎缩。对此，我们一直在考虑酒店是否还有必要保留商务中心。如果设立，可是没有业务，又要配备人手，会增加酒店的经营成本；如果不设立，对于高星级商务酒店而言，没有商务中心似乎也说不过去。酒店前厅还要不要设商务中心，我们对此感到很困惑。

酒店里占用一个房间摆几台办公设备，就算商务中心，是一种误解。现在的商务中心应当是为特殊商务群体专门服务的场所，目前有些酒店的商务中心已经把这个功能取消了，完全由礼宾部替代。商务中心就剩下打印、复印业务了，但现在进入无纸化时代，客人打印、复印的需求也变得很少。商务中心完全可以与其他部门合并，其实现在复印、打印，一般客人都会操作，只有部分客人需要酒店服务，此时，可以由酒店其他岗位员工提供。

前厅部是酒店经营管理的"窗口"，以房务系统为中心，是具有计划、组织、指挥、协调职能的首席生产管理部门，负责招徕并接待客人，销售客房及餐饮娱乐等产品和服务，协调酒店各部门的对客服务，以及为酒店管理层及各职能部门提供信息。前厅部在酒店中的地位和作用是与它所担负的任务相联系的，前厅部担负着销售客房及酒店其他产品的重任，对酒店市场形象、服务质量乃至管理水平和经济效益有至关重要的影响。

前厅部（Front Office）是酒店组织客源、销售客房产品、组织和协调各部门对客服务，并为客人提供前厅各种系列服务的综合性部门。前厅还是每一位客人抵达、离开酒店的必经之地，是酒店对客服务开始和最终完成的场所，也是客人对酒店形成第一印象和最后印象的地方。前厅部一般都设置在酒店大堂最显眼的位置，客人进入酒店后能够很方便地找到总服务台，办理入住手续。前厅部是酒店对外的"窗口"，是酒店的"神经中枢"，是酒店联系宾客的"桥梁"和"纽带"。

一、前厅部的地位和作用

前厅部承担着接待、展示形象、数据分析、财务统计等多维度的功能，并且与酒店内其他各部门有着紧密的联系，通过与其他部门共同协作保障酒店的顺利运营。前厅部是酒店服务工作的核心部门，在酒店经营管理中具有非常重要的地位和作用。

1.前厅部是酒店的营业窗口，反映酒店的整体服务质量

前厅部犹如酒店的大脑，在很大程度上控制和协调着整个酒店的经营活动。由这里发出的每一项指令、每一条信息，都将直接影响酒店其他部门对客人的服务质量。一家酒店服务质量和档次的高低，从前厅部就可以反映出来。有客人曾经说过："每当我们走进一家酒店，不用看它的星级铜牌，也不用问它的业主是谁，凭我们四海为家的经验，通常就可以轻而易举地'嗅'出这家酒店是否为合资酒店、是否由外方管理以及大致星级水平。"正是从这个意义上讲，有人把前厅喻为酒店的"窗口"，它的好坏不仅取决于大堂的设计、布置、装饰、灯光、设施设备等硬件，更取决于前厅部员工的精神面貌、工作效率、服务态度、服务技巧、礼貌礼节以及组织纪律性等软件。

2.前厅部是酒店业务活动的中心

前厅部是一个提供各项系列服务的综合性服务部门，服务项目多。入住的每一位客人，从抵店前的预订，到入住，直至离店，都需要前厅部为其提供服务，可以说前厅部是客人与酒店之间联系的纽带。同时前厅部还要通过销售酒店的各项产品来带动其他部门的经营活动，及时将客源、客情、客人的需要及投诉等各项信息通报相关部门，

协调整个酒店的对客服务工作,确保服务工作的效率和质量。因此,前厅部作为酒店业务活动的中心,通常被视为酒店的"神经中枢",是整个酒店承上启下、联系内外、疏通左右的枢纽。

3. 前厅部是酒店的代表,是建立良好宾客关系的重要环节

前厅是酒店服务工作的橱窗,代表着酒店的对外形象。前厅部通过自身的销售与服务,在客人抵店、住店和离店的全过程中始终与客人保持密切联系。客人遇有疑难问题时,通常都会找前厅服务员联系解决。如果客人对酒店服务不满意,也会到前厅投诉。另外,前厅部掌握全部住店客人的相关资料和信息,并将这些信息反馈到酒店管理机构和相关部门。前厅部的工作效率和服务质量直接代表酒店的管理水平,就像一条无形的情感纽带,维系并加深酒店与客人之间的互相依赖和信任之情。酒店业是为客人提供食、宿、娱乐等综合服务的行业,酒店服务质量的好坏最终是由客人评价的,评价的标准就是客人的满意度,建立良好的宾客关系有利于提高客人的满意度,争取更多的回头客,从而提高酒店的经济效益。因此,酒店都非常重视改善宾客关系,而前厅部是接触客人最多的部门,因而是建立良好宾客关系的重要环节。

4. 前厅部是酒店的门面,对客人形成酒店印象起着重要作用

前厅服务贯穿于客人在酒店内活动的全过程,是酒店服务的起点和终点。前厅部是客人抵店后首先接触的部门,因此,它是给客人留下第一印象的地方。客人踏入一家酒店的那一刻起,就与前厅部发生接触,幽雅整洁的环境、良好的员工形象和素质会给客人留下重要的第一印象。在之后的接触中,前厅部员工专业的语言、熟练的操作和顺畅的流程,显示了酒店的管理井井有条,使客人产生认同和信赖感。在客人的整个住宿期间,员工真诚的情感投入将加深客人对酒店的依恋。客人的喜好、投诉等行为数据均会被记录形成客史档案,同消费历史一起可以为更加细致的个性化服务和下一步营销活动提供参考。在客人离店之际,其最后接触的仍然是前厅部,诚挚友好的告别可以为整个入住体验画上完美的句号。最后印象的好坏在很大程度上取决于前厅部服务员的礼貌礼节和服务质量。如果服务员态度不好、工作效率不高,就会给客人留下不良的最后印象,客人住店期间为客人提供的良好服务可能前功尽弃。

5. 前厅部的销售业绩直接关系到酒店的经济效益

前厅部的主要任务之一就是销售客房产品,客房收入通常在酒店营业收入中占有很大比重,一般占整个酒店利润总额50%以上。前厅部推销客房数量的多与少、达成价格的高与低,不仅直接影响酒店的客房收入和酒店接待客人的数量,也间接影响酒店餐厅、酒吧等收入。因此,前厅部应积极主动地推销酒店产品,不能被动地等客上门。尤其当酒店供过于求、市场竞争激烈时更应如此。例如,当客人到店时,接待员可以抓住时机向客人推销酒店产品,使客人尽量在酒店内消费,增加酒店收入。

综上所述,前厅部工作效率、服务质量和管理水平的高低,会直接影响酒店的整体形象和市场竞争力,直接影响酒店的经济效益。因此,前厅部是酒店组织机构中的关键部门,其地位和作用是十分重要的。

二、前厅部的工作任务

前厅部的基本任务就是最大限度地推销客房产品及其他酒店产品,并协调酒店各

部门的工作,向客人提供满意的服务,使酒店获得理想的经济效益和社会效益。具体来说,前厅部的工作任务包括以下内容。

1. 销售客房

销售客房产品是前厅部的首要任务。客房是酒店的主要产品,其销售收入在整个酒店收入结构中占主要部分。除了酒店营销部,前厅部的预订处和总台接待也要负责销售客房的工作,受理客人预订,并随时向没有预订的零散客人推销客房等酒店产品。客房营业收入是考核前厅部管理及运转好坏的重要依据之一。同样,在衡量前厅部员工的工作是否出色时,往往也参考其客房销售的能力和实绩。同时,客房产品具有不可储存的特点,因此,前厅部员工必须尽力销售客房产品,提高客房出租率和平均房价,实现客房的价值,增加酒店的经济效益。

2. 提供各种综合服务

作为直接向客人提供各类相关服务的前台部门,前厅服务除了预订和接待业务、销售客房、协调各部门对客服务,还包括各种日常服务工作,如在机场、车站接送客人,在大门处迎送客人,提供行李服务,接受问讯及投诉,处理邮件及留言,收发客房钥匙(房卡),保管贵重物品,提供商务中心服务,代办旅游服务、机票预订服务等。这些工作内容构成了其直接对客服务的功能,其中有一些服务还担负着为酒店创收的任务。因此,前厅部的管理人员要在积极推销酒店产品的同时保证服务质量,强调"服务到位",使客人对酒店留下满意和深刻的印象。

3. 提供信息服务

前厅是客人汇集活动的场所,前厅服务人员与客人有着最多的接触。因此,前厅服务人员应随时准备向客人提供其所需要和感兴趣的信息资料,如酒店近期推出的美食周、艺术品展览等活动,这样可以使住店客人的生活更加丰富多彩。前厅服务人员还应充分掌握并及时更新有关商务、交通、购物、游览等详细和准确的信息,使客人"身在酒店内便知天下事",处处让客人感到温馨、方便,以亲切的态度给客人提供准确的信息。同时,前厅部作为酒店的信息传递中心,还要及时准确地收集、加工、处理和传递有关经营信息,包括酒店经营的外部市场信息和内部管理信息(如住客率、营业收入,客人的投诉、表扬、住店、离店、预订以及在有关部门的消费情况等),以作为酒店经营决策的参考依据。

4. 协调对客服务

现代酒店是既有分工,又有协作,相互联系、互为条件的有机整体,酒店服务质量的好坏决定了客人的满意程度。客人的满意程度是对酒店每一次具体服务所形成的一系列感受和印象的总和,在对客服务的全过程中,任何一个环节出现差错都会影响到服务质量,影响到酒店的整体声誉。因此,现代酒店要强调统一协调的对客服务,要使分工的各个方面都能有效地运转,都能充分地发挥作用。前厅部作为酒店的"神经中枢",承担着对酒店业务安排的调度工作和对客服务的协调工作,主要表现为:第一,将通过销售客房产品所掌握的客源市场、客房预订及到客情况及时通报其他有关部门,使各有关部门有计划地安排好各自的工作,互相配合,保证各部门的业务均衡衔接;第二,将客人的需求及接待要求等信息传递给各有关部门,并检查、监督落实情况;第三,将客人的投诉意见及处理意见及时反馈给有关部门,以保证酒店的服务质量。

微课

前厅部主要部门及工作任务

5. 控制客房状况

前厅部一方面要协调客房销售与客房管理工作,另一方面还要在任何时候都能够正确地反映客房状况。在协调客房销售与客房管理方面,前厅部应向销售部提供准确的客房信息,防止过度超额预订,避免工作被动。另外,前厅部应及时向客房部通报实时及未来的预订情况,便于其安排卫生计划或调整劳动组织工作。正确反映并掌握客房状况是做好客房销售工作的先决条件,也是前厅部管理的重要目标之一。

6. 管理客账

前厅部准确、清晰地建立和管理客账,可以保持酒店良好的信誉和经营效益。前厅部要做好客人账单的管理工作,包括建立客人账户、登账和结账等工作。一般来说,前厅部需要为住店客人分别建立账户,根据各营业部门转来的客账资料,及时记录客人在住店期间的各项费用,并进行每日合计并累加,保持账目的准确,确保在客人离店前为其顺畅地办理结账事宜。

前厅部向客人承诺并提供最终一次性结账服务。客人经过必要的信用证明,即可在酒店内各营业点签单。建立客账是为了实时记录并监督客人与酒店之间的财务关系,达到方便客人、保障酒店声誉并获取经济效益的目的。收银处按服务程序和酒店财务政策规定,与相关部门或各营业点协调沟通,及时登账,迅速、快捷地为客人办理离店结账手续,主动征求客人意见,使客人满意而去。

7. 建立客史档案

前厅部为更好地发挥信息集散和协调服务的作用,一般都要为住店客人建立客史档案,记录客人在酒店住宿期间的主要情况和有关针对性的信息,掌握客人动态,取得第一手资料。这些资料是酒店给客人提供周到的、具有针对性服务的依据,同时也是酒店寻找客源、研究市场营销的信息来源,所以必须坚持规范建档和保存制度化两项原则。目前,大多数酒店的计算机管理信息系统均能根据酒店经营需要生成住店客人的客史档案。

任务二　前厅部组织机构及各岗位任务

代客泊车、照看宠物——行李员的新职责。圣莫里茨地区在瑞士算是消费比较高的地区,在瑞士凯宾斯基酒店正门经常可以看到客人开着顶级跑车、吉普和房车。能够熟练驾驶各种车辆并且知道如何使用车辆的各种功能,这对前厅部的员工而言十分重要。每天客人无论驾驶何种车辆来到酒店,他们只需说出姓名或房号,其他一切事情不用费心。客人需要用车时只需告诉服务人员房号,然后在大堂等候即可。行李员首先从礼宾部领取车钥匙,然后把车辆交给客人。如果客人带有宠物,而他们需要临时到餐厅用餐或者去健身中心(宠物只能使用客房、电梯、大堂),他们只需通知礼宾部或行李部,行李员便会照看宠物,让宠物喝些水,在大堂某个地方睡上一觉或者带宠物出去转转。

任务分析

一个酒店犹如一棵柳树,垂柳轻拂,婀娜多姿,显示了柳树特有的妩媚。体现柳树美感的是倒垂的柳枝,酒店的具体业务就像这柳枝,正是这些业务才使酒店存在。柳枝生长在树权上,树权正像酒店的各个部门,部门集合了同类业务。天下不存在两片相同的树叶,也不存在两个完全相同的酒店组织机构,酒店无论规模大小,是一星级酒店还是五星级酒店,都应随着科学的发展、社会的进步、市场的变化而不断地自我变革。各家酒店只有根据自己的实际情况设计符合自己个性需要的组织机构,才能应对今天行业的激烈竞争,才能培育与市场抗衡的能力。

一、前厅部组织机构设置

(一)前厅部组织机构设置原则

前厅部的组织机构要根据酒店自身的类型、性质、规模、等级、管理方式、客源特点等因素进行设置。总体而言,前厅部组织机构的设置,应既能保证前厅运转的效率和质量,同时又能满足客人的需求。

1.结合自身实际,适合酒店经营发展需要

前厅部组织机构的设置应结合酒店的性质、规模、地理位置、管理方式和经营特色等实际情况,不宜生搬硬套。例如,规模小的酒店或以接待内宾为主的酒店,可以考虑将前厅部直接由总经理或总服务台管理,不必单独设置前厅部。

2.精简高效,分工合理

遵循"因事设岗、因岗定人、因人定责"的劳动组织编制原则,在防止机构重叠臃肿、人浮于事现象的同时,要处理好分工与合作、方便客人与便于管理等方面的矛盾,做到机构设置科学、合理,工作效率高。

3.任务明确,统一指挥

前厅部的机构设置,应使每个岗位的员工都有明确的职责、权利和具体的工作内容。在明确各岗位人员的职责和工作任务的同时,还应明确上下级隶属关系以及相关信息传递、反馈的渠道、途径和方法,防止出现职能空缺和业务衔接环节脱节等现象。

前厅部组织机构的设置应建立明确的垂直层级指挥体系,这样可以有效地督导日常工作,使内部沟通渠道畅通,层层负责,权责分明。既能做到统一指挥、步调一致,又能充分发挥各级员工的工作积极性和创造性,从而有效地提高工作效率。

微课

前厅部组织机构分析

4.便于协作

前厅部组织机构的设置不仅要便于本部门各岗位之间的协作,而且还要利于前厅部与其他相关部门在业务经营和管理方面的合作。因此,需要制定科学有效的工作流程,使之在满足不同客人需要的同时,又能保证前厅部各项服务工作的质量和效率,真正发挥前厅部"神经中枢"的作用。

(二)前厅部组织机构模式

酒店前厅部的组织机构是由若干职能不同的部门和管理权力不同的管理层结合而成的,在这些部门之间存在着纵横交错的关系,正确处理部门之间的关系是保证酒店正常运转的重要条件。根据酒店规模大小的不同,常见的前厅部组织机构模式有以下三种。

(1)酒店设客务部或房务部,下设前厅、客房、洗衣和公共卫生等部门,统一管理客人预订、接待、住店过程中的一切住宿业务,实行系统管理。在前厅部内部通常设有部门经理、主管、领班和服务员四个管理层次,这种模式一般为大型酒店所采用(见图1-1)。

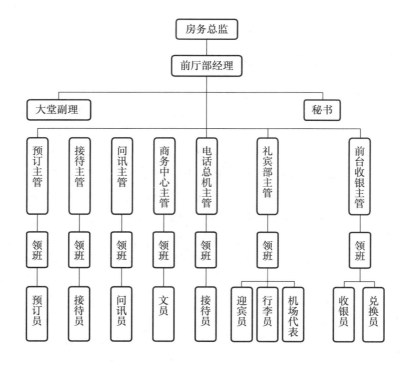

图1-1 大型酒店前厅部组织机构图

(2)前厅部作为一个独立部门,直接受酒店总经理领导。在前厅部设有部门经理、领班、服务员三个管理层次。中型酒店和一些小型酒店一般采用这种模式(见图1-2)。

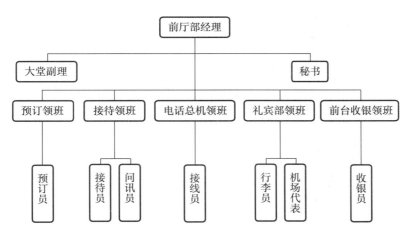

图1-2 中型酒店前厅部组织机构图

(3)不单独设立前厅部,其功能由总服务台来承担,只设领班和总台服务员两个管理层次。过去,小型酒店一般采用这种模式。随着市场竞争的日益激烈,许多小型酒店也增设了前厅部,扩大了业务范围,以强化前厅的推销和"枢纽"功能,发挥前厅的参谋作用(见图1-3)。

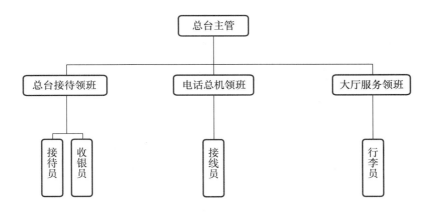

图1-3 小型酒店前厅部组织机构图

二、前厅部各岗位任务

前厅部的工作任务是通过其内部各机构分工协作共同完成的。酒店规模不同,前厅部业务分工也不同,但一般设有以下主要岗位。

1. 预订处(Reservation)

负责接收、确认和调整来自各个渠道的客房预订,办理订房手续;制定预订报表;掌握并控制客房出租状况;定期进行房间出租预测并向上级提供预订分析报告。预订处是专门负责酒店订房业务的部门,可以说是前厅部的"心脏",其人员配备由预订主管、领班和预订员组成。随着酒店业竞争的日趋激烈以及市场空间的不断拓展,客房预订的职能逐渐从前厅部脱离出来而隶属于销售部。

2. 接待处（Check-in/Reception）

负责接待抵店入住的客人，包括团队、散客、长住客以及无预订的客人；办理入住手续，分配房间；与预订处、客房部保持联系，及时掌握客房出租变化，准确显示房态。

3. 问讯处（Information）

负责回答客人的询问，提供各种有关酒店内部和酒店外部的信息。

4. 礼宾部（Concierge）

负责在酒店门口或机场、车站、码头迎送客人；调度门前车辆，维持门前秩序；代客人运送行李，陪客人进房，介绍客房设备与服务，并为客人提供行李寄存和托运服务；分送客人邮件、报纸，转送留言、物品；代办客人委托的各项事宜。

5. 电话总机（Switch Board/Operator）

负责接转酒店内外的电话，承办长途电话；回答客人的电话询问；提供电话留言服务、叫醒服务；播放背景音乐；充当酒店出现紧急情况时的指挥中心。

6. 商务中心（Business Center）

提供信息及秘书性服务，收发传真，提供复印、打印及电脑文字处理等服务。

7. 收银处（Check-out/Cashier）

负责酒店客人所有消费的收款业务，包括客房、餐厅、酒吧等各项服务费用；同酒店一切有客人消费部门的收银员联系，催收核实账单；及时催收长住客人或公司超过结账日期、长期拖欠的账款；夜间统计当日营业收益，制作报表。

8. 大堂副理（Assistant Manager）

主要代表总经理负责前厅服务协调、贵宾接待、投诉处理等服务性工作；负责大堂环境、大堂秩序的维护等事项。

随着科学技术的应用和客人需求的变化，酒店前厅部组织机构的设置还会发生相应的变化。目前，一些酒店为提高管理水平，已对前厅部组织机构进行了调整，如增设客户关系部，增加对客接待服务的层次，以达到一对一的服务或通过更多的渠道与客人进行沟通。

知识拓展

客户关系部主要职能

任务三　前厅部员工素质能力要求

任务导入

客户迟迟不来，尽管酒店大堂的环境优雅、温馨，胡先生却有些坐立不安，毕竟此次生意的成败关系到公司的兴衰。"先生，请您把脚放下来，好吗？"当训练有素的服务员一边添加开水，一边委婉地轻声提醒时，胡先生才发现自己竟不经意地把脚搁在对面的椅子上摇晃，并引起了其他客人频频注视。等待令胡先生极为烦躁，他不假思索，带着怨气盯着服务员一字一句地说:"我偏不放下,你怎么办?"经过片刻的沉默,服务员笑了笑:"先生,您真幽默,出这样的题目来考我。我觉得您蛮有素质的。"说完,她很快转身就走,并且始终没有回头。稍后,胡先生把脚放了下来。服务员先以恰到好处的巧妙"恭维"缓解了紧张气氛,又及时地离开给客人一个台阶下,令原来想要脾气的客人情绪缓和下来,并不好意思继续那样做。这不仅维护了酒店的大堂形象、服务形象,又给客人留足了面子。可见酒店服务中掌握语言艺术与随机应变能力是何等的重要。

任务分析

有人说酒店就像一个王国,在这里能够满足客人生活需要。酒店围绕着客人这个中心,其实更像一部复杂的机器一样快速运转着,每一个岗位的工作人员就是一个零件,为了保证这部庞大的机器正常运转,他们坚守自己的工作岗位,尽职尽责地为客人服务。客人来到酒店,首先感受的是前厅的服务并形成"首因效应";客人离店时也会对酒店前厅产生"末因效应"。前厅的风格、员工的素养、服务流程给客人的首因印象极为重要。前厅是酒店的"窗口",客人进店后首先为客人服务的就是前厅工作人员,前厅是留给客人第一印象和最后印象的所在地。因此,前厅工作人员的服务直接影响客人是否决定入住酒店、消费产品。

前厅部员工是酒店形象的代表,应是酒店各部门中素质较高的员工,因为他们代表的是酒店形象。由于前厅部各岗位的特点不同,因此对服务人员的素质要求也各有所侧重,但优秀的前厅服务人员应有共同的基本素质。

一、前厅服务人员素质基本要求

前厅部的服务人员应该具备较高的素质,酒店应该选拔素质高的员工在前厅工作。前厅服务人员的基本素质包括以下几个方面。

1. 良好的仪容、仪表

优秀的前厅服务人员,必须着装整洁大方、面带微笑、主动热情,讲究礼仪礼貌,彬彬有礼地接待客人,而且要反应灵敏、记忆准确、表情自然,留意客人表情,注意客人动作,掌握客人心理。

良好的仪容、仪表会给客人留下深刻的印象和美好的回忆。仪容是对服务人员的身体和容貌的要求,前厅服务人员应身材匀称、面目清秀、仪表堂堂、身体健康。仪表是对服务人员外表仪态的要求。前厅服务人员应在工作中着装整洁、大方、美观,举止姿态端庄、稳重,表情自然诚恳、和蔼可亲。对服务人员仪容、仪表的要求主要从面容、化妆、饰物、个人卫生等方面进行标准规范。许多酒店规定,前厅服务员上岗前要洗头、剪指甲,保证无胡须、发型大方,化妆轻淡、朴素雅致,不使用有颜色指甲油及浓味香水等。

前厅服务人员的仪容、仪表直接影响酒店的形象,关系到服务质量、客人的心理活动,甚至影响到酒店的经济效益。因此,酒店前厅服务人员首先要在仪容仪表上使客人对酒店形成一个管理有素、经营有方的印象,觉得受到尊重并且在这样的酒店里住宿感到开心和安心,从而愿意再次光临。

2.驾驭自如的语言能力

前厅服务人员不仅应有良好的仪容、仪表,而且其语言必须优美、有令人愉快的声调、恰当的内容,并且灵活掌握语言技巧。这样,前厅的服务就显得生机勃勃。前厅服务人员应当掌握一两门外语的基本会话能力,做到发音标准、表达准确。

语言是服务人员与客人建立良好关系、使客人留下深刻印象的重要工具和途径。语言是思维的外壳,它体现服务人员的精神涵养、气质底蕴、态度性格。客人能够感受到的最重要的两个方面就是服务人员的言和行。前厅服务人员要能使用迎宾敬语、称呼敬语、电话敬语、服务敬语、道别敬语等规范化语言。如果不掌握语言艺术,可能会在不知不觉间得罪客人,更谈不上让客人满意。例如,在客人还希望再给点优惠时,服务员说:"给你八折已经很优惠了。"如此服务,怎能让客人满意呢!

服务语言的艺术

同步思考

一天一位香港客人来到前台办理入住登记,负责接待的员工照例向客人询问所需要的房间类型,但因客人不懂普通话,而该员工粤语水平又欠佳,在尝试用蹩脚的粤语向客人解释,但客人仍听不懂后,趁客人转身拿回乡证时,该员工向精通粤语的行李员求救,请他们帮忙解释。该员工把要向客人说明的事情告诉行李员,然后由行李员转述给客人听,该员工的本意是想减少由沟通困难产生的尴尬,并节省时间,但没顾及此举动让客人觉得不被尊重。该员工不熟练粤语又不大明白客人的心理,导致客人不快。略带疲惫的客人对行李员说,"我要休息了……"

服务语言的作用、原则和分类

你是否认同以下启示:

A.在对客服务过程中,我们应尽量用客人的语言与客人沟通。由于地域等各种因素的原因,员工或许不能完全掌握一种语言,但应该能够熟练运用服务日常语言。本案例中,酒店应及时安排懂粤语的接待员提供服务。

B.与人打交道,除基本能力要求外,语气、表情、身体语言等同样是良好交流的要素,应力求避免产生误会、误解,即使产生也应用心领悟客人的意思,跟进补救。本案例中,客人已经很疲惫了,酒店应迅速为其办理入住手续,请行李员尽快安顿客人休息,再适当道歉,做好补救服务为佳。

C.平时应对员工加强语言技能的培训与学习,考核上岗。

理解要点:A、B、C三种说法均值得认同。另外,本案例中,客人已经很疲惫了,想要尽快休息,但是没有得到及时满足,也说明接待员应变能力不强,服务预案不充分,接待经验也不够丰富,这些是应该吸取的经验教训。

3.行为举止

优秀的前厅服务人员,应该做到站立标准、行为规范、举止大方。尽量避免或克服不好的习惯动作,如嚼口香糖、工作场所吃喝、高嗓门叫喊、勾肩搭背、指手画脚、精神萎靡、扎堆聊天等。

4.业务操作技能

前厅服务人员必须能够熟练、准确地按程序完成本职工作。工作的快速敏捷、准确无误也标志着酒店的管理水平。任何业务操作失误,不仅会给酒店造成经济损失,而且会破坏客人对酒店的总体印象。

5.应变能力

应变能力是前厅服务人员所应该具备的特殊服务技能与素质,因为客人来自全国各地或异国他乡,不同的生活习惯、不同的知识与修养都会有不同的表现;酒店在经营中也会出现失窃、火灾以及账目失控等特殊的情况。前厅服务人员只有具备应变能力,才能妥善处理好这些特殊问题。在任何情况下,前厅服务人员都应沉着冷静,采用灵活多变的方法,处理好每件特殊的事件。

对点案例

这样做对吗

某日 18 时许,接待员小吴正忙着为一位女士办理入住手续,这时又有两位客人来到总台对小吴说:"我们要一间双人房。"小吴亲切地说:"好的,请稍等,我为这位女士办理完手续后,马上为您安排。"其中一位客人有些急躁地说:"今晚我们要外出签订协议,赶时间,你能不能先替我们办理!"小吴连忙应答,一边继续为女士办理手续,一边用电脑为这两位先生查看空房。不到半分钟,小吴抬头询问道:"现在空房还有几间,是湖景房,每晚580元,您看如何?""怎么,上午我电话问过房价,是488元,为什么到了晚上就变成了580元,真是漫天要价。"

小吴刚要解释,这位客人突然挥拳打向小吴,小吴毫无防备,挨了一拳,他脸色煞白,正想打回去,猛然想到自己在岗,应扮演好岗位角色,心里想到要忍耐! 于是,他仍然克制自己并用正常语气解释道:"488元的客房已全部住满了,580元的还有几间,是朝向风光大湖的,楼层也不一样。我建议你们尽快办理入住手续,还可以准时外出谈生意,请允许我提醒先生,有问题尽可以用语言表达。"这时在旁边的另一位先生感到他同伴理亏,劝道:"这位接待员态度不错,我们赶快住下吧。"

事隔两天,那位先生也感到自己的不对,最后在离店结账时向小吴表示歉意。

案例评析:前厅部员工要有成熟而健康的心理,要善于聆听、观察、善于应变,要有娴熟的服务技能,能够处理各种突发事件,还应掌握一定的推销技巧。

6.诚实度

前厅服务人员必须具有较高的诚实度。这一素质在酒店经营中变得愈加重要,特别是在涉及出纳工作及外币兑换工作时,前厅服务人员必须能够严格遵守工作纪律;

在接待工作中,给予客人的优惠必须符合酒店的规定,绝对不能以工作之便,徇私舞弊。

7. 知识面

前厅服务人员在工作中经常能碰到客人各种各样的提问。这些问题有时涉及政治、经济、旅游、风俗、文化以及有关酒店情况,前厅服务人员只有具备较宽的知识面和丰富的专业知识,才能为客人提供准而实的信息。

8. 合作精神

前厅的每一位员工都应该意识到前厅就是酒店的一个"舞台",每个人都在扮演一个特定的角色,要想演好这场戏,需要员工的集体合作。当接待员忙于接待或因特殊情况离开工作岗位时,其他员工必须能够替代其工作,共同使客人满意,个人之间的情绪或不满绝不能表现到工作中,否则会破坏整个酒店的形象。

二、前厅服务人员服务礼仪

客人对酒店员工的第一印象是至关重要的,而第一印象的产生首先来自一个人的仪容、仪表。良好的仪态会使客人产生美好的第一印象,从而对酒店起到积极的宣传作用,同时还可以弥补一些个人技能方面的不足;反之,不好的仪态往往令人生厌,即使有热情的服务和一流的技能与设施也不一定能给客人留下好印象。因此,注重仪容、仪表是酒店员工的一项基本素质。

(一)前厅服务人员仪容、仪表

1. 前厅服务人员仪容

仪容,通常指人的外观、外貌,其中的重点则是指人的容貌。

(1)整体要求:自然、得体、大方,符合工作需要及安全规则,充满活力,干净清爽。

(2)发式:发型自然大方,头发整齐清洁、无头皮屑,不可染怪异发色、梳怪异发型。

男员工:前不留大鬓角,侧不过耳,后不触及衣领。

女员工:刘海不及眉,头发过肩要扎(盘)起,头饰以深色小型为好,不可夸张耀眼。

(3)耳朵:清洁干净,不允许戴耳环,可戴素色耳针。

(4)面容:面带微笑,神采奕奕,保持清洁,无眼垢,不戴深(有)色眼镜。

男员工:不留胡须,鼻毛不长出鼻孔。

女员工:工作期间应化淡妆,口红颜色应适当;忌用有浓烈气味的化妆品。

(5)口腔:牙齿清洁,口气清新,上班前不吃异味食物(如大蒜),不喝含酒精的饮料,不吸烟;忌牙齿看上去很脏,有食物残渣、口臭等。

(6)手:保持清洁,不可留长指甲,长度应不超过指头,女员工不可涂有色指甲油;可戴婚戒、手表(以不抢眼为宜),禁止戴其他饰物(员工使用的东西应尽量是朴素的,如果比客人的贵重,应放在不显眼的位置)。

2.前厅服务人员仪表

仪表是人的综合外表,包括人的形体、容貌、健康状况、姿态、举止、服饰、风度等方面,是人的举止风度的外在表现。

(1)鞋:穿酒店配发的鞋子或黑色皮鞋,保持鞋子干净、无破损,皮鞋保持光亮,并符合工作需要;穿西装的男员工,穿黑色皮鞋;穿西裙的女员工,穿黑色中跟皮鞋;当班期间所有人员不得穿运动鞋、凉鞋和拖鞋。

(2)袜子:男员工所穿袜子无破损,颜色以深色为宜,保持清洁、无异味;女员工只穿无花纹的肉色丝袜,袜子要求无破损,袜口不可露出裤脚或裙脚。

(3)服装:穿规定的制服,扣好衣扣(领口和袖口)、裤扣,保持制服整洁、干净(衣领和袖口保持干净,上衣肩无头皮屑,内衣不能外露),将员工章佩戴于制服的左胸处(不能歪斜);不得将衣袖、裤管卷起,衬衣下摆扎进裤内或裙内。

(4)身体:勤洗澡,保证无体味、无汗臭,使用香水应清淡。

(二)前厅服务人员仪态

仪态是一种交流符号,在人际交往中有重要的意义。酒店人员的基本仪态:甜美的微笑,亲切的目光,挺拔的站姿,优雅的坐姿,轻盈的走姿,稳健的蹲姿,恰当的手势,正确的鞠躬,真诚的握手,礼貌的拥抱。

(1)微笑:笑要发自内心,要声情并茂。

(2)手势语:人体语言重要的组成部分,是重要的无声语言。

(3)坐姿:上体直挺,勿弯腰驼背,也不可以前贴桌边、后靠椅背等。常见的坐姿有双腿垂直式、双腿斜放式、双腿叠放式、双腿内收式。

(4)站姿:人体的静态造型动作,是其他人体动态造型的基础和起点。对男性的站姿要求是稳健,对女性的要求则是优美。标准站姿应该是挺胸收腹,精神饱满,两眼平视,两肩平宽,两臂自然下垂,双手轻握于身前或身后,身体重心落于两腿正中。

(5)走姿:站姿和坐姿被称作人体的静态造型,而走姿则是人体的动态造型。男性的步伐应该雄健有力、潇洒豪迈,步伐稍大,展现阳刚之美。女性的步伐应轻盈、含蓄,步伐要小,显示阴柔之美。

(6)蹲姿:脚稍分开,站在所取物品的旁边,蹲下屈膝去拿,不要低头,也不要弓背,要慢慢把腰部放低。蹲姿包括高低式、交叉式、半蹲式、半跪式。

(7)鞠躬:正确鞠躬能够拉近人与人之间的距离,让心灵相通。鞠躬要求真诚、用心、热情。

(8)握手:一种官方的礼节。

要想掌握好酒店服务的基本礼仪,做酒店未来的主人,那么就要求服务人员从小事做起,从现在做起,养成一个良好的习惯。

知识拓展

酒店职业道德

任务四　前厅部发展趋势

脑海中的酒店前厅应该是什么样子？彬彬有礼、满脸笑容的前台服务员；催促快点办理手续的客人……这样的服务与体验早就让宾客烦透了。如今，最抢眼的酒店前厅体验无疑是无人前台、智慧接待。酒店大堂已经不再只有一个孤零零的前台了——这里逐渐成为一个多用途区域。

酒店大堂将成为高科技多用途区域，酒店可以借助大堂的开放性和连通性，进一步强化其社交功能，满足现代社会人们享受社交、乐于分享的需求与喜好。精心设计的公共区域和功能区、创意有趣的主题活动和派对、轻松休闲的互动氛围等，都能够吸引客人走出房间，来到酒店的公共空间享受社交、交流、分享。各式各样的座椅、免费的网络服务、时髦的鸡尾酒和咖啡吧将曾经严肃的大堂变成社交的天堂。

对于年长的客人而言，大堂可能是他们去餐厅时见面的地方，而年轻的客人可能希望在大堂聊天，收集更多的信息，然后决定其他活动。他们可能会查看邮件，用手机或平板电脑上网查询餐厅，或者试试大堂超市或酒吧的零食或饮料。

酒店是旅游者的家外之家、度假者的世外桃源、城市中的城市、大千世界里的小世界。它富丽堂皇的外观和光鲜亮丽的内部，似乎展示着无与伦比的魅力与活力。酒店业是一个古老的行业，随着历史的变迁、时代的演进，现代酒店在功能和服务上发生了巨大的变化。如今，随着新时代人们对美好生活需求的提升，酒店业迎来了更广阔的发展前景。

前厅部是客人在入住酒店时映入眼帘的第一个部门，同时这个部门也可以给客人留下深刻的入住印记。前厅服务会极大地影响客人对酒店的印象。而对于酒店业来讲，前厅部未来发展趋势是非常关键的因素。随着数字化的普及，越来越多的新设备进入前厅部，取代了一部分原本需要人力完成的工作或服务流程，使得前台的工作更加便捷和环保。为了顺应发展，前厅部在功能和服务的设计上也做了相应的改变。

一、入住登记模式多元化

很多连锁酒店集团采用了DIY（Do It Yourself）的入住登记模式，类似于现在的利用电子机票在机场值机柜自助提取登机牌。客人到达酒店时,不需要去前台办理入住手续,而是到类似机场值机柜的一个信息处理终端机上输入个人信息(主要是身份证号和银行卡号),直接选择客房及所需要的服务,然后取出房卡,就可乘电梯直接去自己选定的客房。这种DIY入住方式的出现是IT技术进步的必然趋势,也是电子技术在酒店业应用趋于成熟的不可阻挡的潮流。越来越多酒店推出了这种服务类别,客人在入住时只需要在服务台进行登记,并且通过无现金交易的触摸屏菜单来选择客房。

除了采用这种在酒店大堂自助登记的模式,还有些酒店推出了客人能够在酒店外或酒店客房内完成入住登记手续的服务模式。有些酒店集团可以在机场取行李的地方为客人办理入住手续。很多客人非常喜欢这种方式,可以利用等行李的时间查询这些酒店,选择住哪个楼层、哪种客房,所有的相关事务都可以在这里处理完成,客人到酒店后只要提着箱子直接入住就行了。还有些酒店,客人的住宿登记工作在由机场开往酒店的车上就可以完成。

二、定价策略灵活化

与收益管理理念相适应,酒店的定价策略将更加灵活。前台接待人员将得到更大的授权,根据客人及酒店的实际情况,灵活定价。越来越多的酒店将没有固定的房价,而是根据当天的开房率来定价,以创造最大的利润。但也有些酒店为了维持其档次及其在消费者心中的信誉,会保持其相对固定的价格水平,不会轻易降低或提高价格。

与灵活化的定价策略相适应,"今夜酒店特价"将成为一种新的发展趋势。晚上6点还空闲着的酒店客房、9点后的餐厅座位,这些是被业内人称为"易腐"的产品。经常入住酒店的人都知道,预订的酒店客房通常会被保留到晚上6点,如果晚上6点之后仍未入住,则被视为预订失效。这也就意味着,酒店在这个时间段后将产生一定量的剩余"库存"。"今夜酒店特价"正是为这些"库存"搭建一个销售平台。每晚6点,酒店会检查空房数量,同时减去6点后到店的需求量,然后就可以将剩余的"库存"放在"今夜酒店特价"平台上,以平时2~7折的价格进行售卖。

三、酒店预订网络化

酒店为了提高客房利用率和市场占有率,将利用包括价格在内的各种手段鼓励客人提前预订客房,客人根据其提前预订期的长短,可在房价上得到不同程度的优惠(提前期越长,优惠程度越大)。同时,信息技术的发展也极大地方便了客人的预订,绝大部分客人在到达酒店前就已通过电话或互联网预订客房,没有预订而住店的"散客"(Walk-in Guest)将越来越少。其中网上客房预订成为一种新的发展趋势。

四、前厅服务快捷化

在一个各种信息变化更新更快的时代,客人希望有更多的私人时间和私人空间。入住和离店的快捷服务,将成为大部分客人的期盼,这也对前厅员工的服务技能提出了更高的要求。"三分钟开房"入住和"三分钟结账"离店将会在各酒店逐渐形成工作规程。"快捷服务"将成为前厅对客服务追求的目标。有些酒店推出了早餐时间同时办理退房结账手续的服务项目,可以在客人用早餐时完成结账退房。这样客人可以在餐厅吃完早餐就马上离店,既提供了方便,又大大节省了客人的时间。

五、客房分配自主化

客人可以在预订或办理入住手续时,通过安放在总服务台的电脑终端显示器查看各楼层的电脑平面图和客房使用情况来进行选择,根据自己的喜好自主"点房",就像现在选择飞机座位或在电影院买票看电影一样简单。

六、人脸识别技术应用

自从人脸识别技术问世以来,该功能应用在了人们生活中的各个领域,酒店行业近几年也开始实施人脸、证件、入住信息与公安信息联网的一体化安全技术(或称为"户口录入系统")。此技术应用于前台的入住和退房环节,利用一台集身份证件扫描仪、人脸识别摄像头于一体的机器,连接前台电脑内的酒店管理系统,数据会在后台同步到公安部门,保证入住人员信息的统一管理。如发现可疑人员,公安部门也会在第一时间接到通知,这项技术使得酒店住客安全和社会治安得到了进一步保障。另外,随着数字支付的普及,越来越多的客人选择使用手机支付替代传统的现金、刷卡付账,除了扫描二维码,现在也可通过刷脸直接支付账单。在格局设计上,要求前台的柜台能够留出足够的空间和布线以预见智能化设备的加入。

七、自助入住、退房设备应用

自助入住、退房设备集入住、退房、支付等功能于一体。客人可以在网络、旅行社或酒店预订网站等在线平台预订房间,到达酒店后直接在自助入住、退房设备上进行登记入住、身份识别、预付押金等一系列操作,退房时也可在此设备归还房卡、打印发票。这个设备可以加快入住和退房流程,分流高峰时的排队压力。除此之外,客人在设备上可直接对各类登记和确认单进行电子签名。该设备可以大幅降低纸张的使用量,使得前台的工作更加环保。

八、个性化服务向共性规范化发展

在以人为本的社会,人性化、个性化服务是各行各业的普遍理念。酒店开展个性化、人性化服务通常是针对性地提供各种"物有所值"或"物超所值"的服务功能。这些个性化服务的实践,大多数酒店都以案例形式加以归纳、汇集和总结,作为员工特别是新入职员工为客人提供服务的参考和借鉴。将个性化服务的案例变为系统性的"个性化服务工作手册",也就完成了个性化服务向共性规范化的转变过程,这一系统工程的产生和完成,将对酒店的个性化服务普及和实施提供可持续运作的范本。

知识拓展

前厅部门的升级合并

英语积累

名词	英文
前厅部	Front Office
预订处	Reservation
接待处	Check-in/Reception
问讯处	Information
礼宾部	Concierge
电话总机	Switch Board
商务中心	Business Center
收银处	Check-out/Cashier
大堂副理	Assistant Manager
大堂	Lobby
前台	Front Desk

项目训练

一、选择题

1.前厅部的主要部门不包括(　　)。
　　A.客房服务中心　　B.预订处　　　　C.礼宾部　　　　D.收银处
2.(　　)不属于前厅部的主要工作任务。
　　A.销售客房　　　　B.大堂清扫　　　C.提供信息服务　　D.管理客账
3.酒店处理客人投诉一般由(　　)负责。
　　A.前厅部经理　　　B.前厅服务员　　C.大堂副理　　　　D.客房服务员
4.(　　)常常被人们称作大堂,它通常设置在酒店入门处比较显著的位置,是一个酒店的门面。
　　A.前厅　　　　　　B.总机　　　　　C.餐厅　　　　　　D.客房
5.前厅部组织机构设置的原则不包括(　　)。
　　A.结合自身实际　　B.精简高效　　　C.便于协作　　　　D.协同发展
6.酒店服务语言可以分为(　　)等。
　　A.电话敬语、问候语和应答语　　　　B.称呼语、道别敬语和应答语
　　C.称呼语、问候语和应答语　　　　　D.称呼语、问候语和迎宾敬语
7.酒店服务语言的基本原则不包括(　　)。
　　A.灵活性原则　　　B.针对性原则　　C.规范性原则　　　D.情感性原则

参考答案 ▼

选择题答案

二、基础训练

1. 为什么说前厅部是联系宾客的"桥梁"与"纽带",是酒店的"神经中枢"?
2. 前厅部的地位、作用体现在哪些方面?
3. 前厅部主要工作任务是什么?
4. 前厅部服务人员的素质与能力要求有哪些?试着对照要求,思考本人是否符合,还应在哪些方面进行改进。

三、技能训练

实训项目	认知酒店前厅部
实训目的	培养学生的观察和认知能力,使学生对酒店前厅部有基本的认识
实训要求	1.学生分组,实地参观,感受大堂的环境氛围和服务水平,了解数字化服务和数字化设备应用情况; 2.在参观过程中,任课教师带队,安排前厅部管理人员或培训员对酒店前厅部的机构设置情况、各区域职能及主要岗位职责进行讲解; 3.了解前厅部组织机构设置情况,就其前台布局、功能等画出结构示意图; 4.学生根据意愿选择拜访前厅部经理或大堂副理,了解其岗位职责和素质要求,并和其交流自己对前厅服务的各种感受
实训方法	星级酒店参观、访谈,观看视频等
实训总结	以书面形式完成实训报告;设计一份酒店前厅部的组织机构图

学生签名:

日期:

模块二
对客服务过程模块

MO KUAI ER
DUI KE FU WU GUO CHENG MO KUAI

项目二
预订处对客服务

 项目目标

素质目标

1. 培养服务意识及良好的沟通能力。
2. 培养爱岗敬业、严谨负责、诚实守信的职业态度。

知识目标

1. 熟悉客房的种类与价格。
2. 了解客房预订的种类、方式和渠道。
3. 掌握预订的受理、变更、取消及婉拒等基本知识和服务程序。
4. 理解超额预订的内涵以及处理方式。

能力目标

1. 培养数据化经营思维和用数据指导应用的现代管理者思维。
2. 能够正确受理客人通过电话、网络、到店等方式的客房预订。
3. 能够正确受理客房预订的确认、核对、变更、取消等业务。
4. 能够及时有效地处理预订失约行为,让客人满意。

知识导图

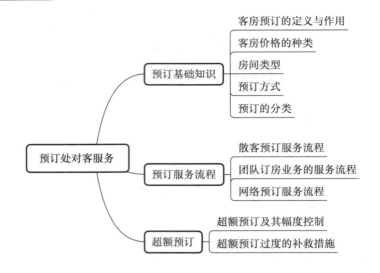

任务一　预订基础知识

任务导入

一天,天津某酒店前厅部的客房预订员小刘接到一位加拿大客人从杭州打来的长途电话,想预订两间每天收费在800元左右的标准间客房,三天以后到达酒店。小刘在查看了系统后发现三天后标准间已满,于是小刘耐心地给出建议:"您是否可以改变一下您的行程呢?"在得知客人无法更改后,小刘暗自思量,于是接着用商量的口吻说:"感谢您对我们酒店的信任,请不要着急,我很乐意为您效劳。我建议您可以先住两天我们酒店的豪华套房,每套每天也不过收费1700元,在套房内可以眺望海河的优美景色,室内设施设备相对来说也更奢华,提供的服务也更好,相信您住了以后会满意的。"客人应允后,小刘继续询问客人什么时候乘坐哪种交通工具来天津,并表示可以派车到车站或机场去接,客人觉得小刘的建议十分中肯,高度赞扬了酒店的服务。

任务分析

所谓预订,是指客人在抵店前对酒店的客房进行预先约定,也是酒店对客人的承诺,具有约束作用。客房预订是前厅部的一项重要业务内容,是调节和控制酒店房间预订和出租的中心,是酒店客房收益管理的重要环节。通过客房预订可以掌握客源动态,预测酒店未来业务,提高客房出租率;同时也可以协调各部门业务,提高工作效率和服务质量。为了提高酒店的客房出租率,预订员必须认真了解酒店客房产品的特点、周边酒店同类产品的优劣,发掘客人的潜在需求,做好客房预订。酒店一般会接受散客预订、协议公司预订和团队预订业务。随着网络技术的普及,客人的预订客房方式由原来的电话预订、信函预订、合同预订、传真预订等变成了依托于网络的官网预订、微信预订、App预订等。对于单体酒店而言,OTA(Online Travel Agency)渠道预订成为客人首选方式。

一、客房预订的定义与作用

客房预订是酒店提前获取客源市场、提高客房入住率的重要途径。酒店对预订业务十分重视,给客人提供各种渠道和方式,以方便客人预订本酒店的客房,网络技术和信息化手段的使用使得酒店获益良多。

1. 客房预订的定义

客房预订(Room Reservation)是指客人在入住前与酒店达成的租住协议。这种约定一经酒店确认,酒店与客人之间便达成了具有法律效力的预期使用客房的协议,形成了一种合同关系,酒店有义务按照事先约定的条件为客人提供客房。

2. 客房预订的作用

从客人方面讲,客房预订是为确保客人在外有住处,一旦预订完成后,酒店有责任和义务在酒店规章制度允许的范围内保证为客人提供住处。从酒店方面讲,酒店可以事先做好迎接客人入住的准备工作,提高服务质量,进行订房管理控制,从而获得最理想的出租率。

客房预订是酒店前厅部的一项重要业务内容,积极有效地开展预订业务,既能够满足客人的订房要求,又可以促进酒店客房的销售。因此,对于酒店来说,开展客房预订业务有着积极的意义。

微课

预订基础知识

二、客房价格的种类

(1)门市价(Rack Rate),又叫标准价,计价单位比较特殊,为间/晚。

(2)折扣价(Discount Rate),通常是为常客及特殊身份的客人提供的优惠房价。

(3)商务合同价(Corporate Rate),是酒店与有关公司或机构签订合同,以优惠价格出租客房,以求双方能长期合作。

(4)团队价(Group Rate),是针对旅行社、航空公司等团体住店客人提供的折扣价格。

(5)小包价(Package Rate),指酒店除了房间外还提供其他服务,如餐饮、租车等,综合打包后给出的价格,会低于客人单独购买后的总和。

(6)旺季价(Peak/Busy Season Rate)和淡季价(Slack Season Rate),即按销售季节划分的价格,比如一些海岛及度假类型的酒店有明显的季节性,就会产生旺季价格和淡季价格。

(7)免费房(Complimentary Room),免费提供给客人或者酒店的自用房。
(8)长包房房价(Long Staying Guest Rate),指长住客入住酒店时享受的优惠价格。

三、房间类型

不同类型和品牌的酒店,对同一房型的叫法略有不同。
(1)单人间(Single Room),即放一张床的客房,适合一位客人使用。
(2)标准间(Standard Room),主要分为两种:一是Twin-room,也就是传统意义上双人双床的标准间;二是Double-room,即现在比较常见的双人大床房。
(3)高级间(Superior Room),是指房间设施设备比普通标准间高档一些的房间。
(4)豪华间(Deluxe Room),是指房间内设施设备比较豪华、房间面积比较大的房间。
(5)普通套房(Junior Suite),至少有两个房间的客房才可以称之为套房。
(6)豪华套房(Deluxe Suite),是指相对普通套房,房间面积更大、设施设备档次和房间价格都高一些的房间。
(7)复式套房(Duplex Suite),两个房间以上,分为楼下和楼上的两层套房。
(8)总统套房(Presidential Suite),通常是酒店内最奢华的房间,一般四星级或五星级酒店才会设总统套房。

除此之外,有些酒店还有一些特殊的房型,比如酒店式公寓(Apartment)、行政楼层房间(Executive Room)、连通房(Connecting Room)、相邻房(Adjoining Room)。

四、预订方式

客人预订客房的方式多种多样,根据客人选择的预订手段和酒店设备不同,其主要预订方式如表2-1所示。

表2-1 客房预订方式

主要方式	预订方法	主要特点
电话预订 (Telephone)	客人直接给酒店打电话预订客房,酒店对外公布电话号码,是非常普遍、广泛的预订方式	1.联系方便快捷,可直接对话,落实客人具体要求; 2.通话语言要精准礼貌,规范整洁; 3.预订处留有电话记录,信誉要求较高
传真预订 (Fax)	客人通过传真机向酒店提交订房申请,酒店用同样方式回复确认,是过去较为常见的预订方式	1.联系方便快捷,信息准确; 2.有文字可查,可以立刻确认,操作方便; 3.目前已很少使用
网络预订 (Internet)	客人通过旅游分销商、酒店或酒店集团的官方网站、App、微信小程序等进行在线订房。伴随着移动互联网的快速发展,网络订房逐渐成为广大客人主要的预订方式	1.联系快捷,处理及时,电子邮件收发准确及时; 2.可以在网上发布宣传广告,图文并茂,形象逼真,吸引力大; 3.可以在网上交流、确认、核对

续表

主要方式	预订方法	主要特点
信函订房（Mail）	客人采用信件向酒店提出订房要求，酒店回复确认，是最古老而正式的预订方式	1.信息准确，要求清楚； 2.联系回复时间长，现已很少使用
口头订房（Verbal）	客人亲自或委托他人直接到酒店前台提出订房要求，酒店预订处处理其预订	1.当面交流，询问沟通方便，有情感交流； 2.多为亲朋好友为他人预订，信息准确性较低； 3.大多需要多次询问核实
合同订房（Contract）	酒店与旅行社或商务公司之间通过签订订房合同，达到长期出租客房的目的，是最有保障的预订方式	1.条文明确，书写清楚； 2.有根有据，受相关的法律条文保护； 3.双方利益有保障

五、预订的分类

预订主要分为两大类：非保证类预订（Non-guaranteed Reservation）和保证类预订（Guaranteed Reservation）。

1.非保证类预订

（1）临时预订（Advance Reservation）。临时预订是客人在即将抵达酒店前很短的时间内或在到达的当天联系订房。留房截止时限（Cut Off Time）一般是当天下午6点。如果客人在下午6点以后还未抵店，就算自动放弃订房；如果客人要求晚些时间抵店，则必须事先通知酒店，要求酒店同意其延迟抵达。由于临时预订已十分接近客人入住日期，故酒店一般不要求其预付订金（Deposit）。

（2）确认类预订（Confirmed Reservation）。酒店可以事先声明为客人保留客房至某一具体时间，过了规定时间，客人如未抵店，也未联系酒店说明情况，则酒店有权将客房出租给其他客人。经酒店确认过的订房称为确认类预订。确认类预订的方式有口头确认和书面确认，确认类预订一般不要求客人预付订金，酒店在限定时间之前，为客人保留客房。如果客人过时不到店，也没有提前与酒店联系，在用房高峰阶段，酒店有权将保留的客房出租给其他客人。

（3）等候类预订（On-wait Reservation）。在没有空房间时，酒店可以将客人放入预订等候名单（Waiting List）中，一旦有空房间，可以第一时间通知到客人。酒店在客房订满的情况下，考虑到预订存在一定的不确定性，如取消、更改等，在有客人取消预订或提前离店等情况下，对采用等候类预订的客人予以优先安排。在处理等候类预订时应征求客人的意见，是否将其列入等候名单，并向客人解释清楚，以免日后发生纠纷。对这类订房的客人，酒店不发确认书。

2.保证类预订

保证类预订是指客人通过信用卡担保、预付订金或签订合同等形式保证前来酒店住宿，否则将承担经济责任的预订类型。对于保证类预订，酒店在任何情况下都应保证这些客人到店后为其提供房间入住。客人通过预付订金来保证自己的订房要求,特别是在旅游旺季,酒店为避免因预订客人不来或临时取消订房而造成损失,要求客人预付订金来加以保证,因此保证类预订也称担保预订。保证类预订可以保护酒店和客人双方的利益,约束双方的行为,因而对双方都是有利的。

预付订金是指酒店为避免损失而要求客人预付的房费(一般为一天的房费,特殊情况例外,如图2-1所示)。对如期到达的客人,在其离店结账时予以扣除;对失约客人则不予退还,一般酒店为其保留住房到第二天中午12时。保证类预订的客人在规定时间内抵达而酒店无法提供房间时,由酒店负全部责任。

图2-1 Opera系统预付订金界面

保证类预订通常以三种方式具体实施。第一种方式是预付款担保,即在客人抵店入住前,客人或代理人(机构)须先行支付订金或预订间(天)数的全额预付款(根据酒店的具体情况,可以通过转账、刷卡或现金的方式交纳),酒店的责任是预先向客人说明取消预订、退还预付款的政策及规定,并保证按客人要求预留相应的客房。第二种方式是使用信用卡担保,指客人将所持信用卡种类、号码、有效期及持卡人姓名等信息以书面形式通知酒店,达到保证性预订的目的。第三种方式是合同担保,指酒店与有关公司、旅行社等就客房预订事宜签署合同,以此确定双方利益和责任。当公司的客户要求住宿时,公司就与酒店联系,酒店按要求为其安排客房,即使客人未入住,公司也保证支付房租,同时,房间也被保留相应的时段。

同步思考

预订员小王在受理客人的预订时,客人嫌房价太贵,说前次预订比这次便宜,要求小王给予优惠,小王该怎么处理?

A. 告诉客人,酒店规定的房价自己不能打折,请客人谅解。

B. 立即报告上级主管,由他确定如何做。

知识拓展

客房预订的渠道

C. 请客人稍候,迅速查找客史资料,确认客人所享受的折扣,非特殊情况保持折扣前后一致;若客人对折扣仍不满意,可视情况给予更低的折扣,但不应超越自己的权限;若客人还是不满意,应报告主管或部门经理。

理解要点:回头客是酒店非常重视的一个消费群体,酒店往往在价格上或住店期间给予优待,以期留住他们,使其成为酒店忠实的消费者。A项的做法虽然没有违背酒店的规定,也很有礼貌,但让客人觉得自己是回头客却没有享受到更好的待遇,会对酒店产生不满,甚至以后不再选择这家酒店。B项的做法不妥,缺乏服务责任。C项的做法较为妥当,既满足了客人的要求,又考虑了酒店的利益。注意服务人员应考虑本岗位的服务权限,避免越权服务。

任务二 预订服务流程

一天,经大堂副理及前台的配合,大部分客人已安排妥当,剩下的预订都是担保入住的,即一定会到的预订。但是618房间的客人为预期离店客人,直至20点才到前台办理延住手续,而此前,618房间的预抵客人已经到达(前台已在下午多次打电话联系618房间的预期离店客人,但未联系到)。前台人员向刚刚到达的客人解释酒店目前没有空房间了,并保证将他安排在其他酒店,一旦有空房间,再将其接回,但客人态度坚决:"这是你们酒店的问题,与我无关,我已经交了订金,预订了房间,我哪也不去,你们必须给我在酒店找地方住!"鉴于客人态度十分坚决,而且多次表示哪怕房间小一点也没关系,他就是不想到其他酒店住。在值班经理的允许下,前台人员将客人安置到了值班经理用房,客人对此表示满意。

为了选择理想的入住酒店,避免旺季到酒店时客满无房间,客人会通过电话等方式与酒店联系订房,并且希望酒店按照自己的要求准备就绪。为了方便客人预订客房,酒店提供多种订房方式,如电话订房、到店订房、手机App订房等。酒店还要选派服务热情、业务熟练的预订员为客人提供客房预订服务,这些预订员要在与客人短暂的沟通中,借助地域、城市、酒店的各种资源,真心诚意地为客人考虑,满足客人的各种订房需求,用心、用情赢得客人的信任,让客人愉快地完成订房。

要做好订房工作,预订员应具备良好的服务意识和娴熟的专业技能,能够迅速准确地理解客人的要求,按照酒店的服务规范有针对性地提供服务,圆满完成预订任务。

一、散客预订服务流程

(一)受理预订(Handling Reservation)

在受理预订前,应充分做好各项准备工作,才能为客人提供满意的服务,提高预订工作的效率和质量。预订员必须迅速准确地掌握当日及未来一段时间内可预订的客房数量、等级、类型、位置、价格标准等情况,对可预订的各类客房做到心中有数,保证向客人介绍可订房间的准确信息。

在接到客人的订房申请后,预订员应主动向客人询问,以获悉客人的住宿要求,具体包括预期抵店日期、所需客房的类型和数量、逗留天数等;然后迅速查看计算机系统有无可订房间,以及是否符合客人订房需求,再决定是否接受客人的申请。其结果只有两种选择:接受预订或婉拒预订。

1. 接受预订(Accepting Reservation)

明确客人的订房需求后,如果能够接受客人的订房,预订员就要填写客房预订单,预订单一般包括客人姓名、预期抵离店日期、房间类型、付款方式及特殊要求(如接机、房间布置等)等。然后,复述客人的预订信息与要求,并请客人确认。最后,预订员要把原始预订单的内容输入计算机系统,以便对订房情况进行统计、存档,并制作报表。

使用计算机管理系统之前,记录客人的预订要求是一件比较烦琐的事情。酒店通常用纸质的预订单逐一记录客人的预订信息。计算机管理系统的使用使这项工作变得轻松了许多,预订员只需在系统中根据预订界面的要求填写客人的相关信息即可(见图2-2),这些信息通常包括抵店、离店日期,客人姓名(包括中英文姓名),性别,国籍,联系方式,客人选定的房型及房价,客人的类别(属于哪个细分市场),客源地,预订渠道,付款方式,特殊要求等。

图2-2 Opera系统客房预订界面

下面以散客电话预订为例进行说明(见表2-2)。电话预订是一种常见的预订方式,预订员通过电话快速、准确地掌握客人的预订需求,向客人介绍合适的客房产品,通过语音的沟通交流,提升客人对酒店的服务体验,有效展示酒店优质的服务。目前随着网络技术的发展,电话预订的频次也随之减少。

表2-2 受理散客电话预订的程序及标准

程　　序	标　　准
1.接听电话	铃响三声之内接听,不能让客人久等
2.问候客人	热情礼貌,使用适当的问候语,并报出部门
3.聆听客人订房要求	确认客人抵达日期,先在系统中查看客房预订情况(见图2-3)
4.询问客人姓名	询问客人姓名,并复述确认
5.推销客房	需要询问细节,主动介绍房间类型及设施,采用适当的报价方式
6.询问付款方式	确认客人的付款方式,在预订单上注明
7.询问客人抵达情况	如航班及车次等,并说明客房保留截止时间
8.询问特殊要求	如客人有无接机、客房布置等特殊要求,做好详细记录
9.复述订房内容	包括抵离店时间、房间类型及数量、特殊要求等
10.完成预订	预订员向客人致谢,感谢客人选择酒店并期待客人到来,记录存档

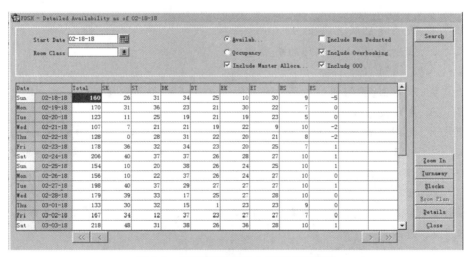

图2-3 酒店管理系统中客房预订情况

散客电话预订客房

预订员:(接听电话)您好! 国贸大酒店预订处。

客　　人:您好! 我想预订一间客房。

预订员:好的,先生。请问您要订什么时候的客房? 住几天?

客　　人：5月3日，住两晚。

预订员：几人住？订几间？

客　　人：两个人，订一间。

预订员：好的，先生，您是5月3日抵店，5日离店，住两晚，对吗？

客　　人：是的。

预订员：先生，请您稍等。（查看计算机系统）我们这里有豪华套房，房间宽大舒适，设施设备先进，欧式装修风格，入住后可享用免费早餐，房价每晚1200元；有标准套房，每晚980元，同样可以享受免费早餐，两种房间都配有Internet插口。您看，您喜欢哪种类型的客房？

客　　人：订个标准套房就可以了。

预订员：好的，您能告诉我您的全名吗？

客　　人：我姓张，叫张明。

预订员：张先生，请问您是用现金还是信用卡、微信、支付宝结账？

客　　人：现金。

预订员：张先生，请问您需要保证您的客房预订吗？现在是旅游旺季，对于普通订房我们只保留到当晚6点，您可以先用信用卡担保，到时候再用现金结账就可以了。

客　　人：不用了，我会准时到的。

预订员：好的。张先生，请问您是坐火车还是乘飞机来？我们酒店有免费的穿梭巴士和机场专车接送客人。

客　　人：我乘飞机从上海来。

预订员：张先生，能告诉我您的航班号吗？

客　　人：CA1519次。

预订员：张先生，请问您的电话是多少？我们会及时与您取得联系。

客　　人：电话是133256987××。

预订员：谢谢！张先生，请允许我向您核对以下内容：您订的是标准套房，每间每晚980元；5月3日抵店，5日离店；现金结账；从上海乘CA1519次航班前来；您的联系电话是133256987××，对吗？

客　　人：没问题。

预订员：谢谢您，张先生。如果您在抵店前有什么变更，请及时通知我们好吗？

客　　人：好的。

预订员：张先生，感谢您的订房，我们期待您的光临。

客　　人：不用谢。再见！

预订员：再见！

同步思考

一位客人想要预订一间海景标准间，住店时间是12月2日—12月3日，可是酒店当天的海景标准间已经预订完了，还剩下3间大床间也是海景房。如果你是预订员，你会如何处理？

A. 礼貌地向客人表示歉意,遗憾地表示不能满足他的要求。

B. 建议客人选择大床间,如果客人不满意,再表示不能接受预订。

C. 建议客人选择大床间,如果客人不满意,则应想办法与客人协调,主动再提出一系列可供客人选择的建议,如建议客人重新规划来店日期或改变住房类型、数量,提供其他酒店的相关信息。如果客人不能接受上述建议,在征得客人同意后,把客人放入等候名单,并记录订房人的姓名、电话,一旦有空房就立即通知客人。

理解要点:是否受理客人订房申请,主要考虑4个方面的因素:预期抵店日期、所需客房类型、所需客房数量、住店夜次。因此,在接受预订时首先要弄清楚客人这4个方面的要求,再根据该时段酒店的客房出租情况决定是否接受客人的订房要求。前厅部的首要任务是销售客房,并真诚地帮助客人,轻易放弃对客服务机会是不可取的。所以,A项的做法不对。B项的做法体现了预订员愿意提供帮助的服务意识,但做的还不够。C项的做法充分体现出预订员良好的服务意识,想方设法地帮助客人,让客人感受到热情周到的服务,是比较理想的处理方式。

2.婉拒预订(Declined Reservation)

如果在客人预计抵达的日期内,酒店因客满等原因而无法满足客人的订房要求,不能就此终止服务,而应主动提出可供客人参考或选择的建议,如建议客人改变抵达日期、房间类型等。也可以征得客人同意,将其列入等候名单(见图2-4),一旦有了空房,立即通知客人,最后要向客人表示感谢。这样做不但可以促进客房销售,同时可以向客人展示酒店良好的形象和信誉。婉拒预订时,要为客人签发一封致歉信。

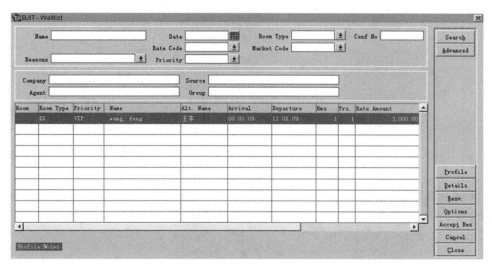

图2-4 Opera系统中的等候名单

(二)确认预订(Confirming Reservation)

在接受客人的订房要求之后,只要有足够的时间预订处都应对客人的预订进行确认。预订确认主要有两种形式,即口头确认(Verbal Form)和书面确认(Written Form)。口头确认一般通过电话确认,即将上一个工作流程所接受的预订,在与客人联系时予以认可和承诺。如果条件允许,酒店一般应及时通过邮件、短信、微信等形式向客人寄发订房确认书(见图2-5),以书面形式与客人确认预订的各项内容。确认书中应复述客人的预订要求、房价及付款方式等,申明酒店对客人变更预订、取消预订的规定;对非保证类预订的客人要申明抵店时限,对保证类预订的客人要申明酒店收取预订金;还应向客人选择本酒店表示感谢。使用计算机管理系统的酒店将预订信息录入系统后会自动生成一个预订确认号(见图2-6),将此号码告知客人,并告知客人到酒店办理入住登记手续时可以报此号码,当然也可以直接报客人姓名。通过酒店所属集团网站或自有网站进行预订的客人通常被要求在预订时留下自己的电子邮箱地址,这样系统就会自动生成一份电子预订确认信发到客人邮箱(见图2-7),这可以大大提高酒店的工作效率和客人的满意度。

订房确认书
RESERVATION CONFIRMATION

客人姓名
GUEST NAME_____

到达日期   班机号   离店日期
ARRIVAL DATE_____ FLIGHT NO._____ DEPARTURE DATE_____

| 房间种类 | 人数 | 房价 |
TYPE OF ACCOMMODTION	NO. OF PERSONS	RATE

备注
REMARKS_____

请将订房确认书交与接待处
Please present this confirmation to the reception desk

公司   致
COMPANY_____   ATTN_____
地址   电话号码
ADDRESS_____   TEL.NO._____

注意:预订客房将保留至下午六点,迟于下午六点到达的宾客,请预先告知。若有任何变动,请直接与本酒店联络。
NOTE: Your room will be held until 6:00P.M. Unless later arrival time is specified. Should there be any changes, Please contact the hotel directly for adjustment.

确认者   日期
CONFIRMED BY_____   DATE_____
订房办公室
BOOKING OFFICE_____

图2-5 订房确认书

项目二 预订处对客服务

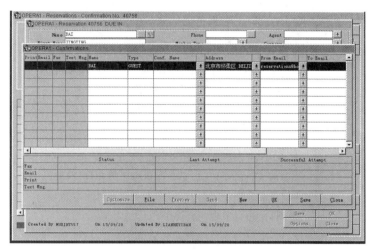

图 2-6 Opera 系统中的预订确认号

图 2-7 Opera 系统中的预订确认信

对点案例

没有确认的订房

在一次电话预订中,前厅部预订员赵明,由于没有进行第二次确认,把客人抵店日期 3 月 4 日误记为 3 月 10 日,导致客人投诉。当时临近下班时间,赵明正在整理材料填写交接本,突然电话铃声响起,他匆匆接起电话,迅速做了预订,心里想着下班之后和朋友去吃饭的事,却忘了与客人进行复述确认。

当客人 3 月 4 日到达酒店的时候,恰巧是赵明值班,他礼貌地告诉客人预订的房间是 3 月 10 日入住。客人一听就火了:"我明明预订的是 3 月 4 日,怎么变成 3 月 10 日了呢?你们也太不负责任了!"正在这时,大堂副理闻讯了解情况后先向客人致歉,然后立即与客房部联系,安排该客人入住酒店房间。赵明也受到了严厉的批评,并扣除当月的奖金。

案例评析:"细节决定成败",酒店工作要注重细节,严格按照标准进行程序化的操作,每一个环节都不能存在纰漏,否则就可能出错。本案例就是因为缺少复述再确认的环节而产生了原本可以避免的失误。

要做到紧张有序,即使工作再忙、事情再多,也不能自乱方寸。要时刻保持头脑清醒,心态一定要好,精力要集中,不分神,赵明若不是想着下班后去吃饭的事,也许就不会出错了。

要端正态度,工作要认真负责,坚持到最后一分钟,坚持服务好最后一位客人。不能因为快下班了就草草了事,预订员应宁愿自己多付出一点,也不能怠慢客人。这就是敬业精神。

(三)变更与取消预订(Changing & Cancelling Reservation)

变更预订指的是客人在抵店之前出于某种原因临时改变预订的日期、房间数量和类型以及其他要求等,甚至取消原来的预订。预订变更与取消需要在计算机管理系统中进行操作,若变更或取消的内容涉及一些原有的特殊安排,如接机、订餐、鲜花、水果、房内布置等,应尽快给有关部门发送变更或取消通知。

1.变更预订

受理更改订房的程序及标准见表2-3。

表2-3 受理更改订房的程序及标准

程 序	标 准
1.接收客人更改预订信息	(1)询问要更改预订客人的姓名及原计划到达日期和离店日期; (2)询问客人需要更改的内容
2.确认更改预订	(1)确认新的预订前,要查询客房出租和预订情况; (2)在有空房的情况下,可以为客人确认更改预订
3.存档	(1)将原预订单找出; (2)将更改的预订单放置在原预订单上,装订在一起; (3)按新的预订单的抵店日期、客人姓名存档
4.未确认预订的处理	(1)如果客人需要更改的内容,酒店无法满足,应及时向客人解释; (2)告知客人预订暂放在候补名单上; (3)酒店有空房时,及时与客人联系
5.更改预订完成	(1)感谢客人及时通知; (2)感谢客人的理解与支持(未确认时)

2.取消预订

受理取消订房的程序及标准见表2-4。

表2-4 受理取消订房的程序及标准

程 序	标 准
1.接到取消预订信息	询问要求取消预订客人的姓名、到达日期及离店日期,然后在系统中查找预订记录(见图2-8)
2.确认取消预订	(1)记录订房人的姓名及联系电话; (2)提供预订取消号(见图2-9)
3.处理取消预订	(1)感谢订房人将取消预订要求及时通知酒店; (2)询问客人是否要做下一阶段的预订; (3)将预订取消信息输入计算机
4.分析原因	(1)尽量问清客人取消预订的原因(见图2-10); (2)如果同一时期内取消预订较多,预订处要从价格因素、竞争对手因素等多方面进行综合分析; (3)将分析结果上报部门经理,以便及时调整营销策略

续表

程 序	标 准
5.存档	(1)查询原预订单； (2)将取消预订单放置在原预订单之上，装订在一起； (3)按日期将取消预订单放在档案夹最后

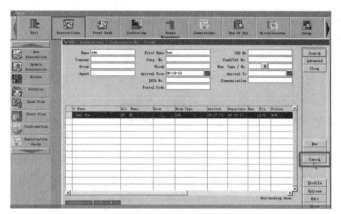

图 2-8　在 Opera 系统中查找客人预订信息

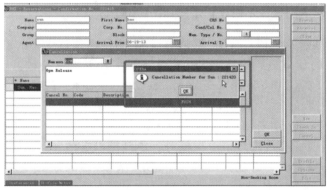

图 2-9　Opera 系统生成的预订取消号

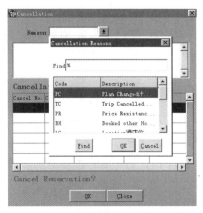

图 2-10　预订取消操作时选择取消原因

对点案例

标准间没有了

张明先生致电某酒店预订处要求取消2023年6月1日至6月3日的客房预订,预订员李敏经查询,确认张明先生于2023年5月25日预订了6月1日至6月3日的一间标准间,房间价格是每晚1000元,这时细心的李敏询问张先生取消预订的原因,客人告知李敏网络查询得知该酒店附近有一家档次相同的酒店同类型客房每晚只需要800元,所以提出取消预订。李敏了解情况后,马上挽留张明先生,李敏给客人简单介绍了两家酒店的区别,对本酒店的品牌优势做了重点描述,最后张明先生决定保留预订,因为张明先生认为品牌价值可以提升个人的形象以及增加生意谈判的筹码。预订处主管知道后在例会上通报表扬了李敏,希望所有预订员能向她学习,灵活处理问题。

案例评析: 案例中客人因为其他酒店的价格优势提出取消预订,但预订员并没有直接处理客人的取消预订,而是站在客人的角度分析两家酒店的区别,努力让"取消预订"变为"不取消预订"。在收到取消预订通知时,每位预订员都应该认真分析客人要求取消的原因,特别是出于主观原因提出取消的,要充分了解客人的顾虑,给客人提供周到的服务,以争取客人的信任,让其维持预订,从而提升酒店的收益。

(四)核对订房(Reconfirming Reservation)

客人抵店前可能发生预订变更、取消等情况,为提高预订工作的准确性,预订员要对每一个已确认的预订进行多次核对,发现问题及时更正或补救。特别是在旅游旺季,要做好接待准备工作,在客人抵店前,通过电话、微信、邮件等方式与客人进行核对。

订房核对工作一般分三次进行,具体操作安排如下。

(1)客人抵店前一个月进行第一次核对。预订员以电话、邮件、微信推送等方式与订房人进行核对,核对的内容包括抵达日期、预住天数、房间数量与类型等。核对的主要对象是重要客人和重要团队。

(2)客人抵店前一周进行第二次核对。其程序和方法与第一次核对相同。核对的重点是抵达时间、更改变动的订房和重要客人订房。

(3)客人抵店前一天进行第三次核对。这次主要通过打电话的方式进行。预订员对预订内容要仔细检查,并将准确的订房信息传达到总台接待处。

二、团队订房业务的服务流程

酒店通常会接待散客和团队,特别是度假型酒店比较多的客源来自团队,商务型酒店在经营过程中也乐于接待会议团队。为了保证足够的用房,团队通常会提前向酒店提出预订需求。和散客的预订相比,团队的预订有自身的特点。团队分为旅游团队和会议团队,特点都是用房数量比较多,会议团队同时会预订餐饮和会议室,因此有接待能力的酒店都会争取会议团队的预订。

团队预订有时归酒店销售部,有时归酒店前厅部,但无论是哪个部门负责,团队预订都得注意契约精神,团队用房数量较多、时间集中,如果做不到精细管理,可能就会出现团队客户失约的现象,这样酒店的利益会受到比较大的影响。因此,酒店为了提前做好团队的接待工作,在预订环节要特别严谨,包括受理团队的预订、变更预订信息、与团队确认信息、制作团队接待通知单等,以免产生差错。受理团队预订的程序及标准如表2-5所示。

表2-5 受理团队预订的程序及标准

程 序	标 准
1.接听电话	铃响三声以内接听
2.问候客人	(1)问候语:早上好/下午好/晚上好; (2)报部门:××酒店预订处; 例:早上好,国际酒店预订处,请问有什么可以帮助您的?
3.聆听客人自报单位	确认单位名称
4.聆听客人预订要求	(1)确认住店客人抵店日期; (2)确认预住天数; (3)确认人数; (4)确认房间种类、所需房间数量
5.查看房态	(1)查看计算机系统中客房状况; (2)查看是否有客人所需的房间
6.决定确认预订,或重新推销客房,或婉拒	(1)根据实际房态确认预订; (2)如果标准间数量不够,可以向团队推销与标准间差不多的普通套间,尽量满足要求; (3)如果确实没有空房,要对客人表示歉意
7.填写预订单	根据实情准确填写预订单(见图2-11)
8.确定价格	(1)按照团队房价报价; (2)在自己的权限内给予一定折扣; (3)确定价格后,填写在预订单上
9.确定付款方式	确定付款方式(现金、支票、转账),并填写在预订单上
10.请客人进行担保付款	(1)请客人发一份担保付款确认函; (2)要求客人在抵店前确定人数,并发送客人资料以备分配房间
11.询问客人抵店情况	(1)询问抵达航班(车次)及时间; (2)询问接机服务所需的车辆; (3)将情况写在预订单上
12.询问特殊要求	(1)每日三餐是否需要在酒店享用; (2)确定餐别、标准等情况; (3)将要求登记在预订单上

续表

程　序	标　准
13. 询问预订代理人情况	(1) 预订代理人姓名、电话号码； (2) 对上述情况做好记录
14. 复述预订内容	(1) 抵店时间、航班(车次)； (2) 房间种类、数量、价格； (3) 付款方式； (4) 离店时间； (5) 接机车型、数量； (6) 用餐标准； (7) 代理人情况
15. 完成预订	向客人致谢

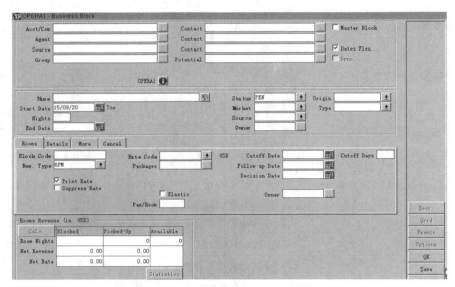

图 2-11　Opera 系统团队预订单界面

三、网络预订服务流程

随着"互联网＋酒店"的快速发展，网络预订更加能够满足消费者的需求，成为当下比较流行的一种预订方式。一是在全球流行的网络预订中心进行线上预订，这种网络平台可以让客人快速对比不同酒店的地理位置、价格、服务项目和客户网评分数等信息，如常见的OTA平台。二是酒店官网预订、微信公众号预订和手机App终端预订等方式。客人选择这种方式预订可以方便、快捷、准确地掌握客房信息并可以节省时间和电话费用等，其中微信公众号预订更受常客的欢迎。

网络预订已成为酒店销售的重要渠道，酒店预订处需要重视网络页面的设计、客房产品的展示(如VR看房)、房价动态管理、对客人预订的及时受理以及时刻关注客人的网络评价，做好客户关系的维护工作。

以受理OTA订单为例,当前酒店的许多订单都来自OTA平台,因此处理OTA订单也成为预订工作的重要部分。酒店要及时、快速、准确地处理来自OTA平台的订单,以确保拥有较高的OTA平台服务质量分,获得稳定的OTA客源流量。OTA预订是指旅游消费者通过网络向旅游服务提供商预订旅游产品或服务,并通过网上支付或者线下付款的方式实现旅游消费。通过网络进行产品营销,已成为众多单体酒店的重要预订渠道。线上平台能够提供产品的比对,客人能快速获取各酒店产品信息,因此,OTA预订也越来越受到客人欢迎。

1.OTA订单处理的准备工作

(1)设置好订单提醒。为了防止订单遗漏或接收不及时,酒店一般会在OTA网站后台订单处理的订单设置页面,设置如弹窗提醒、声音提醒、微信提醒、App提醒、电话提醒等多种订单提醒方式。

(2)打开设备通知。检查电脑或手机等设备,保证能正常接收OTA订单提醒,适当调高电脑端音量,正确设置手机端App应用"通知管理"状态,避免App被关闭或手机设置了静音而接收不到订单信息。

(3)打开自动接单功能。在OTA网站后台订单处理的订单设置页面,酒店可以开通自动接单功能,自动确认的订单会显示"知道了"按钮,该功能可以减少前台工作量,但并不意味着不用再管后台,前台在录入该订单后再点击"知道了",以免漏单等问题出现。

对于特殊订单,例如紧急订单、含特殊要求的订单,可设为"不适用自动接单",前台也要注意及时在后台手动确认。

(4)及时调整房价与房态。预订处要根据酒店的当前房态和未来的远期预订及时调整房价、房态,确保到店的每个订单都是有效订单,提高客房收益,杜绝因房价、房态修改不及时出现无房拒单等,从而影响酒店信誉分及排名的情况。

2.OTA订单处理流程

(1)查收OTA订单。登录合作OTA网站后台,查看订单。新订单会在网站首页出现,接到订单提醒,点击"查看详情",第一时间确认订单信息及金额是否正确,若订单信息无误点击"接受订单",将订单信息录入酒店PMS系统内,对订单房价与房型有疑问的要第一时间联系OTA客服或与客人进行协商处理。

(2)在酒店订房系统内做预订。确认订单接受后,打开酒店PMS系统订房模块,输入订单信息,包含客人姓名、抵店时间、离店时间、房间类型、间夜数、房价代码、客人来源、备注(如含早情况、现付/预付等),然后确认、保存信息,生成订单号。

(3)在OTA网站后台录入订单号。在OTA网站后台订单处理界面录入订单号,确认接受预订。

随着互联网的普及,计算机网络的日益完善和应用,酒店预订越来越依赖于线上业务量的增加。计算机网络预订是传统预订的延伸,与传统预订相比,计算机网络预订具有方便、快捷的优点。通过网络,客人可以随时随地地了解酒店产品,对酒店产品进行预先体验。因此,酒店应及时更新自己的网络平台,给客人传递真实、可靠的信息,从而提升预订群体对酒店产品的信任度。

对点案例

标准间没有了

预订员小张早班上岗一打开网络预订系统,就收到了一位香港客人的预订单,要求预订4间标准间,时间是1月1日到1月3日。小张查阅预订系统后,发现此时间段的标准间已经被预订满,无法满足客人的要求。但他为了帮助客人解决住宿问题,马上通过客人的联系方式给客人回复,建议客人换另外类型的房间,并向客人推荐了几间豪华间,同时介绍了两种类型房间的区别,豪华间价格只比标准间多150元,而且含早餐。经过小张的推荐,客人最后同意更换预订房间类型。

案例评析:在获知预订信息后,首先需要核对是否有能满足客人需求的可供出租的房间,然后进行相应的回复。在此过程中,任何一名预订员都应该像小张一样具备销售意识和服务意识,特别是在客人原预订的房型不能满足的情况下,有针对性地推荐其他房型;或者根据客人预订信息分析潜在的更大需求,进行二次推销,推荐更高档次的房型。最后确认预订信息,做好系统录入和预订信息传递。

任务三　超额预订

"十一"期间是酒店的接待高峰,为了保证酒店的经济效益,一连几天前台都实行了超额预订。一个下雨天,一位来自北京的客人要入住酒店,可是他没有提前预订房间,而且此时酒店房间已全部出租,没有空余的房间。当前台服务员向客人解释时,客人却不理睬。这位客人提着行李在大堂大喊大叫,说自己第一次来,又冒着大雨,是因为公司与酒店签了协议才来的,是不会走的。这时大堂副理走过来,将客人引领到大堂副理工作台前,细心地向客人解释,可这大雨天也得让客人有地方住才行,最后大堂副理打电话与同星级的酒店联系,终于在附近的酒店找到了一间房,价格相近,这时客人的气儿才消了。大堂副理将客人安顿好后,客人对大堂副理表示对酒店的服务感到非常满意,并承诺下个月来时会提前预订房间。

客房预订是酒店对客人的一种预约销售,为客房出租率的提高增加了可能性。为了保证客房预订的准确及有序,必须做好已预订房和可售房的预测控制,否则就会影响到客房销售和服务质量。酒店实现了客房预订,但并非所有的客人都能按约如期到达。即使酒店的客房全部都预订出去,仍然会有一小部分预订者因为各种原因不能按期抵达或临时取消,从而使酒店出现空房,由此延误出租而造成一定的损失。在当今竞争激烈的酒店业市场环境下,酒店不可能要求客人做到百分之百精确的预订,但可以通过采用某种措施来加强自我保护,最大限度地减少酒店的损失。

一、超额预订及其幅度控制

超额预订(Overbooking)是指酒店在一定时期内,有意识地将其所接受的客房预订数超过其客房接待能力的一种预订现象,其目的是充分利用酒店客房提高开房率。由于种种原因,客人可能会临时取消预订,或出现"无到"(No Show)现象,或提前离店,或临时变更预订要求等,从而可能造成酒店部分客房的闲置,因此需要进行超额预订,以减少损失。

超额预订是酒店经营管理者的胆识与能力的表现,也是一种风险行为。其关键在于如何有效地实施超额预订,避免或最大限度地降低由于决策失误而造成的经济损失。进行超额预订的决策应基于对市场的预测、客情的分析以及历史经验。其关键在于掌握超额预订的数量和幅度。通常,酒店接受超额预订的比例应控制在5%~15%,具体而言,各酒店应根据各自的实际情况,合理掌握超额预订的"度"。为合理掌握超额预订的数量和幅度,可运用计算公式进行核准。其公式如下:

超额预订量=(可预订客房数+超额预订量)×(预订取消率+预订无到率)-预期离店客房数×延期住宿率+续住房数×提前离店率

$$超额预订率 = \frac{超额预订量}{可预订客房数} \times 100\%$$

例:某酒店有客房600间,根据资料统计,10月2日预计续住房数为200间,预期离店客房数为100间。另外,据总台预订历史资料,酒店旺季延期住宿率为6%,临时取消率为8%,提前离店率为4%,预订无到率为5%。计算10月2日可超额预订多少间客房?超额预订率是多少?

解:设超额预订量为X,则

超额预订量$X=(600-200+X)\times(8\%+5\%)-100\times6\%+200\times4\%=62$(间)

超额预订率$=62/(600-200)\times100\%=15.5\%$

即当日可超额预订62间客房,超额预订率为15.5%。

使用PMS系统进行酒店前台业务管理的酒店,会通过PMS系统准确记录取消预订率以及应到未到率等数据,增强相关数据的可靠性。通过在PMS系统中操作,前台员工很容易查找到当日取消预订或应到未到的订单,做出准确的数据统计(见图2-12)。对于延迟入住、提前退房和延期退房的数据则可以在预订信息更改、续住和提前结账等环节进行统计。

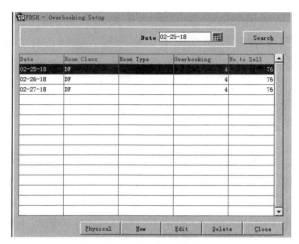

图 2-12　Opera 系统超额预订界面

二、超额预订过度的补救措施

如果超额预订过度,已订房客人在规定时间到达酒店后,酒店却因客满而无法为订房客人提供所预订的房间,必然会引起客人的极大不满,酒店对此应负有全部责任。因而酒店必须积极采取各种补救措施,妥善安排好客人住宿,以消除客人的不满,减少不良影响,维护酒店的声誉。

(1) 诚恳地向客人道歉,解释原因,请求客人原谅。

(2) 免费的房间升级(Free Upgrade)。

(3) 如房间全满,立即与其他相同等级的酒店联系,请求援助。同时,派车将客人免费送至这家酒店。

(4) 如属连住,与客人协商,店内一有空房,在客人愿意的情况下,就把客人接回来,并对其表示欢迎(可由大堂副理出面迎接,或在客房内摆放花束等)。

(5) 对提供了援助的酒店表示感谢。

(6) 如客人属于保证类预订,则除采取以上措施外,还应视具体情况,为客人提供以下帮助:

① 支付其在其他酒店住宿期间第一夜的房费(差额),或客人搬回酒店后可享受一天免费房的待遇;

② 免费为客人提供因更换酒店产生的交通费用;

③ 次日排房时,优先考虑此类客人的用房安排;大堂副理在大堂迎候客人,并陪同客人办理入住手续。

对点案例

预订确认房没有了

某酒店位于汕头仙山一个大型的海滨附近,冬季的周末,这一地区的酒店常常爆满。当李先生夫妇于一月的一个星期五中午12:15到达酒店时,服务员正在做预订统计工作,告诉李先生现在不能立即办理入住手续,因为有的房间还没有清理完毕。前台主管小黄向他们解释说,酒店现在缺少两名客房服务员,房间要等到下午4:30才能全部清理干净。李先生夫妇最初对此感到不快,但小黄递给他们俩每人一张午餐贵宾卡作为补偿时,李先生夫妇心里觉得安慰了许多。另外,在酒店享用午餐时,他们也对餐厅的服务感到满意。

但是,当他们下午4:30返回前台要求办理入住登记时,却着实吃了一惊。小刘(不是上午接待他们的那一位)告诉他们客房已经全部满员了,他们必须另找别处过夜。李先生开始并没太惊慌,认为可能是这位服务员搞错了,他出示了他的登记确认卡,告诉小刘中午他们已经来过了,本来是应该当时办理入住手续的,只因当时房间没有完全清理好,服务员让他们现在再来。小刘当即表示歉意,向李先生解释说,酒店的房间确实已经客满,我们原本就是按超额10%办理预订手续的,非常抱歉,二位的确必须另寻住处。

李先生问为什么他们中午来办理入住登记手续时那位服务员不这样说?小刘解释说,按照酒店的惯例,通常都要给那些超额预订的客人午餐贵宾卡,并告诉他们下午4:30再回来。但酒店不说有可能办理不了入住,通常有些正常办理预订的客人在4:00之前取消预订,这样的话,酒店就可以把房间转给那些超额预订的客人。这样做的原因很简单:通常情况下,平均会有10%的客人由于天气或其他原因,在当天下午取消预订,因此如果酒店按照超额10%办理预订,当10%的客人取消预订时,就可以用超额的10%的客人填补空缺,这样酒店仍旧能够保证满员。至于超额客人中谁会遭到拒绝,酒店也有一定的标准。那些以前从没在此住过,家又不在汕头市的客人遭到拒绝的可能性最大,因为酒店认为这些客人通常不大可能成为常客,即使得罪他们损失也不大。

李先生总算明白了这一逻辑,但还是想知道他们为什么不在中午如实地把情况跟他说清楚,如果当时他知道自己有可能住不到房间,他大概就会想办法寻找别的住处了。说到这里,小刘笑了,说李先生已经自己说出问题的答案了。如果当时服务员跟他说实话,他就会去别的酒店,这样本酒店确保满员的"战略"就无法实现。没有办法,李先生夫妇当晚只好再去寻找别的酒店。李先生回到家里以后,给许多与该酒店相关的部门和机构写信投诉,表达了他的不满。

案例评析:该酒店这种营销战略对客人产生了不好的影响。案例中李先生夫妇是第一次来该酒店消费的客人,他们对酒店的服务质量非常敏感,同时也对酒店服务规定十分陌生,因为他们是远道而来的外地游客。李先生夫妇在到达酒店时矛盾就逐渐产生了,酒店为了满足超额预订而采用的市场营销手段,使李先生夫妇在住宿安排上浪费大半天的时间,最后还让客人跑到别处住宿。酒店这种市场营销手段是"先把人骗进来再说",对客人先施惠、有所承诺,使客人对其所要购买的服务产生信任,显然这种不实的承诺往往都难以实现。当客人发现受骗上当时已无可奈何。那么酒店应不应该改变这种不正当营销策略,采取一个合理补救措施来缩小客人期待与实际之间的巨大落差,形成一个客人尚可接受的结局呢?如果该酒店还是像以前那样,那么必然会引起客人强烈的不满与投诉,这种不正当销售的最终结果是败坏了酒店的名声,客人从此再不登店。客人的这种理性消费者投诉给酒店带来了无形损失,使酒店信誉降低。

当然这家酒店的预订营销策略更要及时修改，为客人提供平等的待遇，不仅要以名牌和名优产品去开拓和占领市场，提高市场占有率和知名度，还要力求使服务、信誉、质量、效益一体化，树立酒店的整体形象，只有这样，酒店才能在竞争激烈的市场中实现生存与发展。

英语积累

名　词	英　文
预订	Reservation
门市价	Rack Rate
折扣价	Discount Rate
免费房	Complimentary Room
标准间	Standard Room
单人间	Single Room
总统套房	Presidential Suite
相邻房	Adjoining Room
临时预订	Advance Reservation
确认类预订	Confirmed Reservation
等候类预订	On-wait Reservation
保证类预订	Guaranteed Reservation
全球分销系统	Global Distribution System
超额预订	Overbooking

项目训练

一、选择题

1.目前，酒店与客人进行预订联系时，最先进的预订手段是（　　）。
　　A.电话预订　　　　B.传真预订　　　　C.信函预订　　　　D.网络预订
2.酒店的预订员为防止客人预订客房无到而造成酒店的损失，应采用（　　）。
　　A.保证类预订　　　B.确认类预订　　　C.临时性预订　　　D.口头保证预订
3.根据国际酒店管理经验，超额预订的百分比控制在（　　）。
　　A.无所谓　　　　　B.5%~15%　　　　C.10%~20%　　　　D.15%~25%
4.保证类预订的核心是（　　）。
　　A.预订书　　　　　B.预订书上盖章　　C.订金　　　　　　D.准时抵达
5.对于保证类预订，酒店在没有接到取消预订的通知时，应为其保留房间到（　　）。

A.抵店日中午 B.抵店日下午6:00
C.次日下午6:00 D.次日中午退房时间

6.对由于超额预订而无房住的客人,由酒店与同档次的酒店联系,作为补充应急,当出现房租差价应由(　　)承担。

A.预订员 B.客人与酒店共同
C.客人 D.酒店

二、基础训练

1.什么是客房预订?客房预订有什么积极意义?
2.预订的方式、种类与渠道都有哪些?受理电话预订的程序和标准是什么?
3.什么是保证类预订?其担保形式有哪些?
4.在受理散客预订时,要在预订单上记录哪些信息?
5.为何要做超额预订?如果超额预订过度应采取哪些措施补救?

三、技能训练

实训项目	客房预订
实训目的	通过老师模拟示范与学生现场情景模拟训练,让学生掌握散客预订服务流程及相关服务语言技巧,培养学生的实操能力
实训要求	1.分组互换角色模拟演练,注重学生肢体及语言的训练; 2.通过电话与客人交谈,应该特别注意热情、礼貌的电话礼仪; 3.熟知订房程序,掌握客房预订单填写的要点和要求; 4.正确填写散客预订表,熟悉表中对应的中、英文含义
实训方法	模拟示范、角色扮演、观看视频或其他
实训总结	对客房预订业务中的要点进行总结,以书面形式完成实训报告

学生签名:
日期:

四、实操练习

运用Opera酒店管理信息系统完成预订服务流程:
(1)散客预订及分房;
(2)团队预订及分房。

项目三
礼宾部对客服务

项目目标

素质目标

1. 培养学生彬彬有礼、热情好客、细致周到的职业形象。
2. 在礼宾服务过程中遵守国家法律、法规。
3. 敬业乐业,热爱本职工作;有高度的工作责任心,乐于助人。

知识目标

1. 熟悉机场接机服务的程序与标准。
2. 掌握门前迎送客人的程序与标准。
3. 熟悉行李寄存服务的程序与标准。
4. 理解"金钥匙"服务的内涵。

能力目标

1. 能按照规范完成机场接送及迎送服务。
2. 能够按照要求独立完成散客与团队客人的行李抵离店服务工作。
3. 能辨认各种车辆的标识。
4. 能够熟练地为客人提供行李寄存服务。
5. 能够有效地与客人沟通,熟练地向客人介绍酒店及客房的设施设备等。

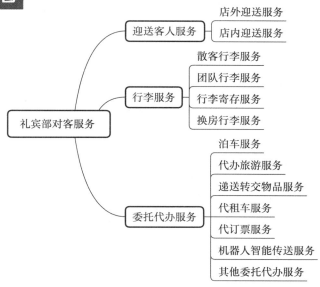

任务一　迎送客人服务

河南郑州丰乐园大酒店为了给客人提供更优质完善的服务,特别规定:凡出入丰乐园的每一辆出租车,礼宾部门童都要对其车牌号、隶属公司、乘客等有登记和了解。这条规定出台一年多来,为客人追回了许多遗失在出租车上的财物。这不,3月9日,在该酒店礼宾台,来自上海的王女士正激动不已地说:"感谢丰乐园,感谢金鹏公司的司机张先生,你们的服务和真情太让我感动了。"王女士是郑州丰乐园大酒店的住店客人,在退房时,酒店帮她叫了一辆出租车。当她到达火车站时,才发现自己的手机遗忘在出租车上。她焦急万分,抱着试试看的态度,拨通了丰乐园大酒店的电话,问酒店能不能帮她联系到那辆出租车。酒店服务员根据记录,迅速与那辆出租车司机取得了联系。出租车司机张先生接到酒店电话,一看手机还在车上,立即将手机送到了酒店。酒店礼宾部员工将手机送到火车站交给王女士,让客人对酒店留下了良好的印象。

为了体现酒店的档次和服务水准,许多高档酒店都设立礼宾部,下设迎宾员、行李员、机场代表、委托代办等岗位,为宾客提供周到的、个性化的礼宾服务。礼宾部的全体员工是最先迎接客人和最后送走客人,并向客人宣传酒店、推销酒店产品的服务群体,他们的服务对客人的第一印象和最后印象的形成起着重要的作用。因此,礼宾部员工一定要注重自身的职业素质和服务质量。

礼宾服务来源于法语"Concierge",又可译为委托代办服务。酒店对客服务涉及面广,礼宾部的工作渗透于其他各项服务之中,其工作特点是工作分散、范围大。礼宾部的服务态度、工作效率和质量都会给酒店的经济效益带来直接的影响。迎送宾客服务一般可分为店外迎送服务和店内迎送服务两种。

一、店外迎送服务

店外迎送服务是酒店在机场、车站、码头等为客人提供有效的接送服务,是酒店服务的延伸。良好的店外迎送服务既能让客人感到安心、方便,又能让其感受来自酒店"老朋友般"的热情和关照。店外迎送服务主要由机场代表负责。顾名思义,机场代表就是代表酒店在机场、车站、码头等为客人提供高效的迎接和送行服务的人员,是给予客人"第一印象"的人员,更是酒店对外宣传的"窗口"。因此,店外迎送实际上是前厅礼宾服务的延伸,机场代表是客人见到的第一位服务人员。机场代表的仪表仪容、行为举止、服务效率将给客人留下深刻印象。

(一)接机(站)服务程序与标准

1.准备工作

(1)定时从预订处取得需要接机(站)的客人名单(Expected Arrival List)。

(2)掌握客人姓名、航班(车次等)、到达时间、车辆要求及接待规格等情况。

(3)安排好交通工具(见图3-1)。

(4)根据预订的航班、车次或船次时间提前做好接机(站)准备,写好接机(站)牌,安排好车辆,整理好仪表仪容,提前到机场(车站等)等候。

(5)备好接机(站)牌,正面书写酒店的中、英文名称,反面书写客人的姓名,接机(站)牌手把的长度为0.5米左右。

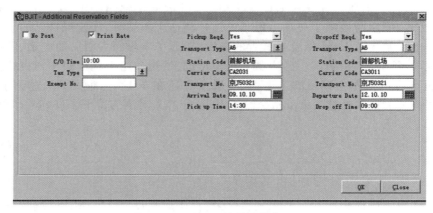

图3-1　Opera系统接机服务界面

2.到达机场(车站等)迎接客人
(1)注意客人所乘航班、车(船)次到达时间的变动,若有延误或取消,应及时准确通知酒店总台。
(2)站立在显眼位置举牌等候、主动问好、介绍自己,代表酒店欢迎客人。
(3)根据预抵店客人名单予以确认。
(4)帮助客人搬运行李并确认行李件数,挂好行李牌,引领客人前往接站车前。
3.送客人上车
(1)将客人送到开车地点,引导客人上车,协助将行李装上车。
(2)向客人道别,车开时站在车前的右前方2米左右,微笑挥手向客人道别。
(3)如果需要随车同行,在行车途中,可以根据具体情况,或简要介绍酒店的服务项目和城市风貌,或陪同客人聊天,或放音乐让客人自便。
(4)将客人接到酒店后,引领客人到总台办理入住手续,并询问客人是否需要提供离店服务。
4.通知客人抵店信息
(1)电话通知大厅值班台客人到店的有关信息:客人姓名、所乘车号、离开机场(车站等)时间、用房有无变化等。
(2)若没有接到指定要接的客人,要立即与酒店接待处取得联系,查找客人是否已乘车抵达酒店。返回酒店后,要立即与前台确认客人具体情况并弄清事实及原因,向主管汇报清楚,并在接站登记簿和交班簿上写明。

同步思考

酒店代表小王在机场接到一个团队,团队中的刘先生和领队招呼小王说:"我的行李很重,路上托运时总提醒服务员小心,可行李箱的轮子还是坏了,是机场出的问题,得让他们负责。"酒店代表小王查看行李箱的轮子破损情况,轮子确实转动不灵,小王应该:

A.先安慰客人,立即通报机场相关部门,会同客人一起听取处理意见,直到客人满意为止。若机场答复需要一些时间,应安排客人先回酒店,帮助客人维修行李箱,直到客人安心、满意。把事情处理结果向机场相关部门通报再做协商处理。

B.先安慰客人,立即引领客人至机场相关部门,由客人与机场方面协商,直到客人满意为止。

C.先安慰客人,立即向客人做出令其满意的承诺,然后通报机场相关部门,会同客人一起听取处理意见,直到客人满意为止。

理解要点:客人行李破损或丢失,其焦急或不满的心情可想而知,这种情况一旦出现,酒店代表应根据现场情况酌情处理。如果是机场托运的原因,应立即通报机场相关部门,会同客人一起听取处理意见,直到客人满意为止;如果是酒店托运的原因,应主动与客人沟通,及时处理,绝不损害客人的利益,直到客人满意为止。要注意的是,在问题没有解决之前,一味地道歉和安慰会令人生厌,但恰当的道歉和安慰不可缺少。待问题得到圆满解决后,诚恳地征询意见、真诚地道歉往往能够获得客人的谅解甚至称赞。采用A项处理方法,小王做到真心诚意帮助客人,既按照服务规程处理问题,又根据现场情况灵活应变,有助于问题的解决,方便客人,符合客人心愿。而采用B项处理方法,会麻烦客人,不可取。采用C项处理方法,向客人做出承诺不合时宜,客人更加愿意看到如何迅速解决问题。

(二)争取未预订客人服务程序与标准

机场代表要随时掌握客房利用信息,准确掌握各种交通工具到达时间。对于无预订的散客,应主动同客人联系,介绍酒店产品和服务,推销客房。在接近客人时,要运用感情上的交流、沟通,设身处地为客人着想,以热情、真诚的服务态度取得客人的信赖。

1. 推销准备

(1)准确掌握当日和近期客房出租情况。

(2)熟悉酒店餐饮、会议等服务特色和标准。

(3)熟悉酒店周围环境,包括交通、购物、旅游、区位优势等。

2. 确定潜在客人

(1)首先使用观察法,在接待中寻找潜在客人,并将其作为产品销售的重要对象,注意捕捉客人对酒店主要服务项目的价格、种类、优惠附加值等信息的敏感程度。

(2)采用连锁介绍法将酒店其他相关服务项目连带介绍,尽量吸引客人的注意力。

3. 倾听回答

(1)热情、耐心地回答每一位客人的咨询。

(2)认真倾听客人要求,恰当地提出建议供客人参考和选择。

(3)根据客人年龄、职业、身份等特点,有针对性地介绍和推销酒店产品和服务。

4. 办理手续

(1)及时、迅速地办理预订手续。

(2)安排车辆,主动扶老携幼,提拿行李,引领客人上车;通知酒店总台做好接待准备。

(三)送机(站)服务程序与标准

1. 店门恭候

(1)准确掌握需送机(站)客人的离店时间。

(2)确认所乘交通工具的航班、车次等信息。

(3)主动安排好车辆,提前在酒店门口恭候客人。

2. 在路途中

(1)主动征求客人的意见。

(2)陪同客人聊天,或放音乐让客人自便。

3. 机场(车站等)送别

(1)按时将客人送到机场、车站或码头。

(2)主动热情地向客人道别,并祝客人一路平安,使客人有亲切感、惜别感。

对点案例

我能帮助你们

X酒店的机场代表小王看见有5位刚刚下飞机的外国客人看上去非常焦急。小王正巧没有这趟接机的任务,看到这种情况他略加思索,便主动上前用简单而准确的英语表达了解情况。原来他们是由于飞机晚点而错过了Y酒店安排的接站车。小王告诉外国客人自己是X酒店的机场代表,可以为其提供无偿的行李服务。他先请大家将大件行李集中,清点数目,然后迅速推来行李车把行李一一搬上,陪同这5位外国客人向停车场走去。客人看着小王推着行李车,心里都有一种亲切的感觉。次日,由于所下榻酒店的服务质量低下,这5位客人当天下午搬至X酒店入住,因为昨天小王的义举打动了他们。

案例评析:小王打动客人的是一种高尚的职业道德和不求任何功利的主动助人的服务精神,体现了良好的个人素质和酒店代表的崇高使命感。我国有一位"金钥匙"曾经说过:"我以我自己能终生去做一名专业服务人员而骄傲,因为我每天都在帮助别人,客人在我这里得到的是惊喜,而我们也在客人的惊喜中找到了富有的人生。我们未必会有大笔的金钱,但我们一定不会贫穷,因为我们富有经验,富有信息,富有助人的精神,富有同情心、幽默感,我们富有为人解决困难的知识和技能。"这些话语,看上去朴实无华,但每句话都闪烁着人生的亮丽。小王的所作所为,正是这种服务思想的具体体现,是酒店最终赢得并保住客人的秘密所在。

同步思考

按照接机通知的要求,酒店代表小李今日要到机场接4名客人。小李整理好仪容仪表,准备好接机牌、酒店宣传册等资料,提前半小时到机场等候;到机场核对航班抵达时间,做好接机准备。客人即将抵达时,小李在醒目的位置等候,看到有客人出站时举牌迎接。当出口再也没有客人走出时,还没有接到客人,小李应该:

A.再等会儿,若还没有接到客人,电话通知总台,回酒店后做好记录。

B.应立即与酒店接待处取得联系,酒店可以通过电话问明客人是否已乘车前往酒店,并及时向小李反馈相关情况,回酒店后做好记录。若接待处没有联系到客人,小李返回酒店后,应马上与前台确认客人的具体情况,弄清事实及原因,向主管汇报,并把相关情况记录在接机(站)登记簿和交班簿上。

C.主动与客人电话联系,问明客人是否已乘车前往酒店并做好记录。

理解要点:客人远涉异地,会遇到许多意想不到的问题,如物品丢失、身体不适或急办要事,很可能错过酒店接机(站)服务。若酒店接待处和酒店代表及时掌握情况,很可能会帮到客人,有利于服务工作的开展。B项服务方法使服务既及时稳妥,又避免酒店与客人之间的误会。A项服务方法过于被动,可能错过服务补救机会。C项服务中小李自己与客人通过电话联系,未必能取得好的服务效果。

二、店内迎送服务

客人来到酒店的门厅,立刻就会受到门童(Doorman,也称迎宾员)的热情迎接,门童是客人到达酒店后最先接触到的服务人员,是酒店的"门面"。

(一)迎宾服务

1. 散客乘车抵达酒店时的服务程序与标准

(1)站立等候。

① 门童通常要穿着端庄正式、有醒目标志的制服;上岗时要精神饱满、热情有礼、动作迅速。

② 工作时通常站于大门一侧或台阶下、车道边,站立时应挺胸,手自然下垂或下握,两脚与肩同宽。

(2)引导停车。

① 在客人乘车抵达酒店时,使用规范手势示意(切忌大喊大叫),指挥车辆停到方便客人进酒店的位置,同时不影响交通。

② 若是出租车,当客人下车后即可示意出租车离开;若是客人自驾车,则应指引其至停车场停放。

(3)开关车门。

① 车辆停稳后,立即向前为客人开启车门。用左手拉开车门成70°左右,右手挡在车门上沿,为客人护顶,防止客人碰伤头部。

② 开门时原则上先女宾后男宾、先外宾后内宾、先老人后年轻人。若无法判断,则先开靠近台阶的后门。

③ 面带微笑,使用恰当的敬语欢迎客人光临(对重要客人和常客要努力记住客人的姓名,以示尊重)。

④ 招呼行李员,并帮助客人卸下行李。若客人行李较多,应主动帮助提拿,并提醒客人清点行李数量,带好个人物品。在进入大厅前将行李交给行李员,由行李员引领客人到总台。

(4)站回原位。

① 迅速引导车辆离开。对于客人自驾车,可以提供代客泊车服务。

② 客人如乘坐出租车,应迅速记下车牌号,站回原位,继续迎候新客人。

对点案例

客人为何不悦

在一个秋高气爽的日子里,迎宾员小洪身着一身剪裁得体的新制服,迈着轻快的步伐,第一次独立地走上了迎宾员的岗位。一辆白色高级卧车向酒店驶来,司机熟练而准确地将车停靠在酒店豪华大转门前的雨棚下。小洪看清车后排坐着两位身材魁梧、体格健壮的男士,前排副驾位上坐着一位个子较高且眉清目秀的外国女士。小王移步上前,以优雅姿态和职业性的动作,为客人打开后门,做好护顶姿势,并注视客人,致以简短欢迎词以示问候,动作麻利规范,一气呵成,无可挑剔。关好后门,小王迅速走到前门,准备以同样的礼仪迎接那位女士下车,但那位女士满脸不悦,这使小洪不知所措。通常后排座为上座,一般重要客人皆就此座。优先为重要客人提供服务是酒店服务程序的常规。这位女士为什么不悦?小洪百思不得其解。

案例评析: 在西方国家流行"女士优先"这样一句俗话。在社交场合或公共场所,男士应经常为女士着想,照顾、帮助女士。诸如:上车时,要让女士先行;下车时,要为女士先打开车门;进出车门时,主动帮助开门、关门等。西方有一种形象的说法:"除了帮女士拿她们的小手提包外,男士可帮助女士做其他很多事情。"迎宾员小洪未能按照国际上通行的做法先打开女宾的车门,致使那位外国女宾不悦。

2.散客步行抵达酒店时的服务程序与标准

(1)站立等候。

① 门童通常要穿着端庄正式、有醒目标志的制服;上岗时要精神饱满、热情有礼、动作迅速。

② 工作时通常站于大门一侧或台阶下、车道边,站立时应挺胸,手自然下垂或下握,两脚与肩同宽。

(2)问候欢迎客人。

① 客人到达酒店时,门童应主动、热情、面带微笑向客人点头致意,并致问候或欢迎语。

② 用手势示意方向,为客人拉开大门。如果酒店装置自动门或转门则不必拉门。

③ 若行李员距离大门较远,应使用手势示意,切忌大声呼叫,以免扰乱前厅安静的气氛。

3.团队客人抵店时的服务程序与标准

(1)引导车辆。

把客人所乘车辆引导到适当的位置停下,以免影响酒店门前交通。

(2)问候欢迎客人。

① 待车停稳后,门童站立在车门一侧,迎接客人下车,主动点头致意、问候客人,搀扶有需要的客人(如老人、儿童等)下车。

② 协助行李员卸行李并检查有无遗漏物品。

③ 及时为客人拉开酒店大门。

(3)引导门前车辆离开。

迅速引导车辆离开。

(二)送别服务

1.送别散客的服务程序与标准

(1)叫车服务。

客人离店时,主动热情地为客人叫车,并把车引导到合适的位置。

(2)送车服务。

① 等车停稳后拉开车门,请客人上车、护顶,并向客人道别,感谢客人的光临,预祝

客人旅途愉快。等客人坐稳后关上车门,关门时注意不要夹住客人衣角。

② 如果客人有行李,应协助行李员将行李装好,并请客人核实。

③ 车辆启动时,挥手向客人告别,目送客人,以示礼貌和诚意。

④ 如果是出租车,要记录车牌号,以防客人有物品遗留在车上。

2.送别团队客人的服务程序与标准

(1)叫车服务。

团队客人离店时,主动热情地为客人引车,并把车引导到合适的位置。

(2)送车服务。

① 等车停稳后,应站在车门一侧,向每一位上车的客人点头致意,并注意客人的上车过程,主动搀扶老人或行动不便的客人。

② 向客人道别,感谢客人的光临,预祝客人旅途愉快。

③ 如果客人有行李,应协助行李员提前将行李装好,并请客人核实。

④ 待客人全部到齐,司机关门后,伸手示意司机开车。车辆启动时,挥手向客人告别,目送客人离去,以示礼貌和诚意。

知识拓展

门童的岗位职责

任务二　行李服务

某一天,礼宾部员工小张在送行李的过程中与一对外国夫妇交谈,得知当天刚好是他们的结婚纪念日,希望能够在餐厅预订一个比较安静的座位来度过浪漫的一晚。小张立刻与礼宾部经理商量,希望可以帮助客人制造一些温馨浪漫的惊喜。首先,他们帮客人在酒店西餐厅预订了一个安静的两人小包厢,并在客人不知情的情况下,对包厢进行了一番颇有情调的布置,并委婉地给作为丈夫的住客提了一些是否需要买鲜花、蛋糕等物品的意见,客人听取后连连称好。礼宾部成员就开始准备,一切准备妥当。客人晚上用餐时,才发现礼宾部的员工事先为他们做了很多准备,客人感动得连连道谢,给予了极高的评价。在现代酒店行业中,礼宾部行李员的工作内容远远超出了我们以往的认知,不是仅仅运送行李那么简单了,他们的工作已经从侧面反映出一家酒店的服务水准。

> **任务分析**

酒店的行李服务是由行李员提供的,其工作岗位属于位于酒店大堂一侧的礼宾部。行李员是酒店与客人之间联系的"桥梁",他们通过贴心的服务使客人感受到酒店的热情好客。因此,对于管理得好的酒店而言,行李员是酒店的宝贵资产。一般来说,酒店常见的行李服务主要包括散客行李服务、团队行李服务、行李寄存服务、换房行李服务。

一、散客行李服务

1.散客到店时的行李服务

(1)行李员主动迎接抵达酒店的客人,为客人打开车门,请客人下车,并致亲切问候。

(2)从车内取出客人行李(如遇易碎或贵重物品,应妥善搬运),请客人确认行李件数,以免遗漏。

(3)迅速引导客人进店,到前台办理入住登记,引领时应走在客人侧前方。行李员引导客人至前台,在客人办理入住登记时,把行李放置在客人侧后方,双手背后站立在行李后方,看管行李,等候客人,直到客人办理完入住登记手续。对于入住行政楼层的贵宾,直接引导客人至行政楼层办理入住手续,帮助客人放好登记台前的座椅,请客人入座,行李员退后3～4米站立,等候客人办理手续。

(4)客人办理完入住登记手续后,行李员从接待员手中接过客房钥匙,引领客人至房间。如果有几位客人同时入店,应在办理完手续后,请每位客人逐件确认行李,在行李牌上写清客人的房间号码,并婉转地告诉客人在房间等候,然后依次将行李送去房间。

(5)引导客人至电梯厅,并在途中向客人介绍酒店设施和服务项目,特别是推广活动等信息,使客人初步了解酒店,然后按电梯。

(6)电梯到达,请客人先进电梯间,行李员进电梯后按下电梯楼层,侧立在电梯按钮一侧,将行李靠边放置。在电梯行进过程中,继续向客人介绍酒店有关情况,回答客人的问询。

(7)电梯到达目的楼层后,请客人先出电梯,行李员随后出电梯并赶上客人,走在客人之前引领客人进入客房。

(8)到达房间时,行李员放下行李,按酒店规定程序敲门、开门。打开房门后,介绍电源开关,并把钥匙插入开关插槽,开灯,退出客房,用手势示意客人先进。待客人进入房间后,行李员再进入并把行李放在行李架上,帮客人把脱下的外衣及需挂放的物品挂入壁柜内,并打开或拉上窗帘。同时,向客人介绍如何使用电器设施设备及卫生间设施,提醒客人注意电源的使用,向客人介绍店内的洗衣服务及其他服务。

(9)退出房间。房间介绍完毕,征询客人是否还有吩咐,在客人无其他要求时,即向客人道别,并祝客人在本店住得愉快。退出房间时要面向客人,将房门轻轻关上。

微课

礼宾部
行李服务

（10）返回礼宾部。完成行李运送工作后，将行李车放回原处。填写散客进店行李搬运记录（见表3-1）。

表3-1　散客进店行李搬运记录　　　　　　　　　日期(Date)：

房号 Room No.	行李件数 Pieces	行李员姓名 Porter's Name	进店时间 In-coming Time	预计离店时间 Depart Time	备注 Remarks

同步思考

某国际酒店客满，离店名单显示，一个团队应在当天14:00前离店，但由于客人的原因，直到15:00才退出40套房间，可此时已经有客人在大厅等候入住了。前厅接待员不断地接到客房可以使用的信息，不停地安排客人入住。行李员小张引领两位等候多时的客人来到680房前，发现门是开着的，站在房门口听到空调开得很大，看到客房服务员正在做最后的检查，小张知道客房马上就可以使用了。看到客人疲惫又不悦的神情，小张向客人表示歉意，并立即与客房服务员沟通，再礼貌地向客人解释，向客人表示房间马上就会整理好，征求客人意见，是再等两分钟，还是先将行李放在房内，到大堂稍作休息。客人听到小张的解释，心情也好多了，并选择等候两分钟。客人满意是因为：

A. 小张解释道，前一位入住的客人退房晚了，酒店看到客人急于用房，为客人着想，才边清扫整理，边安排入住；酒店十分理解客人旅途劳累急于用房的心情，也在尽快整理腾出的房间，但再忙也不能降低房间清洁整理的标准。小张诚恳地解释，客人才会满意。

B. 小张诚恳地道歉，首先解决客人的第一需求——尽快进房间休息，让客人安心；再礼貌恰当地解释，获取客人谅解。然后，向客人合理建议等候房间的方式，并尊重客人的选择，完成符合客人心愿的补救服务。客人认为行李员处理问题比较合理，没有一味地道歉与解释，而是迅速解决问题，问题的解决又是按照客人需求的轻重缓急完成的，这才满意。

C. 主要是满意行李员尊重客人，服务态度好。

理解要点： 客人已经来到房间门口，房间尚未清理好，其不满的心情可想而知。这种情况一旦出现，服务人员应立即采取补救措施，及时处理，力争问题处理"到我为止"，直到客人满意为止。要注意的是，在问题没有解决之前，一味地道歉、解释和安慰会令人生厌，但恰当的道歉、解释和安慰不可缺少，所以客人能够满意，B项分析准确。而采用A、C项的分析并不准确，客人更加愿意看到问题的迅速解决。

酒店不应该发生本案例中出现的错误，单凭当事服务人员处理，有时也难以完全令客人满意，客人可能还会留下服务有瑕疵的不好印象，最好的解决办法还是杜绝服务错误的出现。

散客抵店的行李服务

行李员：您好！先生请这边走。

客　人：好的。

行李员：(按电梯)先生，您是第一次入住我们酒店吧？

客　人：是的，第一次。

行李员：您看，我们酒店一共18层。一楼有法式餐厅、咖啡厅和多功能厅；二楼有中餐厅，中餐厅有川菜和杭帮菜。这些餐厅除了咖啡厅24小时营业之外，其余都是早上9:30至晚上10:30营业。我们酒店的健身房在三楼，营业时间是早上6:30至晚上11:00。好了，先生，8楼到了，您先下。请这边走。您的房间在电梯的右侧。这是安全出口。您的房间到了，815。(敲门，用钥匙开门)先生，开门时只需将钥匙对准门锁，门就会自动开启。先生您请进。您的3件行李我都放在行李架上，您看可以吗？

客　人：好的。

行李员：先生，您居住的这间豪华套房是一间外景房，可以看到外面的大海。卫生间内的热水24小时供应。房间电视机有48个频道，24小时有节目，您可以选看。先生，如果您还有其他不清楚的地方，请查阅我们的《服务指南》，内有详细说明。

客　人：好的。

行李员：您还有其他需要吗？

客　人：没有了。

行李员：那好，先生，再见，祝您居住愉快！

2.散客离店时的行李服务

(1)离店准备。

①行李员站在礼宾台后，注意大厅内客人的情况，发现客人提行李离店时，应主动上前帮助客人提行李。

②当接到客人收取行李的电话时，应问清客人的房间号码、行李件数、收取时间等，并按照客人要求准时到达房间。

(2)提取行李。

① 敲门通报，得到客人允许后进入房间。

② 清点客人行李件数，若客人不在房内，应请楼层服务员开门取行李。

③ 注意检查房内有无客人遗忘的物品等。

(3)帮助客人离店。

①确认客人是否结账，如果客人未结账，应礼貌暗示客人收银处的位置。

②将行李装车，引领客人走出大厅，请客人先行，并保持一定距离，用手势告诉迎宾员叫车。

③客人离开酒店时，行李员应微笑道别："欢迎再次光临！"并祝客人旅途愉快。

(4)登记。

回到礼宾台，逐项填写散客离店行李登记表(见表3-2)并签字。

机器人引领，协助散客抵店行李服务

表3-2　散客离店行李登记表　　　　　　　　　日期(Date)：

房号 Room No.	行李员姓名 Porter Name	是否结账 Bill Paid	行李件数 Pieces	车牌号 No.	离店时间 Depart Time	备注 Remarks

二、团队行李服务

1.团队客人抵店时的行李服务

（1）接收行李。

① 掌握当天预计到店的团队名称及团队人数，在团队抵达之前，要安排相应行李员接待，尽量由专人负责一个团队。

② 当团队抵达后，核对团队名称及编号、相应接团社和组团社名称，与领队一起清点行李件数，检查行李有无遗漏、破损等状况，将清点结果详细记录下来，并请领队等确认。

③ 清点无误后，立即在每件行李上系上事先已经填写好的行李牌（见图3-2），做好下一步分送服务的准备工作。

行李牌 LUGGAGE TAG

日期 Data_____

房间号码 Room Number_____

行李件数 Pieces_____

车号 Taxi No._____

行李员 Bellman_____

宾客签字 Guest Signature_____

No. 000001

城市酒店（上海）
CITY HOTEL SHANGHAI

房间号码 Room Number_____

行李员 Bellman_____

No. 000001

图3-2　行李牌

(2)分拣行李。

① 根据前台分配的房间号码,分拣行李,并将分好的房间号码清晰地写在行李牌上。

② 与前台团队入店分房处联系,问明分配的房间是否有变动,如有变动须及时更改。

(3)送行李到房间。

① 将行李装上行李车,走专用通道到指定楼层;运送行李时,应遵循"同团同车、同层同车、同侧同车"的原则。

② 到房间时,应先敲门,并报出"您好,行李服务",征得客人同意后方可入房。

③ 将行李放在行李架上或客人指定位置,并请客人清点行李件数和完好状况。

④ 离开房间时向客人微笑点头并致意:"希望您住店愉快。"

(4)行李登记。

① 分送完行李后,应在团队行李入店登记表(见表3-3)上进行记录并签名。

② 按照团队入店的时间顺序将入店登记表存档。

表3-3 团队行李入店登记表　　　　　　日期:

团队名称				人数			抵店日期		离店日期	
	时间	总件数	行李押运员		酒店行李员		领队签字		车号	
进店										
离店										
房号	进店件数			离店件数			行李收取时间			
	行李箱	行李包	其他	行李箱	行李包	其他	备注			
合计										

进店　　　　　　　　　　离店
行李主管:　　　　　　　行李主管:
日期/时间:　　　　　　　日期/时间:

2. 团队客人离店时的行李服务

(1) 准备工作。

① 仔细审阅前台送来的团队离店名单。

② 提前3天将预离团队的团号、房间号、人数等与电脑内档案核实。

③ 与团队入店时填写的行李表核对,并重建新表。

④ 夜班领班将核实后的表格转交下一班领班。

(2) 收取行李。

① 依照团队编号、团队名称及房间号到楼层收取行李。

② 与客人确认行李件数,如客人不在房间,则检查行李牌号及姓名。

③ 如客人不在房间,又未将行李放在房间外,应及时报告领班解决。

④ 根据领班指定位置摆放行李,并罩好行李网,以防错拿、丢失。

(3) 核对。

① 统计行李件数的实数是否与登记数吻合。

② 由领班与领队或陪同一起确认件数,并签字。

(4) 行李放行及资料存档。

① 由领班问清团队行李员所取的行李的团队编号和团队名称。

② 待团队行李员确认行李件数后,请其在离店单上签姓及写下车牌号。

③ 领班将团队行李离店登记表存档。

三、行李寄存服务

1. 人工寄存和提取行李服务

(1) 人工寄存行李服务。

① 客人寄存行李时,行李员应主动问候客人,热情接待,礼貌服务。

② 确认客人身份。请客人出示房卡,确认客人为住店客人;对于外来客人的行李,原则上不予寄存。

③ 礼貌地询问客人所寄存行李中,是否有贵重物品或易燃易爆、易损易腐烂的物品等,以及提取行李的时间。

④ 填写寄存行李卡。请客人确认行李物品件数后,在双联行李寄存卡上签名(见图3-3)。

⑤ 将寄存卡的上联(提取联)交给客人,提醒客人注意保存,下联(寄存联)系在客人行李上,并向客人简要说明注意事项及酒店的有关规定。

⑥ 将寄存的行李有秩序地码放在行李架上,同一客人的行李要集中存放,并用绳子系在一起,以区别于其他客人的行李物品,避免客人领取时错拿。

_____○ No. 000001 **行李寄存牌 LUGGAGE STORAGE TAG** 宾客姓名 Guest Name_____ 房间号码_____ 日期_____ Room Number_____ Date_____ 行李件数 Pieces_____ 行李员 Bellman_____ 宾客签字 Guest Signature_____	 城市酒店（上海） CITY HOTEL SHANGHAI

宾 客 联 Guest Portion　　No. 000001 **行李寄存牌 LUGGAGE STORAGE TAG** 日期 Date_____ 宾客姓名 Guest Name_____ 房间号码 Room Number_____ | 寄存内容 Description	数量 Quantity	寄存内容 Description	数量 Quantity | |---|---|---|---| | 化妆箱 Beauty Case | | 旅行袋 Traveling Bag | | | 密码箱 Brief Case | | 西装袋 Wardrobe Bag | | | 高尔夫球箱 Golf Bag | | 衣物 Clothing | | | 便携式行李箱 Pullman Trunk | | 包裹 Parcel | | | 硬行李箱 Suitcase | | 纸箱 Paper Box | | | 其他 Others | | | | 行李员 Bellman_____ 宾客签字 Guest Signature_____ **CITY HOTEL SHANGHAI 城市酒店（上海）**	**行李寄存条件：** 本酒店接受贵客寄存行李，其条件如下： 1.寄存于本酒店之物品，如遇任何形式的意外或事故导致损失，本酒店将概不负责。 2.寄存之物品中不得夹带任何易碎品，酒店对储存或运输过程中产生的任何损失概不负责。 3.如果贵客于物品寄存之日起，三十天内不来领取，则本酒店有权予以处理。 4.如果有任何人出示本寄存牌下联，索取寄存之行李，本酒店有权将该物品发交于他而无须辨认领取人身份。 5.对寄存物品本酒店有权要求当场进行开包安全检查。 **Conditions of storage** Luggage is accepted for storage by the hotel on these teams. 1. The hotel will not be responsible for any loss caused by any form of accidents of items stored in our hotel. 2. Fragile storage items are not allowed to be carried, and the hotel is not responsible for any loss incurred during storage or transportation. 3. If the items is not claimed within 30 days from the date of storage, the hotel has the right to dispose of it. 4. The hotel is authorized to deliver the items to any person presenting the luggage claim check, without requiring any proof of identity. 5. The hotel may request for items to be opened for security inspection.

图3-3　行李寄存卡

模拟对话

行李寄存

行李员：早上好，女士。需要寄存行李吗？

客　人：是的，我现在已经退房，但我要坐下午3:00的飞机，我想将行李寄存几小时，我打算到西湖边逛逛，带着行李不方便。

行李员：好的，您原来是哪个房间的客人？

客　人：我是3518房间的。

行李员：是高女士吧。

客　人：是的，是的。

行李员：好的，您有几件行李，有没有贵重物品？

客　人：就这一件，没有贵重物品。

行李员：有无易燃、易爆物品？

客　人：没有。

行李员：好的，麻烦您在行李寄存卡上签字。

行李员：好的，高女士，你要寄存一件行李，并在下午1点多取走。请保管好您的寄存卡提取联。

客　人：好的，谢谢，再见！

（2）人工提取行李服务。

① 主动问候客人，请客人出示寄存卡提取联，并与寄存联核对。

② 核对无误后，将行李物品从行李架上取下，交给客人，请客人当面清点并签字。

③ 将寄存卡的上联和下联装订在一起存档。

④ 如果他人代领行李，则客人应事先将代领人的姓名等情况写明，使用提取联和其他有效证件领取行李。

⑤ 如果客人的寄存卡提取联丢失，必须凭借足以证明客人身份的证件领取，并要求客人写出已领取行李的说明，与寄存联装订在一起备查。

对点案例

行李牌

中午12点多，一位客人提着行李箱走出电梯，径直往总台旁行李房走去。正在行李房当班的服务员小徐见到了就招呼说："钱先生，您好！今天是什么风把您给吹来了？"钱先生回答说："住得挺好的，生意也顺利谈完了。现在就到您这儿寄存行李，下午出去办点事，准备赶晚上6点多的班机回去。""好，您就把行李放在这儿吧。"小徐态度热情，从钱先生手里接过行李箱，对他说："您快去忙吧。"钱先生问："是不是要办个手续？""不用了，咱们是老熟人了，下午您回来直接找我取东西就行了"，小徐爽快地表示。"好吧，那就谢谢您了！"钱先生说完便匆匆离去。

下午4点30分,小徐忙忙碌碌地为客人收发行李,服务员小童前来接班,小徐便把手头的工作交给小童,下班离店。4点50分左右,钱先生匆匆赶到行李房,不见小徐,便对当班的小童说:"您好,我的一个行李箱午后交给小徐了,可他现在不在,请您帮我提出来。"小童说:"请您把行李牌交给我。"钱先生说:"小徐是我的朋友,当时他说不用办手续了,所以没拿行李牌。您看……"小童忙说:"哟,这可麻烦了,小徐已下班了,他下班时也没有向我交代这件事。"钱先生焦急地问:"您能不能给我想想办法?""这可不好办,除非找到小徐,可他正在回家路上……""请您无论如何想个法子帮我找到他,一会儿我就要赶班机回去",钱先生迫不及待地打断了小童的话说道。"他正在挤公交车,家又住得远,手机也打不通",小童表示无可奈何。"我的行李提不出来,我就得误班机了!"客人沮丧至极。"对不起,先生",小童表示无能为力。"唉,想不到熟人帮忙,结果反而误了大事",钱先生不无抱怨地自言自语。

案例评析:规章制度是在大量的管理服务实践中总结出来的"法规",是保证酒店正常运转、维护客人利益必不可少的,酒店服务人员必须严格执行。特别是关系到客人财产安全的部门和环节,更要一丝不苟,容不得半点疏忽。本案例中客人因行李不能及时提出而误了班机,其责任在于行李房服务员小徐违反了服务规程,当引以为戒。

首先,小徐遇上熟人钱先生存放行李,绝不能图方便随便免去手续,应照章办事,发给行李牌。这样客人在任何情况下都可以按正常手续及时领取行李,不至于发生提不出行李而延误班机的意外事故。其次,小徐在下班前应将钱先生寄存行李之事交代给下一班的小童。这样,开始没有办理登记手续的过错也能得到弥补。当然,行李房服务员小童坚持照章办理,在没有凭据和得到上一班服务员交代的情况下绝不轻易发放行李,虽然客观上给客人带来麻烦,但这一做法是正确的,无可非议。

2.自助寄存和提取行李服务

自助寄存和提取行李服务是指客人通过下载手机应用软件,按照软件的引导进行行李寄存和提取的服务。有的酒店设立了专门的自助行李存储柜,每位客人的行李由客人自己存放在相应的存储柜里,提取行李时则可扫码提取。这种方式减少了行李寄存牌的填写和登记过程,避免了丢失行李寄存牌给客人带来的麻烦,也提高了行李寄存的效率。有的酒店没有设置这样的存储柜,还是需要行李员协助将行李存放在行李房,客人提取行李时,仍需要行李员协助将行李从行李房取出。

不同的酒店使用的行李寄存应用软件不同,但是都实现了客人的自助存取和无接触服务。

四、换房行李服务

换房行李服务是指客人住店期间,因房间调换,需要行李员协助搬运行李至新调换的房间的服务。

1.客人在房间时的换房行李服务

(1)问清房号。

接到前台换房通知,要问清客人房间号码,并确认客人是否在房间。

知识拓展

行李寄存
新升级!
"码"上取
件更轻松

(2)敲门入房。

到客人房间时,要先敲门,经过客人允许方可进入。

(3)点装行李。

① 与客人一起清点要搬的行李及其他物品。

② 将行李小心地装上行李车。

(4)引领客人到新的房间。

① 带客人进入新房间后,帮助客人把行李放好。

② 收回客人的原房间房卡,将新房间的房卡交给客人。

③ 如客人没有其他服务要求,向客人道别,离开房间。

(5)交还钥匙。

① 将客人的原房间钥匙和房卡交给前台服务员。

② 做好换房行李记录(见表3-4)。

表3-4 换房行李登记表

日期	时间	由(房号)	到(房号)	行李件数	行李员(签名)	楼层服务员(签名)	备注

2.客人不在房间时的换房行李服务

(1)接到换房通知。

① 接到前台换房通知,问清客人房间号码。

② 提醒客人将行李整理好,以便搬运。

③ 征得客人同意,由行李员自行搬运行李。

(2)领取房卡。

① 从前台领取原房间房卡和新调换房间房卡。

② 准备好行李车去原房间。

(3)搬运行李。

① 将行李搬运到新房间后,帮助客人把行李原样放好。

② 外套之类衣物要和衣架一起运送。报纸、杂志、个人物品等也要原样运送过去。

③ 应仔细检查原房间的衣柜、抽屉、卫生间等,避免遗漏客人物品。

(4)记录。

记录搬运时间,行李种类、件数、特征、放置地点等搬运细节。

任务三　委托代办服务

任务导入

张先生是一位业务繁忙、时刻认真工作的程序员。某天早餐时他结账离店因一时疏忽将笔记本电脑忘在了餐厅。早餐时餐厅刚好十分繁忙,待餐厅领班发现时,客人离店已经两个多小时了。虽说此事是客人的疏忽造成的,但服务员未能及时发现客人遗落物品并上报,责任也不可推卸,领班立即将此事上报大堂副理,经与前台联系,客人已于一小时前飞往上海,通过酒店"金钥匙"与上海W酒店"金钥匙"联系,很快确定了为张先生运送电脑的方案。张先生接到电脑后无比惊喜和感激。在现代酒店行业中,"金钥匙"首席礼宾司的工作内容远远超出了礼宾部门童和行李员的普通工作职责,酒店"金钥匙"将时刻给酒店客人带来惊喜,已成为酒店特色化、个性化的服务代表。

任务分析

礼宾部委托代办服务就是传统意义上所说的"金钥匙"服务。"金钥匙"起源于法语单词"Concierge",原意为"钥匙的保管者",指古代酒店的守门人,负责迎来送往和酒店钥匙的保管。随着酒店业的发展,其工作范围在不断扩大,在现代酒店业中,Concierge已成为为客人提供全方位"一条龙"服务的岗位,Concierge会尽力为客人办好任何事情,以满足客人的要求。其代表人物就是他们的首领"金钥匙",他们见多识广、经验丰富、谦虚热情、彬彬有礼、善解人意。

礼宾服务就是要以礼待客,时时刻刻以发现客人的需求并满足客人的需求为工作原则。做好礼宾服务,不仅要掌握相应的服务程序和标准,更要有强烈的对客服务意识,即"尽管不是无所不能,但一定要竭尽所能"。客人从抵店到最后离店的全过程都会接触酒店的礼宾员,礼宾员会对客人产生第一影响力。给客人留下美好的印象,有助于减少客人对服务可能存在的不满。金钥匙服务所代表的高星级酒店服务品质,是管理水平和服务水平成熟的一种标志。

礼宾服务不仅包括客人的迎送服务和行李服务,还包括了对客人委托代办的事项,提供周到和竭尽所能的服务,突出了客人应享受的礼宾待遇,拓宽了对客服务的内容。礼宾部的委托代办服务范围较广,酒店根据自身实际情况,服务内容有所不同,下面是比较常见的服务项目。

微课

礼宾部委托代办服务

知识拓展

金钥匙应具备的基本素质

一、泊车服务

泊车服务对泊车员素质要求较高,除应受过严格的专业训练,并具有优秀的驾车技术和很强的安全意识外,更应具有高度的责任心。

(1)当客人驾车来到酒店,泊车员应主动向客人问好,接过客人的车钥匙,并将车钥匙寄存牌给客人,同时提醒客人带上随身物品,然后将客人的车开往停车场。

(2)泊车员停车时应注意车内有无贵重物品和其他物品遗留,车辆有无损坏。

(3)停车后应及时将停车位、车号、经办人等内容填写在工作记录本上。

(4)当客人需要用车时,请客人出示寄存牌,核对无误后,泊车员去停车场将客人的汽车开到酒店大门口交给客人,并在记录本上注明具体时间。

二、代办旅游服务

(1)登记客人的姓名、房号、日期及人数,了解客人的旅游需求。

(2)结合客人需求向其推荐有价值的旅游线路。

(3)帮助客人联系声誉较好的旅游公司或旅行社。

(4)告知客人乘车地点及准确时间。

(5)向客人说明旅途注意事项。

三、递送转交物品服务

1. 递送物品服务

(1)行李员应按当日客房状况显示的住店情况递送客房报纸等物品。

(2)递送客人快递包裹或其他物品时,应先按铃或敲门,主动问候,请客人签收。

(3)递送留言时,可从门缝塞进去,以免打扰客人。

(4)客人暂时不在房间时,应做留言提示。

(5)对没有收件人的快递包裹,经反复核准后予以退回快递公司。

2. 转交物品服务

(1)接收物品时,首先要确认本店有无此客人,然后请来访者填写一式两份的委托代办单,注明来访者的姓名、地址、电话号码,以便联系,还要注明转交物品的名称和件数。

(2)接收物品时一定要认真检查,并向来访者说明不转交易燃易爆、易腐烂物品。

(3)如果住店客人转交物品给来访者,则要请住店客人写明来访者的姓名等信息。来访者来领取时,要请其出示证件并签名。

四、代租车服务

按照客人对车型、时间、价格等的要求,向客人提供租用本店车辆或代订出租车辆的服务,服务人员向客人说明租用本店车辆的程序,请客人填好租用单,预交订金,办好手续即可提供;也可帮助客人预订出租车或网约车,出租车和网约车公司应该是与酒店建立了合作关系的公司,确保客人的安全。

五、代订票服务

随着人们生活变得更加丰富,客人对旅游交通、景区景点、演出电影、体育赛事、会展博览等活动的需求越来越多,礼宾员可以根据客人的订票要求,通过票务合作平台,帮助客人预订票务,并将预订的纸质或电子票预订单给客人留存。

六、机器人智能传送服务

移动互联网时代,外卖、快递为酒店管理带来了新的挑战。对于品质酒店来说,如果允许外卖员、快递员进入房间,服务质感会被破坏,安全性难以保证。如果不允许外卖员、快递员入店,会给客人带来不便或增加前厅物品递送转交的工作量。机器人智能传送让酒店的外卖、快递服务得到了平衡。客人入住酒店期间,在线上平台下单购买的物品可以通过智能机器人配送至房间,既保证了入住客人的安全及隐私服务,同时又减轻了酒店工作人员的工作负担。

机器人智能传送服务流程如下。

(1)客人在线上平台下单外卖、快递。

(2)外卖员、快递员携客人物品抵达酒店。

(3)酒店前台、外卖员、快递员操作机器人屏幕输入客人房间号,将物品放入机器人仓体,机器人开始执行配送任务。

(4)机器人自主乘坐电梯上楼,抵达房间门口后,拨打客人电话通知取外卖、快递。

(5)客人操作机器人屏幕开仓门取物,然后关仓门。

(6)机器人完成配送任务后返回。

七、其他委托代办服务

在不违反法律法规前提下,礼宾部应尽可能地为客人提供令其满意甚至惊喜的委托代办服务。

(1)代订房服务。按照客人的要求,代客人预订本地或外地的酒店客房。

(2)代订餐服务。按照客人的要求,代客人预订本店或外店的餐厅席位。

(3)代订花服务。按照客人的要求,预订好鲜花并按时送到。

(4)代修补、代购服务。受修补、购物处营业时间所限,礼宾部应有所统筹,尽力为客人提供代修补、代购服务。

(5)代办快递服务。客人住店期间,接收和寄送快递的服务需求十分常见,礼宾员需要仔细记录客人的寄送要求和联系方式,正确帮助客人投递和代收快递。

英语积累

名　词	英　文
门童	Doorman
礼宾服务、委托代办	Concierge
接机服务	Pick-up Service
机场代表	Airport Representative
接站牌	Paging Board/Name Board
行李员	Bellman、Bellboy、Porter
行李车	Luggage Barrow
行李房	Luggage Room
行李架	Luggage Rack
行李绳	Luggage Chain
行李网	Luggage Net
行李签	Luggage Tag

项目训练

一、选择题

1.下列不是门童的主要岗位职责的是（　　）。
　A.酒店门前迎宾　　　　　　　　　B.指挥门前交通
　C.搬运行李　　　　　　　　　　　D.到机场接送客人

2.行李员为个别客人把行李送入房内后，应返回大厅填写（　　）。
　A.团队行李进出店登记表　　　　　B.散客入住行李搬运记录
　C.行李员工作任务记录表　　　　　D.当日抵店客人名单

3.在行李寄存工作中，下列做法欠妥当的是（　　）。
　A.提醒客人现金不宜寄存在行李房
　B.明确告诉客人不得寄存违禁品
　C.礼貌地问客人有无贵重物品
　D.告知客人保管好行李寄存单，否则就取不到行李

4.下列关于酒店"金钥匙"说法错误的是（　　）。
　A.酒店"金钥匙"是一种专业化的酒店礼宾服务
　B.酒店"金钥匙"是对具有国际金钥匙组织会员资格的酒店礼宾部人员的特殊称谓
　C.酒店"金钥匙"是特指从事客房预订服务的所有工作人员
　D.酒店"金钥匙"是指一个国际民间组织

5.（   ）是酒店礼宾服务和委托代办服务的代名词。
　　A."金钥匙"服务　　B.行李服务　　C.问讯服务　　D.酒店代表服务

二、基础训练

1.简述散客抵店时的行李服务程序。
2.换房时的行李服务应注意哪些问题？
3.如何做好客人存取行李服务？
4.酒店提供哪些委托代办服务？
5.如何理解"金钥匙"服务？

三、技能训练

实训项目	礼宾服务
实训目的	培养学生的实操能力,使学生能够提供不同情况下的行李服务
实训要求	1.可以选择散客,也可以选择团队客人;可以是抵店,也可以是离店; 2.全班以两人为一个小组分成若干组,小组两位同学分别扮演行李员和客人; 3.分组互换角色模拟演练,注重学生肢体及语言的训练; 4.角色扮演时要投入、认真,运用酒店礼宾服务用语和礼貌、礼节,填写好相应的表格
实训方法	模拟示范、角色扮演、观看视频或其他
实训总结	对礼宾服务中的要点进行总结,以书面形式完成实训报告

学生签名：
日　　期：

四、实操练习

张明和李想是公司同事,他们想利用假期去旅游,于是预订了一家酒店,并要求酒店礼宾部安排接机服务。酒店接到接机预订后通知机场代表王彬,预订要求在11月11日中午12点酒店安排一辆商务车去机场接机……

假如你是王彬,客人到达机场前,你应该准备些什么？如何去接机？请同学们3人为一组展开练习,同时运用前厅虚拟软件及Opera系统进行操作练习。

项目四
前台入住接待对客服务

 项目目标

素质目标

1. 培养严谨负责、遵纪守法的职业精神。
2. 培养爱岗敬业、诚信待客的职业态度和尊重他人的服务意识。

知识目标

1. 熟悉前台接待中需要使用的各种表格和设备。
2. 掌握散客和团队客人的接待程序及标准。
3. 熟悉客房状态。

能力目标

1. 能够运用酒店计算机管理系统进行客房状况的控制与调整。
2. 能够按照要求准确填写住宿登记单等表单。
3. 能准确、熟练地为散客、团队、VIP客人办理入住接待手续。

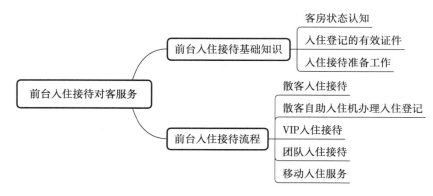

项目四 前台入住接待对客服务

任务一 前台入住接待基础知识

此时已是午夜时分,两位客人走进酒店大堂,其中一位是李先生,他是酒店的常客,也是集团的白金会员,另一位先生是李先生的生意伙伴。李先生走到前台,对前台接待员小曼说道:"我和我的朋友明天一早有个很重要的商务洽谈。"小曼微笑着立刻在系统中为李先生挑选了两间邻近的行政楼层房间,"李先生,麻烦您和您的朋友出示一下证件,我马上为您办理入住手续。因为您是我们酒店的VIP客人,房间已经为您和您的朋友都升级至行政楼层的房间了。"李先生很满意,微笑着点头。

在办理好入住手续后,小曼继续说道:"李先生,这边听到您明天早上有一个十分重要的商务洽谈,我稍后会和行政酒廊的同事联系,明天早上为您安排一个安静的地方,并准备好早餐。我代表酒店感谢您的信任,欢迎您的到来,并祝您和您的朋友入住愉快。"酒店前台的工作不单单是为客人办理入住登记,更多地要体现出酒店为客人提供的细致周到的服务。前台员工与客人对话中的细节,都是酒店提供优质个性化服务的关键。

前台接待服务,英文翻译为"Reception",是前厅部对客服务全过程最为关键的环节之一,其工作效果将直接影响到酒店前厅销售客房、收集信息、协调对客服务、建立客账与客史档案等各项功能的发挥。此外,入住登记手续的办理也是酒店与客人建立合法关系的最根本的一个环节,因此,做好前台入住接待管理工作责任重大。

一、客房状态认知

在前台为客人办理入住接待,首先要知道的就是酒店的房间目前都处于什么样的状态,也就是我们经常提到的"房态",如图4-1所示。"房态"需要将前台、预订处和客房部三个部门结合起来去观察,主要分为以下几大类。

(1)住客房(Occupied)。住店客人正在使用的房间。
(2)空房(Vacant)。已完成卫生清扫工作,待楼层主管查房后,即可出租的房间。
(3)脏房(Dirty)。分为有客人在住未打扫的房间(OD,Occupied Dirty)和客人离店后未打扫的脏房(VD,Vacant Dirty)。

微课

前台入住接待基础知识

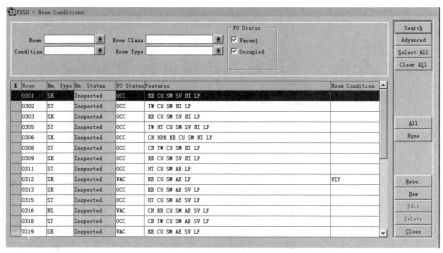

图4-1　Opera系统显示的房态

(4) 走客房(Check-out)。客人已结账离店,待清扫或正在清扫的房间。

(5) 待修房(Out of Order)。因房间设施设备有较小的故障,待修或正在修理而暂时不能出租的房间。但在房间紧张的情况下,通知工程部员工立刻维修后,可出租给客人。

(6) 保留房(Blocked)。为接待会议、团队或重要客人而提前预留的房间。为客人保留房间时,接待员应熟悉预订资料,弄清保留的原因及客人情况,并填写保留房记录簿。这是一种内部掌握的客房状况。

(7) 可预期出租的房间(Inspected)。在Opera系统中只有Inspected状态下的房间才是可以真正被直接出租给客人的房间。

(8) 未知状态的房间(Pick-up)。尚不明确客房内的状况,需要查房后更改。

此外,对于下列几种状态的客房,客房部在查房时,应注意掌握并通知前台。

(1) 外宿房(Sleep-out)。客人在外留宿未归,前台做好记录并通知大堂副理和客房部,由大堂副理双锁客人房间,客人返回时,大堂副理为客人开房门。

(2) 无行李或携带少量行李住客房(Occupied with No Luggage/Light Luggage)。入住时未携带或只携带少量行李的客人居住的房间。为了防止逃账等意外情况,客房部应将此情况通知前台。

(3) 请勿打扰房(DND)。客房门口"请勿打扰"灯亮,或门把手上挂有"请勿打扰"牌,服务员则不能进房间提供服务。超过酒店规定时间(一般为24小时),则由前台或客房部打电话与客人联系,以防客人发生如患急病等意外事件。

(4) 双锁房(Double Locked)。为免受打扰,客人从房内双锁客房,服务员使用普通钥匙无法打开门,对这种客人要加强观察和定时检查。

二、入住登记的有效证件

服务人员必须清楚,在为客人办理入住登记时,需要客人提供的有效证件是什么,当然也要明确不同类型的客人有可能使用不同的证件,比如在一些大型国际会议中,

知识拓展

客房差异状态

参会的外宾基本都使用会议证办理入住登记。

我国目前一般情况下可用于酒店入住登记的有效证件有以下几类。

内宾：身份证、护照、军官证、士兵证、驾驶证等。

外宾：护照、外国人居留证、外国人旅行证等。

港澳同胞：港澳回乡证/通行证。

台湾同胞：台湾居民来往大陆通行证(台胞证)。

华侨：中国护照、旅行证。

入住时前台接待员登记有效证件是必须做的一步，这既是符合酒店规章制度的体现，更是保障国家安全的要求。对于内宾，通过酒店的身份证扫描仪扫描二代身份证，可以直接与公安机关联网，如有可疑人员，公安机关可以第一时间发现。对于外宾，一定要注意护照等的有效期、入境时间、签证时间，核验是否在允许逗留时间内入住酒店。这些都是出于安全的考虑，所以要时刻留心酒店内入住客人是否都已经办理了登记手续。

三、入住接待准备工作

为保证对客服务工作的高效率和高质量，酒店必须做好客人入住登记前的各项准备工作。前台可以利用预订阶段收集到的客人信息，来完成入住登记前的准备。

（一）房态报告(Room Status Report)

在客人到店前，接待员必须获得较为具体的房态报告，并根据此报告排房，避免给客人造成不便。当前房态可以通过酒店使用的PMS系统的房态图来查看，如图4-2所示。房态报告上会标明实房(入住房)、未清扫的空房、OK房(可随时出租的空房)、预留房及坏房(待维修房)的房号。

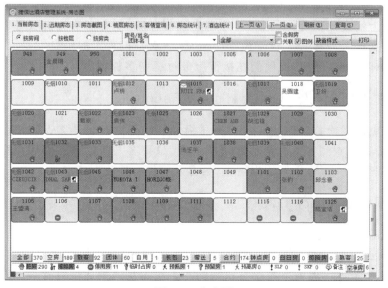

图4-2　房态图

(二)预抵店客人名单(Expected Arrivals List, EA List)

通过查阅预抵店客人名单,如图4-3所示,接待员需掌握住店客人的一些基本信息,如客人姓名、客房需求、离店日期、特殊要求等。

图4-3 在Opera系统中查找预抵客人

在核对房态报告和预抵店客人名单时,接待处的管理人员应该清楚以下两件事情,并采取相应的措施:①酒店是否有足够的房间去接待预抵店客人;②酒店还剩多少可供出租的房间去接待无订房预约而直接抵店的散客。

(三)预抵店贵宾名单(VIP EA List)

酒店常为贵宾提供特别的服务,如事先预订客房、免费享受接机服务、在客房办理登记手续及安排人迎接等。对于预抵店贵宾,酒店常把客人的信息发送给前厅各岗位及酒店相关对客服务部门,让他们在接待服务过程中多加留意。

(四)客人历史档案(Guest History Record)

客人历史档案简称"客史档案"。高星级酒店均建立客史档案,通过查询计算机系统,接待员很容易查到客人在酒店的消费记录,只要客人曾经在该酒店住宿过,根据客人的历史档案情况,即可采取适当措施,为客人提供个性化服务。

(五)黑名单(Black List)

黑名单即不受酒店欢迎的人员名单,主要来自以下几个方面:①公安部门的通缉犯;②当地酒店协会会员、大堂副理记录的有关人员;③财务部门通报的走单(逃账)客人;④信用卡黑名单。黑名单需要有权限的专人负责录入酒店信息管理系统,一线员工进行身份证扫描时会自动提示。

(六)其他准备工作

(1)预先分配房间。为方便客人,并对客房分配进行有效管理,对上门散客或者当天在前台预订的客人,接待员应根据预订确认书中的订房要求,提前制订客房预分方案,如图4-4所示。这样客人到店时,只需收取客人的押金和证件,然后使用"Check-in"功能,就可为客人办理好入住手续。

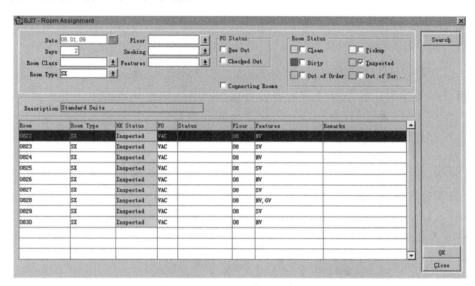

图4-4 Opera系统预分房界面

(2)检查预留房状况。对于给客人预留的房间,接待员要与客房部保持密切联系,注意掌握客房状况的变化情况。

(3)准备好入住登记所需的表格、欢迎卡、客房钥匙等,查看客人是否有提前到达的要求等。

任务二 前台入住接待流程

傍晚时分,王先生来到酒店前台想要找住店客人张泽先生:"麻烦查一下房间号并刷一下电梯卡。"前台接待员查遍系统,也没有找到名叫张泽的客人,于是就说:"不好意思,先生。我们这里没有您要找的那位张先生,他应该不住在这里。"王先生感到惊讶,刚刚和张先生通过电话,才说是在酒店前台这边准备办理入住手续了,这会儿怎么又没有了呢?接待员又认真地查了酒店的系统,抬头说:"对不起,王先生,肯定不会错,不信您来看电脑显示?"这时还好总经理走过:"抱歉,他们刚接班不知道情况,张先生住在1904号房,电脑里没登记。"原来张泽先生是总经理的客人,直接住进了酒店为其保留的自用房。前台接待管理中,即使是内部客人,也应按照正规的入住接待流程操作,将客人信息录入系统中。记录备查不仅为来访客人提供方便,而且也是配合公安系统、保证国家安全的必需制度。

前台接待员提供的入住接待服务,给客人留下热情好客、彬彬有礼、服务高效、值得信赖的深刻印象。接待员完善的服务可以消除客人初次到店的陌生和疲惫,并使客人从入店到离店,无论出现什么需求,更愿意找前台服务人员咨询和解决,似乎接待员都是客人心目中的"百事通"。接待员非常珍惜客人们对酒店的这份情感,渴望通过全面、周到的服务,与客人们共同营造和谐、优雅的酒店氛围;通过提供用心、用情的服务,达到满意服务、超值服务、惊喜服务的境界。客人感受到真心诚意、无微不至的服务,会提高对酒店的满意度和忠诚度,这是酒店经营中宝贵的财富。

前台入住接待主要指为客人办理住宿登记手续(Check-in)。客人的住宿登记工作是由前台接待员负责办理的,接待员要向客人提供住宿登记表,负责查验客人的有关证件,并指示行李员引领客人进客房。

一、散客入住接待

（一）主动问候,微笑迎宾

客人到达前台时,接待员应面带微笑向客人问好致意,以示真诚,并表示乐于为客人提供服务。如果已经知道客人的姓名,应带姓称呼客人。

（二）确认客人有无预订

为客人办理住宿登记时,接待员应首先弄清客人是否已订房。

(1)对于已经订房的客人,接待员应核对当日抵店客人名单,从计算机系统中迅速查找客人订房记录(见图4-5),复述订房要求。接待员可以通过客人预订号码、客人姓名、预订者姓名、电话号码等查找客人预订信息。

(2)对于已付订金的客人,应向客人确认已收到的订金数额。

(3)对于未预订而直接抵店的客人,问清其用房要求,确定有无满足客人要求的房间可供出租;并根据酒店客房使用情况,用建议的方式向客人推销客房。如果不能满足客人的要求,也应尽量为客人联系其他酒店,主动帮助客人,以塑造酒店在客人心目中的美好形象。

前台入住接待流程

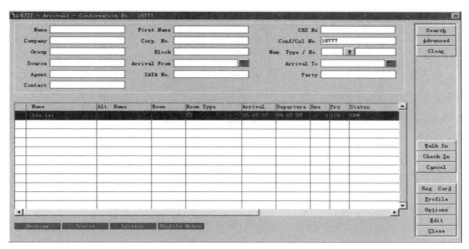

图4-5 预抵客人查询

同步思考

若发生客人声称已预订,但酒店经过查找,没有找到客人的预订资料,服务人员应该:

A.告知客人没有找到预订资料,然后按照无预订客人办理。

B.礼貌询问"是您本人预订的吗?"尽量找到客人的预订资料,准确、快捷地办理入住。若没有找到客人的预订资料,服务人员应迅速按照客人的入住需求办理入住。

C.无论现在客房是否紧张,都应该尽量给予满足,而不是纠缠到底订没订房的问题。若本店客满,应主动帮助客人联系到其满意的酒店入住,并恰当地道歉,表明在本店客房空出时真诚欢迎客人搬回的愿望。

理解要点:这里需要注意的是,在进一步询问客人后,仍然没有找到客人的预订资料的情况下,就不要过分纠缠在到底订没订房的问题上,服务员应迅速按照客人的需求办理入住手续。若本店客满,应主动帮助客人联系到其满意的酒店入住。所以B、C项较为恰当。A项的服务过于简单,酒店未查询到客人的资料,再重新询问客人需求,既烦琐费时,又容易引起客人的不满。

(三)验证登记

请客人出示有效证件,用双手接过客人的证件,查验证件,确认是否为本人,确保人证相符。录入相关信息,协助客人填写入住登记单,并扫描客人证件。现在大部分高星级酒店采用电子读卡器采集客人身份信息,即将身份证或者护照放置在读卡器上,读卡器自动将所有的信息导入系统,从而大大提高了办理入住登记的效率。登记时严格执行"一客一登",对客人进行身份核验,并通过人脸识别设备进行人证核对。对于回头客可以直接在电脑PMS系统中链接客人档案,提高办理入住登记的速度。

接待员应在保证质量的前提下,竭尽全力地为长途旅行的客人缩短办理入住登记的时间。对于已办理预订手续的贵宾或常客,由于酒店已掌握较完整的资料,因此,准备工作可以做得更充分、更具体,提前准备住宿登记表、欢迎卡、钥匙卡,并装入信封,经查验身份证件后,只需在登记表上签名确认即可。通常酒店接待贵宾时均提供专人引领,先进房间,享受在房内办理登记手续的特殊礼遇。对未办理预订直接抵店的客人,接待员要热情、耐心地提供帮助,尽可能缩短办理登记手续的时间。

在查验证件时,要注意证件有无涂改、伪造;核对照片是否与持证人相符;证件的有效期、入境日期和入境口岸等。另外应注意的是,在递接证件时应用双手,查验完毕归还证件时应礼貌地带姓称呼,并向客人表示感谢。

（四）排房与定价

接待员应根据客人的住宿要求,为客人安排合适的房间,然后在酒店的价格范围内为客人确定房价。当客人要求给予折扣时,接待员可以在自己的权限内打折,必要时可请示上级给予更大的折扣。

1. 排房

客人日趋个性化的消费需求以及酒店主题客房的增多,使接待员的排房工作更加复杂,接待员应根据不同客人的喜好与习惯推荐相应的客房。酒店一般通过计算机系统排房,输入客人所需的房型和停留期间,计算机系统会自动显示若干合适的可选择房间,然后再替客人选择最合适的房间(见图4-6)。

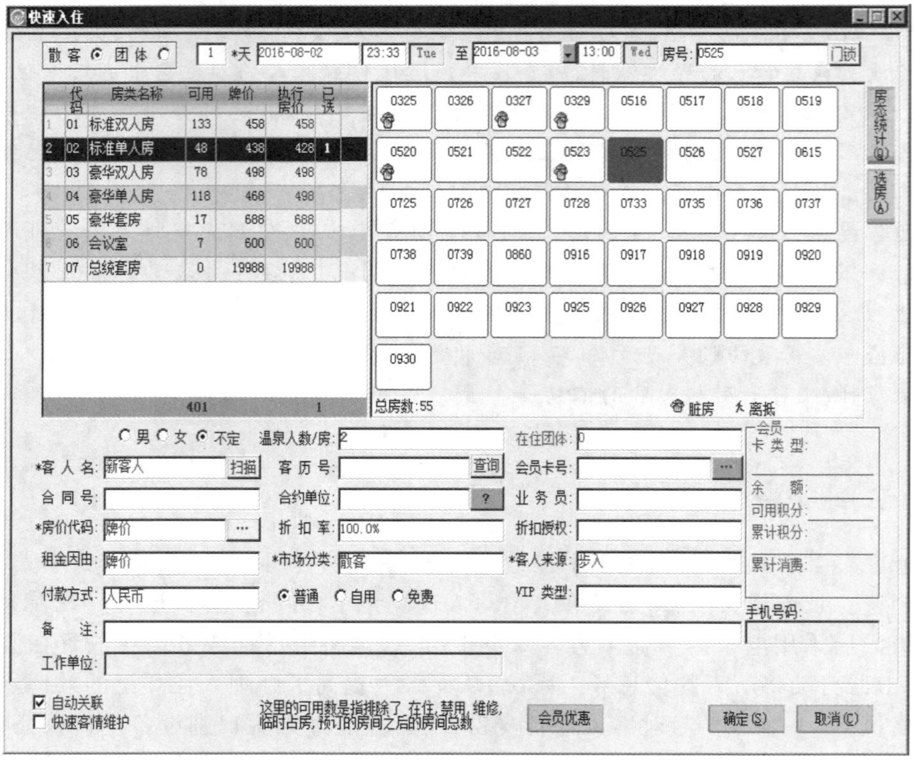

图4-6　为客人分配房间

针对预订客人,为了减少客人等候时间,同时方便客房的分配与管理,接待员应在客人抵店之前,根据其订房要求提前预留适当的房间。但酒店内同类型客房也存在差异,如位置、景观、内部装饰等方面,因此,具体的房号一般应在征询客人意见之后再进行确定。同时,接待员在为客人办理入住登记时,应进一步核实客人的订房要求有无变化,并了解客人对客房的具体要求,根据现时客房状况及其他相关因素为客人安排房间。

接待员为没有预订的客人安排房间时,要主动、耐心地询问客人的具体住房要求,在充分了解客人用房要求的基础上,根据酒店的现时房态向客人推荐不同类型、价格的房间供其选择,并详细介绍不同类型、价格房间的状况、特点,尽量满足客人的各种要求。

接待员在排房时,应根据客人的特点及轻重缓急顺序进行排房,应优先安排贵宾和团队客人等,通常可按下列顺序进行:贵宾、有特殊要求的客人、团队会议客人、有订房的散客、未经订房而直接抵店的散客。

2. 确定房价

对已办理预订并提前由接待处预留房间的客人,在征求客人意见后确定房号及价格。注意必须遵守预订确认书中已标明的价格,不能随意变更。对事先没有预订而直接抵店,尤其是初次到店的客人,根据当时的可租房状况和酒店未来用房需要,热情地向客人推荐、介绍客房并报价和定价。在定价时要依据酒店有关房价的相关政策及规定,可以将价格在一定范围内浮动,但要经过有关管理人员的同意与批准。房价确定后,注意向客人重复,得到客人的确认。

(五)确定付款方式,收取押金

接待员在为客人办理入住登记手续时,应了解客人的付款方式。确定付款方式(见图4-7)的目的主要是确定客人和酒店的信用关系,确保酒店的利益不受损害。客人常用的付款方式一般有现金支付、手机支付(微信/支付宝)、信用卡支付、转账支付、支票支付、有价订房凭证、他人代付等。

为了防止不良客人的逃账行为或损坏酒店的设施设备,同时也为了方便客人在酒店消费,为客人提供一次性结账服务,酒店通常都会要求客人在办理入住登记手续时预付房费或押金。将押金输入PMS系统,如图4-8所示。如果客人采用信用卡结账,接待员必须首先确认客人所持信用卡是酒店所接受的信用卡,且信用卡完好无损,并在有效期内,然后向银行申请预授权,如图4-9所示,并将有关交易信息入账。所付押金由前台收银处负责保管,同时向客人出具收据。最后打印入住登记表,如图4-10所示,请客人在入住登记表上确认并签名。

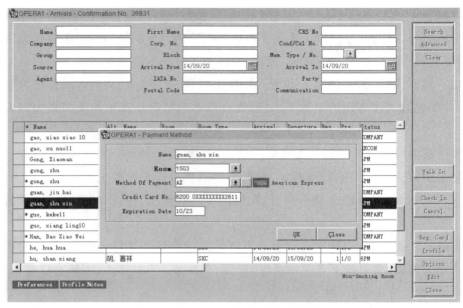

图 4-7 在 Opera 系统中选择付款方式

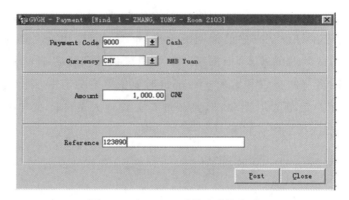

图 4-8 在 Opera 系统中收取押金

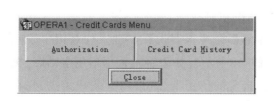

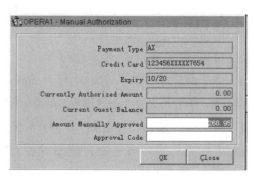

图 4-9 信用卡预授权

图 4-10　打印入住登记表

（六）发放房卡，完成入住登记手续

（1）接待员在欢迎卡上填写上客人的房号后，将制作好的房卡装入欢迎卡袋，将客人的身份证件、房卡、早餐券、押金收据的顾客联（如果是信用卡支付，还应加上信用卡和回单）一并交还客人。

（2）介绍客房楼层位置、房号（房号尽可能不要在有其他客人在场的时候说出来，防止被窃听）、电梯位置、早餐的用餐时间、餐厅位置等。

（3）在酒店信息管理系统中单击"入住"，确保该房的房态变为住客房（以避免造成重排房或漏点入住）。

（4）提醒客人总台有免费的贵重物品保险箱服务。

（5）询问客人是否有其他服务需求。

（6）安排行李员引领客人到房间及运送行李，如果客人不需要送行李，则应向客人指明电梯的位置。

（7）向客人道别，并祝客人住店愉快。

（七）传递、储存信息

（1）将入住登记表的相关内容输入计算机系统（没有电子读卡器的，需要手工录入客人信息）。

（2）在公安传输系统内完整输入客人登记信息，上传发送。

（3）将与该客房客人有关的相关表单都装入专属的客账袋中，如入住登记表、预订单、押金单、消费账单等。

（4）在预抵店客人名单中注明该预订单的客人已经入住。

知识拓展

公安旅业数据传送

模拟对话

已预订散客的接待

接待员：您好。

客　人：您好，我在你们酒店预订了房间。

接待员：请问您怎么称呼？

客　人：我姓杨，叫杨光。

接待员：杨先生，请稍等……是的，杨先生，您预订的是从8月2日至8月4日的一间标准间。这是您的住宿登记表，请您核对后在这里签名（双手递送并指示位置）。

客　人：（检查并签字后）给你。

接待员：谢谢（双手接）。杨先生，请出示一下您的身份证。

客　人：好的。

接待员：谢谢（查验身份证）。（双手交还身份证）谢谢，杨先生，您是用现金结账，对吗？

客　人：是的。

接待员：那么请您到这边的收银处预交一下押金，好吗？

客　人：好的。（交完押金，返回，呈递押金底联）

接待员：谢谢您，杨先生，您的房间号码是1618，这是您的房卡和钥匙，请您拿好，行李员会为您带路，希望您在这里入住愉快！

对点案例

预订的婚房没有了

　　王先生在新婚之日来到酒店，要求办理在一个月之前预订的新婚套房的入住手续。接待员查看后，发现他所预订的套房住着一位一周前抵店而延期离店的客人。王先生一听在一个月前预订的房间居然落空，情绪激动，在总台大闹。接待员请来经理，经理了解情况后，立即将王先生请入办公室，送上茶水和毛巾，对酒店抵店准备工作的疏忽向王先生表示深深的歉意，并表示尽力补救。补救方法是以原房间对折的价格准备另一间更高档次的豪华套房作为王先生的新婚套房，并且在王先生的婚宴上每桌赠送一个特色菜，以表歉意。王先生虽然接受了这个建议，但又要求酒店给当日婚宴打八折，否则一定要原来预订的房间。经理陷入两难境地。

　　案例评析：这个事件的原因在于接待员在一周前排房时未注意一周后的房间预订情况，或者注意了，但未考虑到客人的延期住店问题，而且在前一天也未及时发现客人的延期离店所引发的问题，若发现，可以在客人要求延期离店时要求客人换房，或者提前想好应变之策。所以接待员需要对一个月后、一周后及一天后的订房情况做仔细的检查，以防万一。

二、散客自助入住机办理入住登记

随着现代科技的发展和智能化设备的广泛应用,智慧酒店也成为酒店行业转型升级的方向。酒店自助入住机办理入住手续,使用人脸识别及其他身份验证技术保障客人入住安全。客人进入房间后,使用移动端App对客房设施进行智能化操控等科技的应用,使得客人的入住体验更加舒适。酒店自助入住机的出现使酒店前台的接待服务工作更加高效,尤其是在后疫情时代,无接触自助办理入住登记深受客人的欢迎。

利用酒店自助入住机办理入住登记的程序如下。

(1)放入身份证件。客人需准备好有效身份证件,根据提示办理入住登记。

(2)身份验证。为避免出现使用他人身份证件办理入住的情况,酒店自助入住机一般采用活体面部检测技术(人脸识别技术)验证入住者身份。

(3)选择入住和离店日期。客人根据自己的需要,选择入住和离店日期。

(4)选择房型房号。

(5)选择付款方式。自助入住机设置的常用支付方式有会员卡支付、微信支付、支付宝支付、银联支付等,客人根据提示操作即可。

(6)制作房卡并发放。

(7)打印凭证。

酒店自助入住服务为给客人带来更优质的入住体验,提高产品使用效率,彰显酒店的服务水准,酒店前厅部员工也会帮助引导客人使用自助入住机办理入住登记、自助续住、退房结账等。

知识拓展

智慧前台

三、VIP入住接待

酒店贵宾一般由大堂副理负责接待,前台接待处给予配合,贵宾入住登记在客房内进行。贵宾入住,享受多种优惠,如免交押金(Waive Deposit)、房租免费(Complimentary)等,具体优惠政策应按酒店贵宾申请单位的待遇执行。酒店会员按照等级享受相应的会员礼遇,高等级会员的接待可按照VIP接待标准,普通会员除迎宾礼物(干果、小礼品等)外,一般无特别接待礼遇。酒店贵宾的入住接待主要可以分为两个阶段,即入住前准备阶段和抵店接待入住阶段。

(一)VIP入住前准备

1.大堂副理的准备工作

(1)阅读预期抵店贵宾名单,了解预期抵店贵宾姓名、身份、人数、房号、抵店时间、接待规格等内容。

(2)填写车单交礼宾部,注明贵宾姓名、航班号、车型、付款方式等内容,并确认落实情况。如果贵宾自驾抵店,还需确认停车场预留车位是否到位。

(3)检查即将入住贵宾的客房,内容包括核查房间的钥匙卡,检查房间的清洁卫生情况,设备设施完好情况,客房内免费用品的添置情况,鲜花、果篮等赠品的摆放情况等。物品准备通常在贵宾抵店前两小时完成,贵宾抵店前一小时要再次检查房间,确保万无一失。

(4)通知客房部做好楼层的迎客工作。将贵宾的用餐时间和人数通知餐饮部,以便做好准备。

(5)视贵宾的重要程度,组织好大堂的员工欢迎队伍到大堂等候。

2.前台的准备工作

(1)与预订处配合,安排好贵宾入住的客房。

(2)准备好住宿登记文件夹。根据已知的贵宾资料打印好入住登记表和贵宾房卡。将登记表及房卡的退房日期栏空出,让贵宾自填。准备好房间钥匙,并与入住登记表、贵宾房卡一并放在文件夹内,将文件夹交大堂副理。

(3)查看有无客人的邮件及其他早到的物品,以便及时转交。

(二)VIP抵店接待入住

1.迎接客人,办理入住登记手续

一般贵宾由大堂副理接待即可,如果贵宾身份特殊,则由酒店最高管理层出面迎接。

(1)大堂迎接。客人抵达时,大堂副理向贵宾问候,表示热烈欢迎,并向贵宾介绍自己和在店迎接人员。

(2)引领服务。将贵宾带入房间,简单介绍酒店设施及服务项目。

(3)办理入住登记。大堂副理将已准备好的入住登记文件夹带进客房,请客人登记签字,然后大堂副理核对证件,确认退房日期。

(4)房间介绍。重点介绍客控系统总开关、无线网络、电动窗帘,告知客人大堂副理台的服务电话,表达愿意为其服务的愿望。

(5)确认客人是否有其他服务需求,如洗衣、擦鞋等。

(6)离开客房,预祝客人住店愉快。

2.录入信息,整理并记录

(1)办理完入住登记手续后,大堂副理应在值班本上记录贵宾入住手续办理情况。接待员将贵宾情况输入电脑。

(2)将贵宾抵店信息和在入住期间获得的信息及时传递给各部门。

对点案例

VIP 客人的遭遇

一日,酒店即将到店的客人中,有两位是某跨国公司的高级行政人员。该公司深圳方面的负责人专程赴酒店为这两位客人预订了行政楼层的客房,并将该公司其他客人的房间安排在普通楼层。客人到店之前,相关部门均做好了准备工作。客房部按客人预订要求,提前清洁行政楼层及普通楼层的客房;前台及行政楼层接待处准备好客人的房卡;大堂副理则通知相关部门为 VIP 客人准备鲜花和水果,并安排专人准备接待。然而,就在一切准备就绪,等待 VIP 客人到店之际,其中一位 VIP 客人出现在酒店,并声称已入住在普通楼层的客房。

经过一番查证,发现该客人的确已下榻酒店普通楼层的客房。但这并非客人要求的,而是接待员的工作失误造成的。原来该VIP客人与其他客人一行三人抵达酒店时,前台接待员小周核实到只有第一位客人的姓名与预订单上客人姓名相符,未进一步在计算机系统中查询另外两位客人的预订,而这三位客人自称来自同一公司,又是一起抵达酒店,小周主观判断是预订单上标示的客人名字出现了偏差,并安排三位客人入住。

小周主观认为是预订单上客人名字写错了,将预订单上的客人名字更改为已入住客人的名字之后,实际应入住普通楼层的客人在抵店时,另一位接待员小张无法查到该客人的预订。虽然小张让客人出示该公司名片,确认客人为该公司员工,并马上安排此客人入住,但客人对酒店的服务水平已产生怀疑。

在查清造成上述错误的原因之后,大堂副理马上与客人联系,但客人均已外出。于是酒店一方面在行政楼层为客人保留了房间,另一方面在VIP客人房间内留下一封致歉信,就此事向客人致歉。在接到VIP客人回到酒店的通知后,大堂副理亲自向他致歉,并询问是否愿意转回行政楼层。客人在接受酒店道歉之后,表示对下榻客房比较满意,无须转去其他房间。第二天,当VIP客人离开酒店之时,当值大堂副理又专程向客人当面致歉。客人表示并不介意此次不愉快的经历,并很满意酒店对他的重视。

虽然在VIP客人入住之时,接待员未仔细查询客人的预订而使客人未按预订入住行政楼层,导致一系列问题的产生。但当值大堂副理妥善安排,及时向客人致以诚挚的道歉,才使客人接受酒店的致歉,并此次事件得以顺利平息。

案例评析:VIP客人接待工作的失败主要体现在以下几点。

(1)对VIP客人的接待,当班员工未能引起足够的重视,当值主管未尽其监督之职。

(2)接待员工作不细致,未在客人抵店时仔细查询客人预订。VIP客人未入住已准备好的房间,使酒店相关部门为此次接待工作所做的一切准备付诸东流。虽然经酒店方的努力,客人接受了道歉,但此次接待任务的失败势必使客人对酒店的印象打了折扣。

(3)工作准确性不够。当接待员发现客人名字与预订单上名字不符时,主观判断是预订单上名字写错,将已预订的名字直接更改为当时客人的名字,造成其他员工无法查到已预订普通楼层房间随后到店客人的名字,使该客人无法按预订入住。

(4)此次VIP客人接待工作的失败是由接待员的疏忽造成的,接待员应端正工作态度,加强服务工作的细致性和准确性,以便为客人提供周到、优质的服务。

四、团队入住接待

团队客人是酒店的重要客源。接待团队客人对于建立稳定的客源市场、提高酒店的客房出租率有重要的意义。团队入住登记办理程序与标准如下。

1.接待准备

(1)做好团队排房工作。在计算机系统中查找预抵团队的预订资料(见图4-11),然后根据预订处提前做好的团队预订和预留房数,为团队排房(见图4-12)。尽可能将团队客人集中排房,便于同行客人出行、联络。

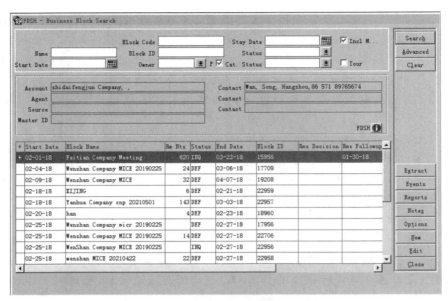

图4-11 Opera系统中查找团队预订界面

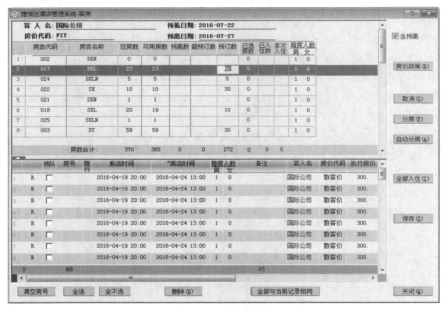

图4-12 团队排房

（2）准备好团队客人信封。信封上标明房号，信封内装进客房房卡及酒店促销品等。团队客人的房卡大多为不能签单的钥匙卡，房卡姓名栏填写团号，房租栏填写合同价。

（3）随时与客房部联系，了解房间卫生清扫情况。

（4）准备好入住登记表、团队资料表（印发团队资料是为了将客到信息通知给相关对客服务部门）和团队入住确认表（即账单）。

（5）如果团队客人行李先到，则应吩咐礼宾部妥善保管好。

2.请客人登记

(1)团队客人到达后,由团队接待员迎接,如团队人数较多,有必要由大堂副理或客户关系主任出面维持秩序。

(2)弄清团队名称,找出订房资料,确认人数、房间数,掌握付款方式。

(3)入住办理。请团队负责人如导游、领队或会议组织人员等协助填写团队入住登记表,办理入住登记手续。对于团队已录入名单的情况,根据姓名扫描证件办理入住。如果团队预订的房型不止一种,须与客人确认需要入住的房型。

3.发放房卡

由团队负责人依据客人名单分配客房及分发房卡。

4.核对订房内容

与团队负责人确认房间数、房间类型、餐饮安排、叫醒时间及出行时间等,填写团队入住确认表。

5.确定付款方式

团队订房单上会标明付款方式——现付(Cash upon Arrival)或转账。如现付,则应请收银员收款;如转账,则应明确转至何单位。团队负责人在团队账单上签名确认,最后将账单送交前厅收银员。

6.通知行李员分发行李

将标明房号的团队客人名单交行李员,便于行李员分发行李。

7.录入、传递信息

(1)将团队接待单、特殊要求通知单、账单等资料输入电脑。填制团队资料表并送达有关部门。

(2)更改房间状态,检查团队房间并修改为入住状态。

(3)填写在店"团队统计表",内容包括团队名称、团队编号、抵离日期、用房总数、总人数以及转账数额等。

同步思考

当已委托旅行社订房的客人询问房价时:

A.满足客人要求,及时将客人的房价告诉对方。

B.告诉客人这是商业机密,无可奉告。

C.告诉客人其房费由旅行社代付,房价可向旅行社询问。若客人态度固执,可将酒店门市房价报给客人,切不可将酒店与旅行社的协议房价告诉客人。

理解要点:A项的做法看似满足了客人的查询需求,但会破坏客人和旅行社、旅行社和酒店的关系,适得其反。B项的做法显得过于生硬,会令客人反感。C项委婉的拒绝方式能使客人容易接受,同时也遵守了与旅行社的约定,这样的做法是可取的。

五、移动入住服务

移动互联网技术的发展极大地推动了智能技术与酒店品牌的融合,对于酒店而言,使用酒店手机端App可以吸纳更多的会员顾客,解决长期以来OTA平台的分流带来的困境,增加收益;同时可以更好地提供对客服务,彰显酒店的品质,提高顾客的忠诚度。酒店推出移动服务也是酒店智慧化升级、数字化转型的体现,符合时代发展的需要。移动入住服务的流程如下。

(1)下载酒店App,注册登录。

(2)预订房间。通过使用移动登记入住功能,客人可以随时随地办理入住。选择入住城市的目标酒店,选择抵达时间、离店时间,酒店将根据客人的预订信息准备客房。

(3)确认订房信息。酒店在客房备妥时会向客人发送提示信息。客人根据提示信息确认预订是否成功,安排具体行程。

(4)生成手机钥匙。客人通过移动App可以拥有手机钥匙,进入客房更加快捷,抵达酒店后可以使用手机钥匙进入客房、停车库、健身中心以及泳池等设施地点,不用担心忘带房卡。

(5)移动App退房。客人离店时可以通过移动App办理退房,押金会通过原支付渠道自动退回给客人。客人可以通过App联系酒店工作人员准备发票甚至电子发票。

总之,移动技术为酒店的服务创造了广阔的平台,使酒店的服务可以跨越时空的限制,酒店再也不是不可移动的建筑。客人可以使用手机会话功能,与酒店工作人员直接沟通。入住前、住宿期间,甚至在退房后,客人都可以使用手机会话功能,向前台咨询当地推荐信息、提出设施用品需求以及更多旅途中的相关问题。

客人甚至可以在出发之前,就做好旅行计划。客人可以通过浏览目的地酒店的菜单订购餐食,在返回酒店时,即可享受到酒店为客人准备的选购商品。酒店可以通过移动端推出更多精彩的活动,使服务形式更加灵活多样。

客人直接通过酒店App订房,一般还可以享受更加优惠的房价,赚取和兑换住宿积分,轻松管理个人账户,包括查看账户积分余额、住宿记录、账单等信息。可以说移动技术将客人与酒店紧密连接到了一起。

英语积累

名　词	英　文
接待员	Receptionist
入住	Check-in
押金	Deposit
住宿登记单	Registration Card
旅店业公共安全传输系统	Public Security Bureau(PSB)

续表

名　词	英　文
住客房	Occupied
空房	Vacant
走客房	Check-out
待修房	Out of Order
保留房	Blocked

项目训练

一、选择题

1. 在 Opera 系统中,(　　)房态的房间是可以预期出租的?
   A.Clean　　　　　B.Pick-up　　　　　C.Inspected　　　　　D.Dirty
2. 下列(　　)组完全属于特别房态类型。
   A.外宿未归房、保留房　　　　　　B.携带少量行李的住客房、待修房
   C.保留房、请勿打扰房　　　　　　D.携带少量行李的住客房、双锁
3. 客人抵店前的准备工作内容不包括(　　)。
   A.预报客情　　　B.预分排房　　　C.实施接待计划　　　D.客人经费预算
4. 下列选项不属于客人入住接待服务内容的是(　　)。
   A.建立客账　　　B.定价排房　　　C.确认付款方式　　　D.交纳押金
5. 客人超过预订时间抵店,而房间已经出租时,下列做法欠妥的是(　　)。
   A.向客人加收半天房费
   B.向客人说明房间已出租的原因
   C.问清缘由
   D.礼貌地向客人提出能否联系去其他酒店
6. 客人入住时,客房状况由可租房变为(　　)房。
   A.脏　　　　　　B.空　　　　　　C.住客　　　　　　D.待售

参考答案

选择题答案

二、基础训练

1. 接待员怎样才能做好接待准备工作?
2. 在酒店客满的情况下,应该怎样对待需要住宿的散客?
3. 简述散客入住接待程序。
4. 怎样接待 VIP 客人?

三、技能训练

实训项目	未预订散客的入住接待
实训目的	通过此次实训,熟悉散客接待的程序
实训要求	1. 全班以两人为一个小组分成若干组,小组两位同学分别扮演接待员和客人; 2. 分组互换角色模拟演练,注重学生肢体及语言的训练; 3. 角色扮演时要投入、认真,运用酒店礼貌服务用语和礼节,填写好相应的表格
实训方法	通过在实训室情景模拟,使学生熟悉未预订散客入住接待的基本流程。学生先分组进行模拟训练,训练完成后,教师做总结点评
实训总结	对入住接待服务中的要点进行总结

学生签名:

日期:

四、实操练习

按照世界技能大赛酒店接待项目要求,运用 Opera 酒店管理信息系统进行操作。

1. 散客入住接待

背景一:

早上8:20,两位男宾客在行李员的引导下来到酒店总服务台,他们是来本市参加旅游博览会的客商,因为对原来预订的酒店不满意临时转到本店住宿,事先没有预订过客房,客人要求开两间普通单人间,共住5天。请在3分钟内为客人办理好入住手续。

背景二:

早上8:30,一位中年男士在行李员的引导下来到酒店总服务台,这位客人一个月前通过中国东方航空公司向酒店预订了一个商务单人房,住宿时间是5天,享受八折优惠房价。请在3分钟内为客人办理好入住手续。

2. 团队入住接待

中国青年旅行社十天前在某酒店为一个来自国外的旅游团订了6个双人标准间、1个单人间、2个家庭套房,该团于当日下午5:20,乘坐东航MU2930航班抵达该城市,全团19人,住宿时间为5天,本月18日离开该城市。现在中国青年旅行社的旅游大客车已经将这批客人送到酒店,作为前厅部的接待员,请你有条不紊地为这批客人办理好入住手续。

3. VIP入住接待

一个月前,某酒店的重要客户单位德国DOLD公司中国上海分公司的总经理秘书杜玲女士,为其德国总部领导人一行5人在该酒店订了1个总统套房和3个豪华行政单人间,住宿时间为10月12—15日,今天上午10:18,这批客人在上海分公司总裁江先生和杜女士等人的陪同下抵达酒店。请你协同相关人员礼貌周到地为这批VIP客人办理好入住手续。

项目五
前台住店、离店对客服务

 项目目标

素质目标

1. 培养良好的职业道德和职业操守。
2. 培养学生良好的团队合作能力、人际沟通交流与协调能力。
3. 养成整洁有序的行为习惯,具备严谨细致、一丝不苟的工作作风。

知识目标

1. 熟悉问讯、留言服务程序与标准。
2. 初步了解Opera系统中对账目的处理。
3. 熟悉收银工作中常见问题的处理对策。
4. 熟悉退房离店服务程序。
5. 熟悉不同方式的结账手续。
6. 熟悉外币兑换服务程序与标准。

能力目标

1. 能够为客人提供规范的问讯与留言服务。
2. 能够运用酒店计算机管理系统进行客房状况的控制与调整。
3. 能够及时有效地办理换房、续住等手续。
4. 能够熟练为散客和团队客人办理退房离店手续。
5. 能够使用Opera系统较为熟练、准确地进行现金、信用卡、支票结账。
6. 能够准确地识别人民币、各种常用外币、信用卡及旅行支票,并能鉴别真伪。

知识导图

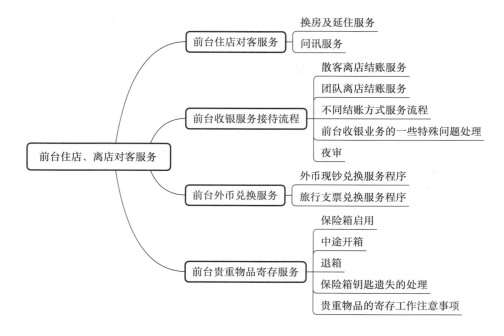

任务一　前台住店对客服务

任务导入

一天，有两位外宾来到酒店前台，要求协助查找一位叫帕特森的美国客人是否在此下榻，并想尽快见到他。前台接待员立即进行查询，果然有一位叫帕特森的客人。接待员于是接通客人的房间电话，但长时间没有应答。接待员便礼貌地告诉来访客人，确有一位叫帕特森的客人住宿本店，但此刻不在房间，也没有他的留言，请来访者在大堂休息等候或另行约定。

这两位来访者对接待员的答复不太满意，并一再说明他们与帕特森先生是相识多年的朋友，要求前台接待员告诉他们帕特森先生的房间号码。接待员和颜悦色地向他们解释："为了住店客人安全，本店立有规定，未征得住店客人同意，不便将房号告诉他人。两位先生远道而来，正巧帕特森先生不在房间，建议您可以在前台给帕特森先生留个便条，或随时与酒店前台联系，我们乐意随时为您服务。"来访客人听了接待员这一席话，便写了一封信留下来。

晚上，帕特森先生回到酒店，前台接待员将来访者留下的信交给他，并说明为安全起见和不打扰客人休息，前台没有将房号告诉来访者，敬请先生原谅。帕特森先生当即表示予以理解,并表示这条规定有助于维护住店客人的利益,值得赞赏。

亲情关爱、温馨优雅、悠然自得……融合生活和谐之美,诠释了人们对"家"的热爱之情,酒店获得客人旅行中"家"的美誉,正是人们对其服务安全、便利和优雅的认同。酒店所提供的服务将努力超越客人对家的期望,使其享受家外之家美好的生活。

前厅是酒店的服务中心,是酒店优质服务的典范,前厅员工成为客人最为信赖的服务角色之一。面对越来越多元化、多样化的客人个性需求,酒店不断研究客人的需求规律,优化服务程序和方法,提高客人对酒店的满意度。酒店提供的换房及延住、问讯等服务能够满足客人的常规需求,一旦客人有了这些需求,酒店应能够快捷地提供相应的便利服务。

一、换房及延住服务

由于种种原因,客人在住宿期间可能换房(见图 5-1)或更改离店日期,尽管这样会在一定程度上给酒店的服务、接待与管理工作带来不便,酒店还是应该尽量满足客人的要求,使客人获得最大程度的满足。

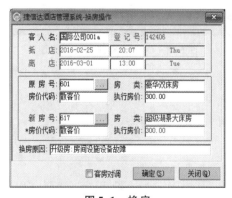

图 5-1 换房

(一)换房服务

(1)了解换房原因。调换房间有时是客人要求的,有时则是酒店要求的。调换房间通常有以下几种情况。

① 客人觉得正在使用的房间在其价格、大小、种类、噪声、舒适程度以及所处的楼层、位置、朝向等方面不理想。

② 客房设备设施损坏或出现故障,维修需要时间较长。

③ 现住客人延住,影响到指定预订该房客人的入住。

④ 客人在住宿过程中,人数发生变化。

⑤ 酒店有其他接待任务。

由于酒店原因需要客人换房,接待员必须向客人解释清楚,获得客人的谅解与合作。

(2)查看客房状态,为客人安排房间。客人提出调换房间要求时,首先要通过计算机查看客房状态,了解是否有符合客人需要的房间。如果暂时没有,则需向客人说明。如果有客人需要的房间,就在酒店管理信息系统中选择换房功能,填写新的房号和换房原因(见图5-2)。若房间档次升高,则要加收房费。酒店自身原因要求客人换房时除外,并要对给客人带来的不便表示歉意。

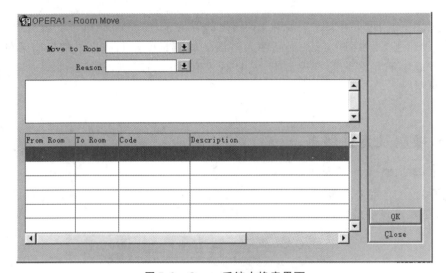

图5-2　Opera系统中换房界面

(3)为客人提供换房时的行李服务。

(4)发放新的房卡与钥匙,由行李员收回原房卡与钥匙。

(5)接待员更改计算机资料,更改房态。

(二)延住服务

(1)接到客人延住要求后,要问清客人姓名、房号、延住时间。

(2)查看房态。在系统中查看该房间的房态,了解当日和近日客房状态,确认随后几天的可用房间数,看该房是否已预订,以决定是否让客人在原房间延长住宿。

(3)告知收费规定。如果客房已预订无法逾期住宿,应礼貌地向客人解释,请求谅解,建议更换房间或其他类型客房。如该客房未预订出去,在出租率不高的情况下,可按酒店规定加收房费。

(4)受理延住。对于已付押金的客人,应检查其押金是否足够,如果押金不足,应礼貌地要求客人补交足够押金。公司或旅行社付款逾期延住,应向客人重申付款方式、房价。

(5)更改信息。在酒店管理系统中修改客人离店日期并输入新房价,办理延住手续,办理方式与新开房程序相同。

(6)制作新房卡。将原房卡收回,为客人制作新的房卡。

(7)通知客房服务中心客房延住情况。如需换房延住,视情况通知礼宾部。

二、问讯服务

前厅问讯服务是酒店为客人提供的一种常规性服务项目。酒店每一个服务人员都应随时回答客人的询问,协助解决客人的各种困难。服务项目包括解答客人的各种询问、提供留言服务、处理邮件等。这就要求前厅问讯员时刻掌握店内外的最新信息,快捷回答客人的咨询,特别是在回答外国客人问讯时要注意信息的保密并展示文化自信。

为了做好问讯服务,问讯处应备有多种资料、工具书、各种平台App和微信公众号等,以便问讯员随时查用。例如,交通时刻表和价目表、世界地图、地图App、当地旅游协会公众号、酒店公众号、电话号码簿、邮资价目表、当地影院(剧场)公众号、酒店当日促销活动安排表,还有当日报纸、酒店向导卡等。

随着网络技术的普及,为了满足客人智能化生活的需求,越来越多的酒店正利用多媒体向客人提供问讯服务。客人可通过电视屏幕了解当天的各种新闻、体育赛事、股票行情、天气预报以及交通等信息。为了方便住店客人,增加酒店竞争优势,突出酒店产品差异,在有些酒店客人可以在房间内的电视机屏幕上查到各种有用信息,如留言、预订机票、办理旅行委托、查阅银行服务范围、外汇牌价、购物指南、特色服务信息等,深受客人欢迎。

(一)信息查询

信息查询包括酒店内外部信息查询和住客信息查询。查询服务的范围很广,问讯员可以通过计算机和各种查询资料,回答客人提出的各种问题。

1.酒店内外部信息查询

(1)酒店内部信息。有关酒店内部的情况介绍通常涉及酒店各营业场所的服务信息,尤其是正在进行的营业推广、促销活动的信息,如餐厅、酒吧的位置、营业时间及促销内容,宴会、会议、展览会举办场所及服务时间,健身服务、洗衣服务、医疗服务、巴士服务等营业时间及收费标准等。

(2)酒店外部信息。酒店外部信息通常涉及酒店所在城市的旅游景点(见图5-3)及其交通情况,酒店所在地主要娱乐场所、商业中心、政府机关部门、院校以及企业所处位置及市内交通情况,当地国际国内航班情况等。问讯员必须知识广博,掌握流利的外语,熟悉酒店所在城市风光、交通情况,懂得交际礼节及各国、各民族风土人情及风俗习惯,做个有心人。为防止语言交流障碍给客人带来不便,问讯处可为客人准备一种向导卡(分别用客源地比较集中的国家或地区的语言及中文标明酒店名称、地址、电话号码及客人要去地方),以方便客人。

随着智能化时代的到来,智慧酒店的发展也势在必行,为了解决劳动密集型酒店用工荒的难题,同时满足现代消费者的科技体验感,在信息问讯服务方面,越来越多的酒店采用智能设备,提高服务效率,降低人力资源成本。如采用语音机器人,客人可随时和机器人进行交流,获知所需信息;也可以用触摸屏提供店内店外大量的信息,甚至可以提供智能的外出计划定制服务,包括交通、景点、购物、休闲等一条龙服务设计,供客人参考。

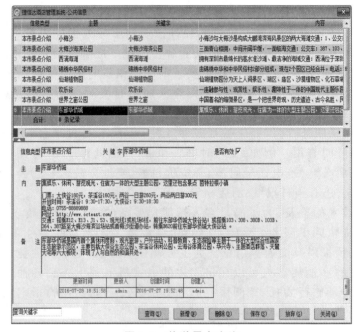

图 5-3　旅游景点查询

对点案例

客人要游览长城

一个星期天,北京某宾馆服务台问讯处,一位从英国来华的乔治先生,在问讯台前踌躇,似有为难之事,问讯员小胡见状,便主动询问是否需要帮助。乔治先生说:"我想去游览八达岭长城,乘旅行社的专车去,他们配有讲英语的导游,对我游览有很大的帮助。"小胡问:"乔治先生,您昨天预订旅行车票了吗?"乔治答:"没有,因为昨天不想去,今天我又冒出想去的念头。"小胡知道,宾馆规定去长城游览的客人必须提前一天登记,这样旅行社的车第二天才会到宾馆来接客人,而昨天没有一个客人登记,这样旅行社的车肯定不会来了。小胡想了想对乔治先生说:"请您稍等,我打电话跟旅行社联系,若还没发车,请旅行社开车到宾馆来接您。"小胡马上打电话给旅行社,旅行社告诉小胡,去八达岭的车刚开走,请直接与导游联系,并告知了导游手机号。于是,小胡又马上跟导游联系,导游同意并说马上将车开到宾馆接乔治先生。小胡放下电话,对乔治先生说:"乔治先生,再过10分钟,旅行车就来接您,请您稍等。"乔治先生很感动,连声说:"谢谢!"

案例评析:问讯员小胡对乔治先生的接待是积极主动、热情礼貌的,如见到前台问讯处踌躇的乔治先生，主动询问客人，当得知情况后，马上联系旅行社，体现了小胡真正用心服务客人的品质。小胡既遵守宾馆的规定，又在不违反原则的情况下，为乔治先生提供超常规服务，说明小胡善于动脑，思维敏捷，办事效率高，这样乔治先生能很快实现自己游览八达岭长城的愿望。

前厅部的工作决定了酒店在客人心目中的"第一印象"和"最后印象"，这些印象（工作人员的工作态度、责任感、言谈举止、礼貌礼节）决定着客人对酒店的总体评价，这些评价又影响着客人对酒店的选择，对客人询问问题的回答、帮助，更会给客人留下非常独特的印象和感受。因此，前厅部工作质量的好坏、效率的高低，对酒店整体形象、业务的开展、订房率的高低都有着非常大的影响。本案例中的问讯员小胡深知这一点，因此他在工作中观察细心，主动及时给予乔治先生的帮助，给客人留下了美好的印象。

2. 住客信息查询

有关住客信息查询应在不触犯客人隐私的范围内进行回答。问讯员应首先通过计算机系统查看客人是否入住本酒店，然后确认其房号，接着向客房内打电话联系，将有人来访的信息告诉客人，经客人同意后才可将房号告诉来访者。如客人不在客房内，可视情况通过呼叫等方法在酒店公共区域帮助来访者寻找被访的客人。绝不能未经客人许可，便直接将来访者带入客房或直接将房号告诉来访者。

同步思考

有来访客人询问尚未抵店或已离店客人时应该怎样做？

A. 礼貌地告诉来访者，酒店目前没有这位客人。

B. 查当天抵店客人的订房表，或当日预订抵店客人的名单，看该客人是否将会入住。查当天结账客人的名单，从酒店保存的客史档案中查找，看此客人是否曾住店，但已离店。如果查明客人尚未到达，则请对方在客人预订到达的日期再来询问；如果查明客人已退房，则向对方说明情况。

C. 按照B的方式查找客人。如果客人还未入住，详细告诉对方客人预计入住时间；如果客人已离店，详细告诉客人的去向。

理解要点：查询住店客人的情况，是问讯处常常遇到的事情，满足来访客人的查询要求和保护好住店客人的隐私都很重要。A项的服务显得过于简单，没有尽最大努力来帮助来访客人。C项的做法考虑到来访客人的查询需求，但过于热情，泄露预订客人的行踪也是绝对不可以的。B项的做法比较妥当。

住客查询

问讯员：您好！我能帮您吗？

客　　人：请问，王伟是住在你们酒店吗？

问讯员：先生，请您稍等！请问您怎么称呼？是哪个单位的？

客　　人：我叫李明，是王伟的客户。

问讯员：李先生，您好！非常抱歉，电脑里没有王伟先生的住宿资料。(客人登记信息中要求保密服务)

客　　人：不对啊，他应该住在你们酒店啊。

问讯员：是吗？那这样，我再到里面的登记簿上看看是否能查到王伟先生入住的资料，好吗？

客　　人：好的，谢谢！

问讯员：不客气，能为您服务我感到非常荣幸。请您稍等！(到里面致电王伟房间)

问讯员：王先生，有一位名叫李明的先生在前台要找您，可以告诉他您的房间号码吗？

客　　人：我现在手上还有工作在忙，请你转告他我明天去找他。

问讯员：好的，我们一定按照您的要求去做。祝您入住愉快！再见！

（出来后回复李先生）

问讯员：李先生，让您久等了，王先生让我转告您，他明天去找您。

客　　人：是吗？那好吧，谢谢！

问讯员：不客气。希望有机会再次为您效劳！

客　　人：好的，再见！

问讯员：再见！

（二）留言服务

酒店留言服务一般分为访客留言服务和住客留言服务。所谓访客留言，是指来访客人为住店客人留言；相反，住客留言是指住店客人为来访人留言。前厅工作人员不管面对的是访客还是住客都必须热情对待，并注意为客人保密。员工接收和传送留言时，要注意措辞准确、意思表达完整、传送及时。当然，随着信息化管理和移动互联网的发展，留言服务在酒店的应用有下行趋势，传统的留言受理方式也发生了变化，留言内容可以通过微信公众号推送和房间电视显示屏展示，使服务更加快速便捷。

1. 访客留言服务

（1）在计算机系统中查询住客信息。在计算机系统中查询到住客资料后，进入留言界面，点击"新留言"按键，进入新留言界面(见图5-4)。

（2）记录留言内容，将留言输入计算机。在新留言界面中输入访客给该住客的留言信息，与访客核对内容无误后保存(见图5-5)。

（3）将留言依照酒店规定格式打印出来，通知礼宾部将留言送入住客房间。若酒店采用智能化管理，可以把留言输入系统，住客进房后，电视显示屏可以直接显示留言内容。如果使用微信入住，可以把留言内容通过公众号推送，方便住客及时获知。

（4）亮留言灯。通过电话系统打开住客房间内电话上的留言灯，以提醒住客查询留言。

(5)取消留言。当住客收到留言后应取消计算机系统中的留言标注,灭掉房间里的留言灯。采用智能化管理的酒店,住客进房打开电视后,留言信号灯可以自动熄灭。

(6)各班次交接班时应对上一班次和本班次留言处理情况交代清楚;留言传递要做到迅速、准确;楼面客房服务员予以配合,在住客回房间时提醒有关访客留言事宜。

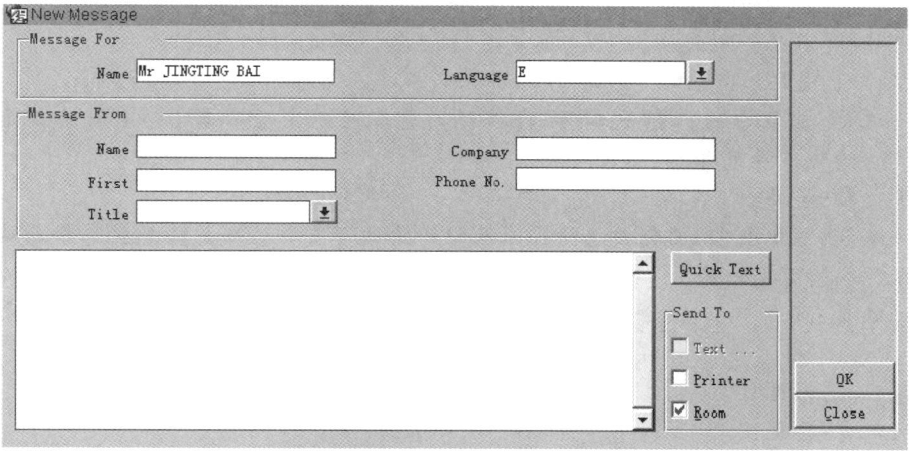

图 5-4　Opera 系统中的留言服务

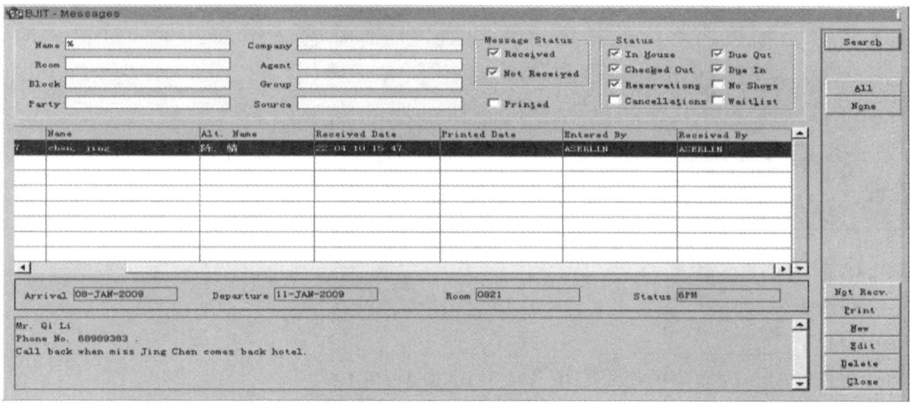

图 5-5　留言信息

访客电话留言

问讯员:您好!问讯处。我能帮您吗?

客　人:您好!我想给506房间的陈伟留言。

问讯员:好的,先生。陈伟是"伟大"的"伟"吗?

客　人:是的。

问讯员:请问先生,您怎么称呼?

客　人:赵阳。
问讯员:先生,您好!请问您是哪个"阳"呢?
客　人:"太阳"的"阳"。
问讯员:好的。赵先生,请您说出您留言的内容。
客　人:告诉他原定今天晚上6:00的会面改为7:00,请他在房间等我。
问讯员:好的。赵先生,您说的6点是指18点,7点是指19点对吗?
客　人:是的。
问讯员:您留言的内容是告诉506房的陈伟先生原定于今晚18:00点的会面改为19:00点,请他在房间等您,对吗?
客　人:是的。
问讯员:赵先生,我们会按您的要求及时将您的留言转达给陈伟先生。请您放心。
客　人:好的,谢谢!
问讯员:不客气。能为您服务我感到非常荣幸!赵先生,希望有机会再次为您服务!
客　人:再见!
问讯员:再见!

2.住客留言服务

住客留言是指住店客人给来访客人的留言。住店客人欲离开房间或酒店时,希望给来访者留言,这时,问讯员要请住客填写住客留言单(见图5-6)。住客留言单通常印制成一式二联,前台问讯处和电话总机各留一联。在来访客人到达酒店后,经问讯员核实,按住客要求将其所填写的留言单(应提前装入信封)交给来访客人或将留言内容予以转告。

```
日期(DATE)_____
房号(ROOM NO. )_____
由(FROM OF)_____  至(TO)_____
我将(I WILL BE) □酒店内(INSIDE THE HOTEL) 在(AT)_____
                □酒店外(OUTSIDE THE HOTEL)在(AT)_____
电话(TEL. NO. )_____
我将于_____回店(I WILL BE BACK AT)
留言(MESSAGE)_____
经手人(CLERK)_____    客人签字(GUEST SIGNATURE)_____
```

图5-6　住客留言单

提供住客留言服务时应注意以下问题。

(1)交接班时将留言受理情况交代清楚。

(2)住客留言单上已标明留言内容的有效期限,即过了有效期来访客人仍未取走,也未接到留言者最近的通知,酒店才可以将留言单按作废处理。

(3)接收客人电话留言时,要听清客人留言内容,准确记录,经复述,客人确认无误后,再填写留言单,然后按留言服务程序办理。

任务二 前台收银服务接待流程

国庆假期的最后一个早上,酒店的住店客人陆陆续续来到前台准备退房,前台一片忙乱,工作人员们应接不暇。此时,住在1010房间的王先生前来退房,工作人员打印账单让他核对签字后,就直接办理了退房手续。

下午,西餐厅将一天的客人签单票据拿到前台进行入账,票据中刚好有1010房间王先生的签单,在系统中查看后发现,1010房间不包含早餐,早餐费用需要客人单独支付。但是前台工作人员并未询问客人是否有临时性的消费,也未与相关部门进行核实,导致该笔费用客人没有支付,给酒店带来了损失。在酒店前台的工作过程中,任何一个环节都是不可以省略的,不能因为工作忙而慌乱,要严格遵守酒店的规章制度,按照酒店要求的工作流程进行操作,才可以避免类似的错误发生。

在现代酒店业中,前台收银服务(Front Office Cashier Service)也是前台工作的一部分,尤其是一些中小型酒店,并没有将接待服务和收银服务完全独立分开进行,前台工作人员既要会进行入住接待,同时也要会进行相关收银业务的操作。收银服务隶属关系视酒店而定。通常,其业务方面因与财务内容相关则直接归口于酒店财务部,其他方面则由前厅部管理。前厅收银处主要负责处理所有酒店客人在酒店的一切消费的收款业务,是与客人接触最频繁的机构之一。

客人无论对在酒店愉快的经历有多么留恋,退房时大都期望快些踏上新的旅程,这就需要酒店提供的结账服务快速而准确。前厅的结账服务是客人离店时酒店提供的重要服务项目,具有很强的时间性和业务性,要求服务人员具有较强的业务能力,灵活执行服务程序,为客人留下美好的印象。

一、散客离店结账服务

(1)主动问候客人,询问客人是否结账退房。
(2)确认客人的姓名与房号,找出账单(见图5-7),核对账单,收回房卡和押金单。这时要注意询问客人此次入住的感受,以便酒店可以改进今后的服务。

图 5-7 客人账单

（3）检查客人的退房日期，如果客人是提前退房，收银员应通知相关部门。在酒店系统支持实时查看的情况下无须通知。

（4）核实延时退房是否需要加收房费。酒店退房时间一般不超过中午 12 时，如果客人延迟至 18 时前退房，加收半天房费；如延时超过 18 时，则加收一天房费。如客人有异议，请大堂副理出面协助解决。但在酒店入住率不是很高的情况下，通常都会允许客人免费延迟至 14 时退房。

（5）通知客房部查走客房。检查客房物品耗用情况，客房设备设施的使用情况，客人是否有拿走客房内的日常消耗品（供客人免费使用但不可带走的），以及客人是否有遗留物等。当然现在也有很多情况下酒店为了减少客人等待时间，提高工作效率，省略了传统的打电话通知客房部查房这一步，但是这并不意味着不需要进行查房，而是要求客房部和前台有效地沟通和配合。客房部员工要熟知有哪些房间客人当天预期离店，并密切关注，在客人离开后，第一时间主动进入房间进行检查，如果有特殊情况及时告知前台。

（6）委婉地问明客人是否还有其他即时消费（Late Charges），如餐饮消费等。

（7）将已核对过的客人总账单及账单凭证交给客人过目，并请客人确认。

（8）按客人要求的结账方式结清账款。问明客人付款方式，为客人结账并打印账单（见图 5-8）。如客人入住时交了押金，则退还押金，收回押金单。

（9）双手呈送账单（Bill）给客人核对，请其签名确认。如有疑问，可向客人出示已经核对过的原始凭单。

（10）如果客人有要求，按照客人要求打印发票。

（11）感谢客人此次选择本酒店入住，期待客人下一次光临，并祝其旅途愉快。

（12）更新系统内的相关信息，如房态、挂账等。

（13）做好账、款的统计工作和资料的存档工作，方便夜间审核。

图5-8 打印账单

离店结账

收银员:您好,请问有什么可以帮您的吗?

客　人:退房。

收银员:好的,请问您的房号?

客　人:8002。

收银员:好的,请出示您的房卡、钥匙和预付金凭证。

客　人:给你。

收银员:谢谢,请稍等。(通知客房部8002房间退房)

收银员:请问是××先生吗?(核对电脑信息)

客　人:是的。

收银员:××先生,这是您的账单,您的房费是××元,餐费是××元,电话费是××元,共计××元。请您核对一下,如无误,请在这里签字,谢谢。

收银员:这是您的发票和找零,请收好,谢谢。

收银员:欢迎您再次光临,祝您旅途愉快,再见。

客　人:谢谢,再见。

二、团队离店结账服务

(1)将结账团队的名称(团号)告知客房部,通知其查走客房。

(2)退房时,核准团队名称、房号、付款方式,打印总账单,请地陪或团队负责人确认并签字。

（3）打印账单，做到转账和客人自付分开。通常，团队只统一支付房费及餐饮费用，其他杂项费用如洗衣费用等则由客人自行支付。

（4）预订单标明付款方式为转账的，则请付款单位负责人在转账单上签字确认，并注明报账单位以便结算。凡不允许挂账的单位，其团队到店时费用一律现付，团队客人的房价不可泄露给客人。

（5）为有账目的团队客人打印账单收款。

（6）收回房卡，调整房态，并通知相关部门。

对点案例

闪住扣款失败

在上海工作的陈先生最近陷入了苦恼中，原因是他一年前曾经出差去杭州，选择酒店时看到某OTA平台为专属会员推出了一项闪住服务，出于对新事物的好奇，陈先生根据提示以闪住的方式入住了一家五星级酒店，入住时间为三天两晚，消费金额约4000元。根据OTA平台的闪住服务流程，陈先生绑定了一张刚刚开通不久的银行信用卡。住宿过程很顺利，陈先生早已忘记了这次经历，一年以后陈先生购房需要查询征信时发现自己有一条征信不良记录，欠款4000元。原来，OTA平台从陈先生绑定的信用卡上扣费时没有扣款成功，给陈先生发送的提示信息也因为陈先生平时不经常使用手机短信而没有被留意到，提醒邮件的接收邮箱也是陈先生不经常使用的，提醒电话也因为是陌生号码而被陈先生拒接。现在因为这件事陈先生无法顺利从银行贷款，很是苦恼。

案例评析：随着手机支付功能的日益成熟，人们在出行时，用手机就能实现预订房间、交纳相应的费用。利用OTA闪住服务，人们甚至可以先入住，后扣费，极大地方便了人们的出行，又能够保障酒店的服务，因而受到越来越多人的青睐，但是随着闪住服务中后续扣款问题的增多，闪住服务也引起了人们的重视。闪住的扣款通常都是在客人离开酒店以后进行，有一些客人由于银行卡余额不足，或者绑定问题，而出现最终扣款失败的现象。因为有时扣款失败仅仅通过软件发出短信或者消息提醒，很多情况下会被客人所忽略。而如果一旦出现扣款失败问题，其后续所造成的影响也是比较大的。

三、不同结账方式服务流程

（一）现金结账

收现金时应注意辨别真假，检查币面是否完整无损；外币应确认币别，按当天汇率折算，缺角和被涂划明显的外币拒收；除人民币外，其他币别硬币不接受。

1.礼貌迎客

（1）礼貌地询问客人的姓名、房号，请客人出示钥匙或房卡。

(2)计算客人住店期间的所有消费额,同时开列"现金结账单"。
(3)请客人确认并签字。

2.唱收现金

客人将现金交给收银员时,收银员应唱收现金数量(如果是外币现金,则应在账单上加盖"外币币种"字样的印章),并验钞。

3.复核交还客单

(1)依据账单复核钱款数额,确认无误后,收下现金并唱付找零,开发票。
(2)在客单上盖"付讫"字样的印章,把客单的客人联与找零一起交还给客人。

4.保存客单

保存好客单的其余联,以备审核、统计;礼貌道别。

随着移动支付的普及和信用卡预授权的使用,许多客人不使用现金支付押金,在这种情况下,酒店退房结账变得更加快捷方便,客人只需将房卡交还前台即可离店,酒店将所发生的费用扣除后将剩余的押金原路退还到支付端。这种方式惠利到更多客人,提升了客人的满意度。

(二)信用卡结账

(1)礼貌地询问客人的姓名、房号,请客人出示钥匙或房卡。
(2)拿出客人登记卡和账单,确认客人账目信息和付账方式。
(3)礼貌地询问客人是否还有其他消费,如房间食品等。如果有消费要立刻入账,打印最新账单请客人核对。
(4)询问客人是否用原来的付账方式结账。
(5)检查信用卡的有效日期及适用范围;检查持卡人消费总额是否超过该信用卡的最高限额(若超额,应向银行申请授权)。
(6)如果客人还用入住时刷过的信用卡付账,礼貌地向客人再次借用信用卡,核对授权是否充足。通常客人入住时已经要过授权,在登记卡后面会有相应的记录。如果结账金额超过授权金额,必须再要一次授权;如果客人用另外的信用卡结账,拿到信用卡后,核对有效期,并要授权。结账后一定要通知银行取消原信用卡的授权。
(7)请客人在卡单和账单上签字,核对卡单上签字和信用卡预留签字是否相符。
(8)在计算机系统上选择"信用卡"结账选项进行结账。
(9)将信用卡客人留存联和客人账单交给客人并和客人道别。

(三)支票结账

(1)问候客人。
(2)了解客人的需要。礼貌地询问客人的姓名、房号,核实后,打印客人的账单,询问客人结账方式,判断是否为酒店所接受。
(3)接受客人的支票与房卡。需检查支票有无褶皱或破损,检查"账务专用章"及"法人代表章"是否清晰、完整,是否在有效期内。
(4)填写支票。填写支票一律用黑色水笔填写。支票上的日期、收款人名称、金额等一律规范填写,不得任意自造简化字;大小写金额不得涂改,印鉴不可重复,一经涂改,该支票即刻作废;如因收银员填错支票的,一律由收银员负责催换支票,直至收到款为止。

(5)请客人签字。请客人出示证件,核实客人的身份。请客人签字,并留下联系电话和联系地址。

(6)致谢道别。检查背书是否规范、正确,核对客人的签名。将支票存根、账单、证件等交还客人,向客人致谢道别。

四、前台收银业务的一些特殊问题处理

(一)迟到款项

迟到款项是指由于信息传递迟缓,客人离店后酒店营业部门才传递到前台的款项,这大多是收银员或营业部门工作失误造成的。迟到账款一般不能收回,比如客人早餐费用未能进行结算。对于此类问题,前台工作人员的处理方法如下。

(1)客人消费后,各营业部门迅速将消费凭证传递给前台进行挂账。
(2)完善签单、签收手续,以分清职责。
(3)收银员要将客人的消费凭证与账单放在一起。
(4)结账时,收银员先与各营业部门联系。
(5)收银员应礼貌地询问客人是否有最新消费。
(6)做好夜审工作,减少损失。
(7)发现问题,及时与有关人员联系。
(8)酌情追查客人行踪,竭力收回账款。

(二)逃账

逃账主要指客人故意逃脱付账的情况,其主要原因在客人方面。防止客人逃账主要把握好以下几个环节。

(1)预订环节。在预订时进行担保类预订。
(2)入住登记环节。在入住接待时尽量让客人交足押金,尤其对于一些入住时间较长的客人,要求其多交纳一些押金以防客人有较多挂账内容。
(3)客人住店期间。在客人住店期间,时刻关注客人账户内余额,在押金不足时及时通知客人补交押金。
(4)逃账发生后。客人逃账发生后,第一时间进行追回。

(三)结账时要求优惠

客人在结账时,往往以各种理由要求优惠,这时要视具体情况而定。如果符合优惠条件,收银员要填写"退账通知书"(一式二联,分交财务和收银处),然后由前厅部经理签名认可,并注明原因,最后在计算机系统中做退账处理。

遇有持酒店VIP卡的客人在结账时才出示VIP卡并要求按VIP优惠折扣结账时,应向客人解释酒店的规定:VIP卡在入住登记时出示才有效,否则不能按优惠折扣结

账;如客人坚持要求按优惠折扣结算,可报大堂副理或部门经理,由其决定是否做退账处理。

客人对酒店服务不满,要求房价打折,怎么办?

A.向客人表示歉意,按照入住时的约定结账。

B.向客人表示歉意,在自己权限范围内,给予一定的折扣。

C.向客人道歉,了解客人不满的原因,通知有关部门给予解决。如是潜在的回头客或酒店的重要客人,可以根据权限给予折扣。如果客人还是不满意,及时向领导汇报。

理解要点: A项的做法太过生硬,会让客人觉得酒店不在乎客人的感受,容易使客人对酒店产生反感,从而失去这位客人。B项的做法也比较简单,没有重视客人的意见,不能及时发现酒店服务出现的问题,不利于酒店服务水平的提高。C项的做法最合理。

对点案例

打折

10月1日早上,一位天津客人来到前台退房,要求给予折扣。接待员小郑见是常客,便给他9折优惠。客人有些不满意,要求酒店再给些折扣。这时正是旅游旺季,酒店的客房出租率甚高,小郑该如何处理?

案例评析: 全员促销是酒店成功销售产品的重要手段。在为客人着想的同时也要为酒店创造利润。当客人要求再打折时,可以委婉向客人说明现在是黄金周,酒店出租率很高,都推行全价,而且也因为是常客才可以享受9折优惠。如果客人到此仍不满意,而接待员的折扣权限已经到顶,接待员应该向经理请示。对于每个客人,酒店都要尽最大努力留住,尤其是常客,不能因为是旅游旺季而随便拒绝他们并不过分的要求。常客是酒店非常重要的客源,万万不可轻率地把他们推到自己的竞争对手那儿去。

(四)延迟结账

(1)酒店设定结账时间为的是客房部能有足够的时间为新到的客人准备房间,前厅同意延迟结账还可能导致酒店成本增加,以及给新入店客人带来不便和潜在的不满。

(2)客人可能会对加收额外的费用不满并拒付。

(3)酒店应在显眼的位置标示结账时间。此外酒店需重视与即将离店客人的沟通,以减少延迟结账离店。对于熟客和某些特殊客人的此类要求,在酒店出租率不高时,也可考虑免收延迟结账费用。

（五）客人损坏或丢失客房物品

这种情况在客人办理退房离店手续时出现较多，必须妥善处理好。原则上应要求客人予以赔偿，但要具体问题具体分析，特别是在客人不承认的情况下，更应处理好，尽量保证酒店不受到经济损失，又使客人能够接受，不能让客人丢面子。

同步思考

客房服务员通报，退房结账的客人带走了客房中的烟灰缸，怎么办？
A．作为礼物送给客人。
B．请客人当场退还。
C．礼貌请客人回忆是否误收了酒店烟灰缸。如果客人不承认，请客人帮忙回房间寻找，服务员不可跟着客人进房。如果客人不同意，请客人回忆是否有访客带走或放到别的地方，客人拒不承认，应向大堂副理汇报。处理整个事件中，要注意维护客人的颜面。

理解要点：客人带走酒店非一次性消耗品，会给酒店带来经济上的损失，酒店一般要婉言谢绝。但如果为了要回物品，而让客人难堪，就不可取了。因此C项的做法妥当。

对点案例

追回浴巾

1502房客人退房了，客房服务员查房时，发现房间内少了一条浴巾，急忙通知了前台。当客人来到收银台时，收银员利用同客人核对账目的时间，通知大堂副理前来解决。大堂副理来到前台，礼貌地询问客人："先生，对不起，刚才服务员在查房时，发现少了一条浴巾，麻烦您想一下是不是放错了什么地方？"客人当即很生气地反问："你是说我拿走了？"大堂副理急忙解释说："先生，我们只是想问一下，您是不是放在什么位置了？我们的服务员没有找到，请您帮我们回忆一下。"客人似乎回想了一下："不可能，这能放到哪里？""要不这样吧？"大堂副理建议说："能不能麻烦您回房间帮我们找一下，以前也有这种情况，客人自己回房帮我们找能找到的。""好吧。"客人无奈地答应了。大堂副理马上打电话到客房部，通知服务员让客人自己在房间里找。

过了会儿，客人下来了，"你看看，那浴巾就在沙发后面，你们的服务员也太粗心了。""真是很抱歉"，大堂副理立即向客人道歉。"谢谢您配合我们的工作，耽误您时间了，我陪您到收银台结账。"客人结账后，体体面面、开开心心地走了。

案例评析：一条浴巾，客人退房时放进了自己的行李箱，这本不算什么大事，但酒店如何对待和处理好这件事，是一个值得思考的问题。大堂副理采取灵活机智的方式，即时与客房楼层服务人员沟通协作，让客人自己拿出浴巾，既没有公开伤害客人的自尊，又维护了酒店的利益，这确实是一件不容易的事，它体现了酒店管理人员的处事能力和员工默契配合的服务技巧。

(1)让客人觉得你是信任他的。即明知是这位客人拿走了浴巾,也要表现出信任他的态度。大堂副理对客人说:"先生,我们只是想问一下,您是不是放在什么位置了?我们的服务员没有找到,请您帮我们回忆一下。"这其中的"我们的服务员没有找到"没有责备客人,而是把错留给了酒店;"请您帮我们回忆一下"又给客人以信任。

(2)善于"拐个弯",给客人"台阶"下。大堂副理建议说:"能不能麻烦您回房间帮我们找一下,以前也有这种情况,客人自己回房帮我们找能找到的。"并在客人真的进房"查找"时,服务员立即退出,这样给客人一个"台阶"。接着客人从包中取出浴巾,放在沙发背后,出了房门后,反而批评服务员:"你看看,那浴巾就在沙发后面,你们的服务员也太粗心了!"

(3)给客人留面子。大堂副理的责任在于追回浴巾,而不是评价客人素质。他热情地与客人握手道别,并欢迎他再来。

五、夜审

在许多酒店中,收银处除了上述业务,还要承担夜间审核工作。

夜审(Night Audit),也叫夜间稽核,是指将从上个夜班核查后所收到的账单及房租登记在宾客账户上,并做好汇总和核查工作。夜审是在一个营业日结束后,对所有发生的交易进行审核、调整、对账、计算并过入房租,统计汇总,编制夜核报表,备份数据,结转营业日期的一个过程。其目的是确保客账的正确性,防止跑账、漏账,及时发现并纠正记账过程中的差错。夜审的基本任务主要是对住店客人账目的审核,统计相关内容明细,如客房、餐饮等服务内容,并制作报表。夜审的时间一般是晚上11点左右,有的酒店是在凌晨后,这就要求前台工作人员一定要及时对相关账目进行入账,切不可拖延。

夜审是一个过程,尽管在Opera系统中只是几分钟的操作,但是在系统执行之前,员工需要做大量的数据核对和准备工作。具体工作可以归类如下。

(一)准备和有效性检查

(1)检查是否有预订未到的客人。
(2)检查有无预离店而未离店的客人。
(3)进行差异房的检查。

(二)限制访问

检查有无未汇总账的收银员。所有收银员在过夜审时必须将其一天的收银工作做一个汇总并在系统中关账(见图5-9)。系统在过夜审时要检查每个收银员的账是否已经汇总(见图5-10),并形成相应的关账报表。

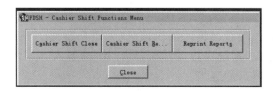

图5-9 收银员关账功能

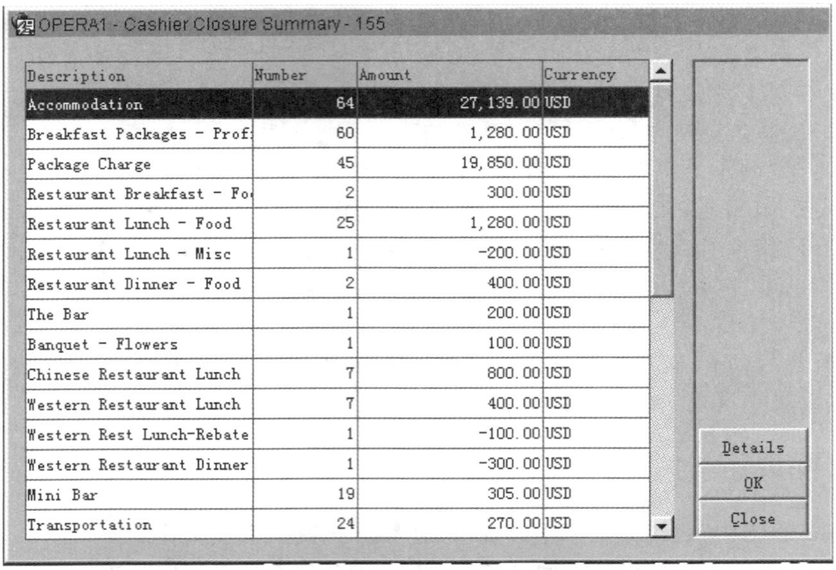

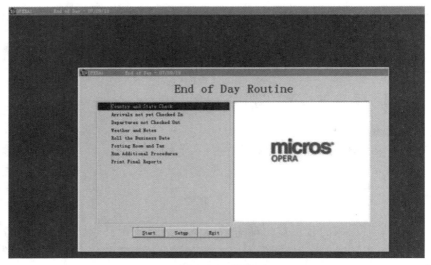

图 5-10　收银员关账汇总

(三)值班经理完成房价、房态、收入等信息的审核和统计工作

进行完夜审前的准备工作后,就可以开始系统夜审了(见图 5-11)。夜审程序按照预设的流程逐步自动进行,用户可以自定义夜审步骤,如加入档案完整性检查等。

图 5-11　夜审

系统夜审程序如下。

(1)检查客人方案中是否已填写国家信息(见图 5-12)。

(2)应到未到的客人,系统会自动筛查"Due In"的客人。

(3)检查是否有预离店的客人。

(4)一般要求各收银员在夜审前关账。

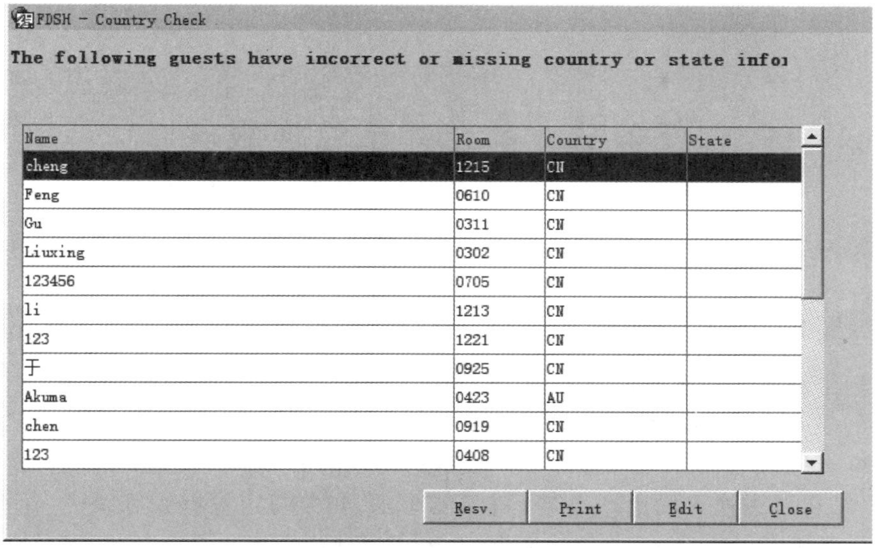

图 5-12　检查是否已填写国家信息

（5）系统日期翻新的一天。
（6）将客人的房费入客人的账户。
（7）处理夜审需要完成的其他一些功能。
（8）打印夜审报表（见图 5-13）。

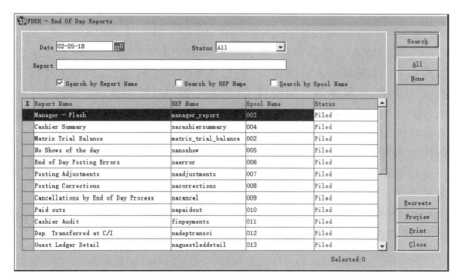

图 5-13　夜审报表

在此基础上，夜审员还负责制作报表，做好客房收入统计、餐饮收入统计、综合服务收入统计，以及全店收入审核统计。这种报表全面反映酒店经济活动，是酒店的重要经济信息，应加以控制，并上报总经理室及转送其他相关部门，作为掌握和调整经营管理的重要依据。

任务三　前台外币兑换服务

任务导入

一辆出租车在酒店门口刚停住,酒店门童小李主动迎上前准备去开车门,这时坐在车内的是一位香港客商,他手里拿着一张一百元面额的港币,等待司机找零。司机说:"不好意思,请您付人民币可以吗?我这边不收港币。"客人很着急地说:"我刚下飞机,还没来得及去换人民币。"当时小李身穿制服,口袋里也没有钱可以付。他本来心里想自己又不是管换钱的,关他什么事,后来又想到这事涉及酒店声誉,于是他便请客人坐在车内稍等片刻,然后急忙来到前台说明原委,由他个人担保向前台暂支人民币60元,帮客人付清了车款,然后礼貌地对客人说:"等您办好入住手续,兑换人民币以后再还我不迟。"客人感到满意,大步走进了酒店。

任务分析

酒店员工都应该有助客人为乐、急客人之所急之心。门童本身的工作职责虽然不包括兑换外币,但他懂得客人有困难时,应当主动去帮助解决。此外,从外币兑换处收银员的所作所为中,可以得到下面的启示:为客人提供优质服务,远不能仅仅停留在微笑的表面,而应该体现在更深层次的内涵上。这种内涵就是"急客人之所急,想客人之所想",帮助客人解决实际困难。

酒店为方便中外宾客,受中国银行委托,根据国家外汇管理局公布的外汇牌价代理外币兑换以及旅行支票和信用卡业务。星级酒店的前台收银处提供外币兑换业务。前台收银处每天应按照中国银行公布的当日外汇牌价,及时调整并向客人公布当日外汇牌价。外币兑换员应接受规定项目的专门技术、技能操作培训,增强识别假钞和安全防范能力,维护国家尊严和利益。

一、外币现钞兑换服务程序

(1)主动招呼住店客人,了解客人需求。(这里特别提到了住店客人,也就是说兑换外币服务只能为住店客人提供)

(2)清点、唱收客人需兑换的外币现钞及金额。

(3)严格把控兑换的外币是否属于酒店规定范围内,使用仪器鉴别钞票的真伪。

(4)填写外币兑换水单(见图5-14),经办人签名。将外币名称、金额、兑换汇率(见

图 5-15)、应兑金额及客人姓名、房号等填写在相应栏目,换算精确,填写正确。图 5-16 所示为 Opera 系统中的货币兑换界面。

```
┌─────────────────────────────────────────────────────────────────┐
│                        ××HOTEL                                  │
│                  Foreign Exchange Voucher                        │
│                       外币兑换水单                                │
│                                                                  │
│  Guest name：                                                    │
│  客人姓名                                                        │
│  Room No.           Date：                                       │
│  房号               日期                                         │
│  ┌──────────────┬──────────┬──────────────┬──────────┐          │
│  │ Currency Type│  Amount  │ Exchange Rate│   RMB    │          │
│  │   外币种类    │   金额   │     汇率     │  人民币  │          │
│  ├──────────────┼──────────┼──────────────┼──────────┤          │
│  │              │          │              │          │          │
│  └──────────────┴──────────┴──────────────┴──────────┘          │
│                                                                  │
│  Guest Signature    Total：                                      │
│  客人签名           合计                                         │
│  Cashier Signature                                               │
│  收银员签名                                                      │
└─────────────────────────────────────────────────────────────────┘
```

图 5-14 外币兑换水单

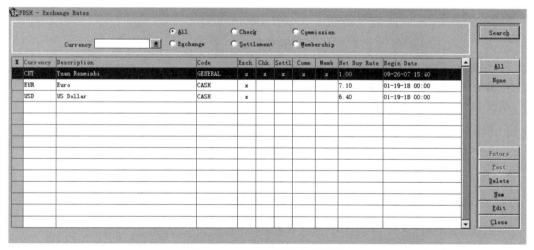

图 5-15 Opera 系统中的汇率

(5)请客人在外币兑换水单上签名。核对并抄下客人护照或者其他证件号码,核对客人房卡,根据房卡核对客人资料。

(6)检查复核,以确保兑换金额准确。

(7)核准无误后将现金和外币兑换水单交给客人清点,礼貌地与客人道别。存放好外币现钞及外币兑换水单。

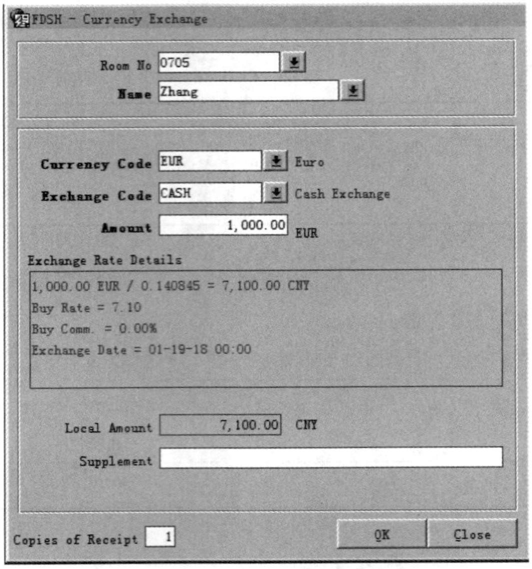

前厅服务与数字化运营

图5-16　Opera系统中的货币兑换界面

模拟对话

外币兑换

兑换员：您好，有什么可以为您效劳？
客　人：我要兑换港币。
兑换员：好的，您需要兑换多少？
客　人：2000元港币。
兑换员：好的，港币与人民币的兑换率是1∶0.9。
客　人：可以。
兑换员：需要看一下您的护照。
客　人：给你护照和钱。
兑换员：谢谢，收您2000元港币。(验钞)
兑换员：请稍等(填写水单)。请您在单据上签名。
客　人：好的。
兑换员：谢谢。
兑换员：这是1800元人民币、水单和您的护照，请收好。
客　人：好的，谢谢你。
兑换员：不用谢，还有什么需要帮忙的吗？
客　人：没什么了。
兑换员：好的，祝您今天有个好心情。再见。
客　人：再见。

项目五 前台住店、离店对客服务

二、旅行支票兑换服务程序

旅行支票是一种定额支票,属有价证券,通常由银行、旅行社为方便国内外旅游者而发行。持有者在国外可向发行银行或旅行社的分支机构及规定的兑换点,按规定手续兑取现金或支付费用。收兑旅行支票服务程序如下。

(1)问清客人的兑换要求。
(2)查验其支票是否属可兑换或使用之列,有无区域、时间限制。
(3)与客人核对、清点数额。
(4)请客人出示有效身份证件,当面请客人复签,查看复签笔迹是否与初签一致。
(5)按当日外汇牌价,填制水单,准确换算,扣除贴息。
(6)请客人在水单上签名确认并复核。
(7)核对无误后,将兑换款额支付给客人。

任务四 前台贵重物品寄存服务

任务导入

一天上午,住店客人李先生来到前台,怒气冲冲地说:"我在房间茶几上放了5万元现金,现在找不到了!你们赔吧!"前台工作人员小王听到客人的话瞬间不知所措,一旁的大堂副理来到李先生面前不慌不忙地问:"请问李先生,您为何会在客房内放大额现金呢?"李先生一听更急了:"我带多少钱关你什么事?现在丢了,你们是不想负责任吗?"大堂副理解释道:"李先生,您误会了,您丢了这么多现金,我们很抱歉,也一定会尽力帮您追回,但是您在前台办理入住手续时,前台的员工是否有提醒过您,如果携带贵重物品,请您在前台办理寄存手续呢?"

李先生想了想说道:"嗯,是提醒过!这跟你们赔我钱有什么关系?""如果是这样,那实在抱歉,李先生。前台员工已经建议您将这笔钱寄存在前台,您却执意要放在房间,并且也不使用保险箱,这钱丢了,按照我们酒店的规定是肯定没有办法赔偿的。"大堂副理解释道,"但是李先生,您是我们酒店的住店客人,我们会尽力协助您,我可以先陪同您到警局去报警做笔录,如果警方需要调取相关录像,我们也绝对会配合。"李先生听后,自知理亏,于是同意了大堂副理的说法。

通过这个案例可以看出,严格按照酒店的规章制度、操作流程进行规范化管理是非常必要的,如果前台工作人员未按要求提醒客人,那在这个案例中,酒店就会处于被动的境地,甚至需要赔偿。因此,在工作中一定要严格按照酒店的要求,认真负责地履行各项工作职责。

任务分析

酒店为保障住店客人的财产安全,通常免费提供贵重物品保管服务。一种是设在客房内的小型保险箱,密码由客人自己设定,操作简单,方便使用;另一种则是设在前台的客用保险箱,由收银员负责此项服务。前台客用保险箱一般设置在前台收银处后面或旁边单独的一间房内,每个小保险箱都有两把钥匙,一把由收银员保管,一把由客人保管,两把钥匙同时使用时,才能开启保险箱。

一、保险箱启用

（1）主动迎接问好,向客人介绍保管方法和注意事项。

（2）请客人出示房卡或钥匙,与电脑资料核对,确认其为住店客人。

（3）填写贵重物品寄存单,提醒客人阅读寄存单上的宾客须知,请客人签名确认,并在电脑上查看房号与客人填写的是否一致。

（4）引导客人到保险箱所在房间,根据客人寄存物品的大小,开启大小适中的保险箱。

（5）取出保险盒,正面递给客人,同时回避一旁,请客人存放物品,对客人寄存的物品做到不看、不问。

（6）在寄存单上注明箱号、经手人、寄存时间等内容。

（7）客人放好物品后,把保险盒放入保险箱内,当着客人的面锁好保险箱,一把钥匙交给客人,另一把钥匙由收银员保管。同时,提醒客人妥善保管钥匙,向客人道别。

（8）在电脑内做好记录,并将寄存单存档。

二、中途开箱

（1）请客人出示保险箱钥匙,找出寄存单,请其在背面签字。

（2）确认客人寄存单背面签字与正面签字一致。

（3）当着客人面用两把钥匙打开保险箱,请客人取用物品。

（4）客人存取完毕,再当面把保险箱锁好,提醒其保管好钥匙。

（5）在寄存单上注明寄存时间、经手人并存档。

三、退箱

（1）核准钥匙及客人签名后,当面打开保险箱。

（2）客人取出物品后,检查一遍保险盒,以防有遗留物品。

（3）请客人填写记录卡并签字。

（4）检查填写内容,核对签字。

（5）收回保险箱客用钥匙,锁上该箱。

(6)向客人道别。

(7)记录退箱时间、经手人,在电脑上删除记录,并将寄存单存档。

四、保险箱钥匙遗失的处理

收银员应呼叫大堂副理和保安部人员,请客人出示有效证件和房卡,核实其身份后,请其在寄存单背面说明并签字;然后和工程部人员一起当着客人的面强行钻开锁,请客人核对寄存物品是否完整、无遗漏,并做好记录,以备查核。

五、贵重物品的寄存工作注意事项

(1)定期检查保管箱是否处于良好的工作状态。

(2)为了保证客人寄存物品的安全,要求客人亲自存取贵重物品,不得委托他人。

(3)必须认真严格准确核对客人的签名。

(4)不得当着客人的面检查或好奇欣赏客人的物品。但是对于可疑的物品,可以上报大堂副理,请大堂副理找保安经理协调。

(5)记录卡必须科学排放,方便取用。

(6)禁止存放易燃、易爆、易腐物品和枪支等国家明令禁止的物品。

(7)若客人遗失钥匙,须凭借有效证件和住店凭证开箱,客人、大堂副理、安保部人员、工程部人员四方到场,撬锁打开。

(8)客人退箱后的记录卡按照相关规定保留一段时间。

知识拓展

保管客人贵重物品

英语积累

名　　词	英　　文
换房	Change Room
延住	Extend Stay
前台收银服务	Front Office Cashier Service
账单	Bill
旅行支票	Traveler's Cheque
支票	Cheque
移动支付	Mobile Payment
挂账	City Ledger
旅行社传单	Travel Voucher
杂费账单	Incidental Account
主账单	Master Account
夜审	Night Audit

项目训练

一、选择题

1. 在预期离店客人结账服务的准备工作中,下列做法错误的是(　　)。
   A. 礼宾部提前安排客人用车
   B. 收银员可查预期离店客人的账单
   C. 收银员检查有无客人的信件
   D. 收银员通知客房部停止供应客人洗漱用品

2. 客人离店时的服务内容包括离店结账、征求意见和(　　)。
   A. 电话预订　　　B. 委托代办　　　C. 行李服务　　　D. 入住接待

3. 客人结账退房后,客房状态由(　　)房变为空的脏房。
   A. 空　　　　　　B. 可预期出售的　　C. 维修　　　　　D. 住客

4. 下列选项对散客离店退房流程描述错误的是(　　)。
   A. 问候客人,询问是否要退房
   B. 在系统中查找客人信息并进行核对
   C. 不需要通知客房部检查房间的物品是否有破损或遗失
   D. 打印客人账单,并请客人签字

5. 酒店为方便客人,受(　　)委托,根据国家外汇管理局公布的外汇牌价,为客人代办外汇兑换业务。
   A. 中国人民银行　　B. 中国银行　　　C. 中国工商银行　　D. 中央银行

6. 一般来说,大多数酒店所提供的外币兑换服务不包括(　　)。
   A. 为客人将新加坡元兑换成人民币　　B. 为客人将人民币兑换成美元
   C. 为客人将欧元兑换成人民币　　　　D. 为客人将日元兑换成人民币

7. 前台为客人寄存贵重物品,下列表述错误的是(　　)。
   A. 前台只能为住店客人寄存贵重物品
   B. 客人可以委托他人领取寄存在前台的贵重物品
   C. 不得当着客人的面检查或好奇欣赏客人的物品
   D. 客人退箱后的记录卡按照相关规定保留一段时间

8. 客人可以在前台进行保管的贵重物品不包括(　　)。
   A. 易燃、易爆物品　　B. 古董花瓶　　　C. 现金　　　　　D. 名人字画

二、基础训练

1. 如何为客人办理换房手续?
2. 在查询服务中,应如何保证客人的隐私权?
3. 结账付款的方式主要有几种?
4. 简述散客结账服务程序。
5. 贵重物品寄存服务需要注意哪些问题?

三、技能训练

实训项目	散客退房结账服务
实训目的	通过实训,掌握前台办理散客退房的技能和技巧、操作流程和规范
实训要求	操作熟练,流程完整,严格按照操作规范执行
实训方法	两个学生一组,设置不同情境进行操作实训。其他学生观察并相互点评,教师指导纠正
实训总结	对收银服务中几个环节的要点进行总结

学生签名:

日期:

四、实操练习

按照世界技能大赛酒店接待项目要求,运用Opera酒店管理信息系统进行操作。

1. 换房

某会议团队客人张女士入住酒店一个双人标准间1102房,不到30分钟就从房间出来了,她要求楼面服务员给她换房间,原因是该房远离同伴,而且因团队中女性客人数量为单数,她刚好是一个人住,觉得与同伴接触不便。楼面服务员了解情况后,立即通知了总服务台,接待员查看客房状态后发现刚好有一间紧挨该团其他客房的普通单人间退房。在征求张女士意见后楼面服务员请客人到总服务台办理换房手续。

2. 续住

1226房的金先生是某公司的一名销售经理,因公务需要来某市出差,他在该酒店住宿了5天,按计划将于今天中午12:00前离店。上午接待员按常规打电话到客房与客人确认离店时间,电话无人接听。据客房服务员小潘反映,金先生早上8:00左右外出了,出门前告诉小潘今天不退房了,并要求延长住宿2天。因为有急事要出门,来不及去总服务台办理续住手续,请小潘代为办理,有关费用20:00左右金先生回酒店时再来支付。总服务台的接待员得到此消息后,立即查看了客房状态表,发现1226房从今天13:30开始连续10天已安排给了一个会议团队。

3. 问讯服务

背景一:

客人来到前台,要求找709的客人,但是员工查询Opera系统后,发现709房间没有人住,此时,你应该怎么做?

背景二:

客人打来电话,询问酒店里有没有不错的餐厅,是否打折,你该怎么做?

项目六
总机对客服务

 项目目标

素质目标

1. 培养学生乐于助人、尊重他人、对人友善的工作态度。
2. 培养学生高度的责任感、严谨细致的职业素养等。

知识目标

1. 掌握电话转接服务相关知识。
2. 熟悉叫醒服务规范要求。
3. 熟悉电话留言服务、查询服务、免打扰服务等程序及标准。

能力目标

1. 能够熟练地为客人提供电话转接服务。
2. 能够为客人提供规范的电话留言服务、查询服务及叫醒服务。

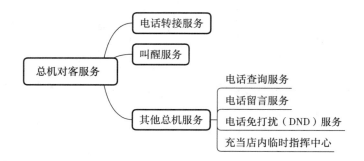

项目六　总机对客服务　125

任务一　电话转接服务

任务导入

小林正在不断地转接电话,有电话打进来,她熟练地接起电话,一个急切的声音通过话筒传到小林耳中,当得到客人要转接到的房号时,小林微笑着脱口而出:"先生,请您稍等。"话音刚落,话筒里的人火冒三丈地说:"你什么意思?我有急事,等什么等。"客人指责完后,小林并没有急于解释,而是很平静地立即把电话转到房间内,但是电话无人接听,然后小林快速把电话提了起来,微笑着告诉对方"电话无人接听","怎么会没有人呢!"客人的语气显得焦急而无奈。小林很耐心地对客人说:"先生,您不要着急,可以先留下您的联系方式,我试试是否可以帮您联系到这位客人,然后再通知您。"当客人听到小林耐心而亲切的话语时,感动而又内疚地说:"很抱歉,我刚才有点着急了。"小林回复到:"不必客气,谢谢您的理解。"随后小林通过联系前台要到了住店客人的联系方式,并顺利地转给了打电话的先生,为这位先生避免了一次不可估量的损失。在这个案例中,小林体现了她的专业度和责任心,这也是我们在工作中要做到的:爱岗敬业,为客人着想。

任务分析

总机是酒店的对外窗口,是宾客与酒店内外信息沟通、联络的必经途径。总机话务员通过电话直接为宾客提供各种服务,其服务质量的优劣直接影响宾客对酒店的印象。电话转接是总机话务员的一项重要日常工作。在转接过程中,话务员的语言、声音、反应、记忆、业务操作、沟通能力等都关系到工作是否能顺利完成、客人是否满意。

电话是对客服务的桥梁,话务员每天处理的电话业务很多,其服务质量直接影响客人对酒店的印象。总机房在对客服务及酒店经营管理过程中发挥着非常重要和不可替代的作用。总机话务员以电话为媒介,用悦耳动听的声音为客人提供各种话务服务,被称为"看不见的接待员"。因此,话务员必须具备较高的素质。

现在有很多酒店将总机和服务中心合并成立宾客服务中心(Guest Service Center),酒店所有的服务和查询只需拨电话"快捷键"就可一键直达人工服务。宾客服务中心(或一键服务中心)是由酒店原来的总机转化而来的,是酒店组织扁平化管理和经营效率改革的产物,不同的酒店有不同的部门名称,不同的酒店进行酒店服务功能重组的方式不同。比如,万豪集团的酒店将总机功能、房间送餐点餐功能、客房服务中心、夜间房间预订等工作重新组合,建立了"为您服务中心"(At Your Service)。浙江开元集团下属某酒店将酒店总机、房务中心、预订中心功能整合,成立了客服中心。尽管不同酒店的功能重组方式不同,但是酒店这个部门的主要功能是解决客人通过电话咨询来寻求服务帮助的问题,使得客人通过拨打电话,就能获得一站式服务。宾客服务中心的主要服务项目有电话转接服务、叫醒服务、电话咨询服务、留言服务等。

电话转接服务程序包括5个步骤:接听电话、聆听要求、转接电话、处理电话、挂断电话。

1.接听电话

(1)电话铃响三声内必须应答。

(2)主动礼貌地问候客人。对于内部电话,应说:"您好,总机。"对于外线电话,应答:"您好,××酒店,这里是总机(或宾客服务中心)。"

2.聆听要求

(1)接听电话时应声音柔和、吐字清楚,对客人提出的问题应耐心细致地回答。

(2)听清客人的要求,如未听清,可请对方重复一遍,但态度要谦和。

3.转接电话

(1)转接电话时,应认真听完客人讲话后再转接,并说"请稍等"。

(2)迅速、准确地转接电话。

4.处理电话

(1)对于所有要求接往客房的电话,总机必须查询客人的姓名,核对无误后方可接线。

(2)对于没人接或占线的电话,总机要表示歉意,说"对不起",并向客人说明原因。

(3)主动询问客人是否需要提供留言服务。

(4)在线路繁忙时,总机必须使用音乐保留键,并请对方稍候,然后迅速、准确地处理在手的电话。

5.挂断电话

(1)电话接入房间,客人接听后,自动挂上电话。

(2)处理完客人问询后,向客人说"再见",待客人挂电话后再挂机。

转接电话

话务员:早上好,这里是××酒店,请问您需要什么帮助?

客　人:请帮我转接1608房。

话务员:请问1608房的客人贵姓?

客　人:你转接电话就是,问那么多干嘛?

话务员:对不起,为了保障客人不被打扰,我们对于陌生电话不转接,请您谅解。

客　人:真麻烦。

话务员:给您添麻烦了。这是我们酒店的规定,请原谅。

项目六 总机对客服务

客　　人：客人姓李，木子李，叫李飞。
话务员：（核对无误后）好的，请稍等。我马上帮您转接。（话务员转接电话）
话务员：对不起，电话占线，请稍后再拨，好吗？
客　　人：那好吧。
话务员：谢谢您打来电话，再见。
客　　人：再见。（等客人挂上电话后再挂机）

知识拓展

总机是酒店的"第二张脸"

任务二　叫醒服务

任务导入

一天，一位酒店客人要求总机为他提供第二天早上6点钟的叫醒服务。然而，第二天早上7点过后，客人非常气愤地来到大堂副理处投诉说，今天早上并没有人来叫他起床，也没有听见电话铃声，导致他延误了国际航班。后经查实，总机在接到总台指令后，立刻就通过电脑为他提供了叫醒服务并排除了线路及器械故障的可能。经过分析后认为，可能是由于客人睡得较沉，没有听见。电话铃声响了几次之后就会自动切断，造成没有叫醒客人的结果。单从这个案例表面来看，客人要求的服务，酒店的确也做了，但最终结果却没有达到服务的目的。从这里可以看出，"宾客至上"并非一个简单的口号，而是一项很细致、具体的工作。平时只要多一些人情化的服务，少一些公式化、程序式的服务，那么工作将做得更好。

任务分析

叫醒服务（Morning Call/Wake-up Call Service）是总机话务员的一项重要日常工作。叫醒服务，就是根据客人指定的时间打电话（也有直接敲门的）叫客人起床，或处理其他事情。这样的服务让客人可以安安稳稳地睡觉，而不用担心因睡过头而错过了要事。延迟叫醒、忘记叫醒等，都有可能造成客人的投诉。所以，这方面应引起酒店总机人员的重视。

传统叫醒服务一般包括自动叫醒和人工叫醒两种方式。自动叫醒服务是利用电脑系统自动接通客房电话叫醒客人，它比人工叫醒服务更为精确，节省人力。人工叫醒服务是在叫醒时间由接线员亲自接通客房电话叫醒客人。这两种方式通常联合使用。随着酒店智能化的发展，现在又出现了智能叫醒服务，也就是酒店通过智能服务软件，实现叫醒服务的全自动化。

一般叫醒服务的程序与标准如下。

1. 接到客人叫醒服务要求

(1)当接到客人需要叫醒服务时,要问清客人房号、姓名及叫醒时间。

(2)复述客人叫醒服务的要求,以获客人确认。

(3)检查叫醒客房的种类和客人类型,如是套房还是普通标间,是VIP客人还是普通客人,必须做出特别提示。

(4)祝客人愉快/晚安。

2. 将叫醒信息输入计算机系统

(1)点击计算机系统中的"叫醒",输入客房号码和叫醒时间(见图6-1)。

(2)点击计算机系统中的"执行"。

(3)对于套房的叫醒服务,将信息输入其卧室的电话分机。

(4)夜班话务员再次检查叫醒信息的输入情况、客房情况、套房状况等。

(5)按照最早的叫醒时间,打开叫醒机并检查叫醒系统是否正常。

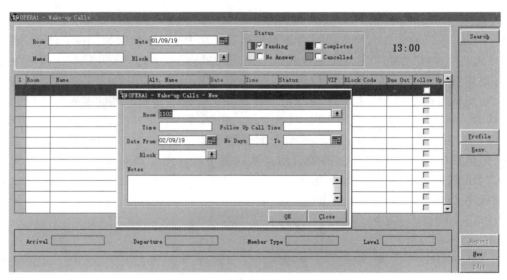

图6-1　Opera系统中的叫醒服务界面

3. 填写叫醒登记本

(1)将叫醒信息输入计算机系统后,在叫醒登记本上按时间顺序填写客人的房号、叫醒时间。

(2)认真复查,话务员签上姓名。

4. 自动叫醒

(1)夜班职员把所有叫醒电话集中写在交班本上,然后根据不同时间和要求,输入定时叫醒机,并进行专人核对。

(2)叫醒礼貌用语,需事先录好音并输入计算机系统,叫醒客人时可说"早上/下午/晚上好,××先生/女士,这是您的叫醒电话,现在是××(时间),谢谢"。

(3)每次叫醒完毕后,要对叫醒机做一次检查,确认是否叫醒成功。

(4)如发现叫醒电话无人接听,可设置5分钟后进行第二次自动叫醒。

5.人工叫醒

(1)如果自动叫醒不成功,可进行人工电话叫醒,叫醒服务语言可以说:"早上好,××先生/女士,这是叫醒服务,现在是××(时间),今天天气是××,气温××摄氏度(冬季和春季报最低气温,夏季和秋季报最高气温),请问您还需要什么服务吗?"

(2)若人工叫醒电话无人接听,则马上通知客房部员工到该房,按门铃或按进房程序进房,叫醒客人。对客人礼貌地说:"先生/女士,很抱歉打扰您了,我是客房服务员,协助总机为您提供叫醒服务,现在是××点××分,祝您今天过得愉快。"客人表示明白后,客房服务员道"再见",离开房间。

(3)将叫醒情况在留言板上做好记录。

(4)如敲门叫醒时遇到房间处于"请勿打扰"状态,客房服务员应立即通知宾客服务中心,由宾客服务中心联系宾客关系经理,采取相应措施。切忌房间为"请勿打扰"状态,仍然不闻不顾敲门。

6.人工为VIP客人叫醒

(1)在客人指定的叫醒时间,按下客人的房间号码。

(2)用亲切的语气称呼客人的姓名。

(3)叫醒时要讲:"早上好,现在是××点钟,已到您的叫醒时间。"

(4)祝客人愉快。

7.团队叫醒

(1)接到前台的团队叫醒单,把叫醒信息输入计算机系统。

(2)检查叫醒团队客人的情况,如有问题及时纠正。

(3)如果没有人接听,要立即通知客房部,由客房服务员到房间进行叫醒服务。

8.特殊情况处理

(1)如发现漏叫的客人,话务员必须用电话叫醒客人。

(2)如客房叫醒无人应答,话务员必须通知客房部去敲门叫醒,检查情况。

(3)如有客人取消叫醒服务,话务员要及时在系统中进行更改,并做好记录。

(4)如有客人需要多次叫醒,应做好特别说明。

计算机出现故障,无法提供叫醒服务,怎么办?

A.告诉客人,由于机器故障,不能提供叫醒服务,向客人表示歉意。

B.接受客人的叫醒要求,到客人叫醒时间,进行人工叫醒。

C.发现机器故障,及时上报维修并向上级反映,接受客人的叫醒要求,由前厅部经理或大堂副理牵头,组织人员把要叫醒的房号分散到指定人员手里,确保叫醒服务及时、准确无误。

理解要点:叫醒服务是酒店为客人提供的服务,不能因为酒店自身设备问题拒绝客人的合理要求,所以A项的做法不对。B项以客人的需求为主,积极提供服务的态度是很好的,但考虑还不够完善,如果要求叫醒的客人多,酒店受理下来到时可能不能做好,会引起客人的不满。C项接受了客人的要求,也考虑了实际困难,做法较为妥当。

模拟对话

为客人提供叫醒服务

话务员:晚上好,这里是总机,请问您需要什么帮助?

客　人:我想预约明天早上的叫醒服务。

话务员:请问您的房间号和叫醒时间?

客　人:我住608房间,明天上午8点的飞机,6点起床可以吗?

话务员:这里到机场大约需要30分钟,应该没有问题。

客　人:那就6点吧。

话务员:您的房间号是608,希望明天早上6点叫醒,对吗?

客　人:对。

话务员:好的,我们明天会准时叫醒您,祝您晚安!

客　人:谢谢。

(话务员将叫醒信息输入计算机系统,并设置好叫醒时间。)

(第二天早上6点,608房间的电话响了)

话务员:××先生,早上好,现在是早上6点,您预约的叫醒时间到了,祝您旅途愉快!

客　人:谢谢。

对点案例

叫醒是2点还是14点

住在806房间的郑先生睡得正香,突然被一阵电话铃声吵醒。他打开灯看了一下手表,时针指向午夜2点。刚醒过来的他,头昏脑涨,真不想接电话,但又担心谁有急事找他,只好拿起话筒:"您好!哪位?"没有人回应,听到的只是轻音乐,随后电话里传出"您好!这是您的叫醒服务"的声音。郑先生想:不对呀!我没有要求总机在这个时候叫醒我呀。于是,他拨通总机想问个究竟。

总机话务员回答道:"我这里的记录是您要求2点叫醒,没错。"

郑先生问:"我什么时候要求的?"

"昨天中午12点15分要求的",总机话务员回答。

这时郑先生才完全明白了是怎么一回事。原来,昨天中午郑先生打算下午2点30分到当地一家公司洽谈业务,于是向总机要求2点叫醒。郑先生是一位做事细心的人,怕总机把这事忘了,于是将自己的手机也进行了叫醒设置。现在他才回想起来,下午2点的时候是自己的手机叫醒了他,而酒店的总机并没有叫醒。同时,他明白了刚才铃响的原因:当时总机把他说的2点(他实际指的是下午2点,也就是14点)当成凌晨2点而输入了电脑自动叫醒系统,于是才有凌晨2点的电话铃声。

案例评析:"叫醒"本是平常事、小事,若没有服务好,就可能变成一桩事故、一桩大事。倘若遇到赶飞机的客人因叫醒延时而误机,商务客人因叫醒失误而丢了生意,或如本案客人因叫醒时间不准而惊醒失眠,恐怕就不是小事了。客人轻则生气责备,重则要求赔偿损失。应该如何预防叫醒失误的发生?关键在于认真。除了按常规接听记录客人叫醒时间要求外,很重要的一点是复述确认一下客人的房号和叫醒时间,尽可能消除疑惑。比如本案例客人报称2点叫醒,可以问清是不是指当天下午2点?多问一句话,即可避免出现差错。客人绝不会因为你多问这么一句而厌烦。相反,他会认为你细致、周到、认真和负责,会从心底感激你,也会因此更加放心地睡下。"多问一句",已成为许多酒店督导层培训员工时经常说的话。因没有多问一句而出问题的事例时有所闻,多问一句绝非多余。

任务三 其他总机服务

任务导入

8月中旬,酒店的入住率一直很高,团队、散客纷至沓来,其中有个团队是某公司组织的客户交流会的成员。大约晚上10时20分,总机话务员小潘接到了一个来自北京的长途电话,要找参加会议的公司总经理许先生,来电人称是他的秘书,有极其重要的事情要向该领导汇报,可是拨叫手机无人应答,房间号码又不清楚,只好求助于总机。小潘按照程序查询了电脑,但电脑中没有记录,又向前台询问了领队的房间号,并立即给领队打电话。由于时间已晚,小潘首先讲明了原因并请对方谅解,因为只有领队掌握团队人员姓名及房间号,电脑登记的只是团队代码。通过领队的帮助,小潘很快找到了许先生,并为其接通了电话。大约10分钟过后,那位秘书又给总机打来电话,对小潘的帮助表示衷心的感谢,并对她的工作给予了充分的肯定。电话寻找住店客人是总机经常会遇到的情况,在没有客人详细登记资料的情况下,确需要话务员开动脑筋,想办法找到客人的入住房间,使客人能够顺利通话。

任务分析

总机是酒店内外沟通的通信枢纽,是酒店与外界联系的窗口,其服务质量的好坏直接影响客人对酒店的评价。总机话务员为客人提供各种话务服务,许多客人对酒店的第一印象就是在与话务员的第一次电话接触中形成的。总机话务员一般不直接和客人见面,他们以礼貌热情的态度、操作娴熟的技能、高效快速的节奏为客人提供通信服务,被称为"看不见的接待员"。除了前面介绍的一些服务项目外,电话总机一般还提供电话查询服务、电话留言服务、电话免打扰服务,充当店内临时指挥中心等。

一、电话查询服务

店内外客人常常会向酒店总机提出各种问讯,例如,酒店设施设备信息、附近旅游信息、交通信息、住店客人信息等。因此,话务员应该熟悉酒店内外常用的信息资料,为客人提供准确、快捷和礼貌的服务。

1.接听电话

(1)电话铃响三声内接听电话,用礼貌用语向客人问好。

(2)清晰地报出自己所在岗位。

(3)表示愿意为客人提供服务。

2.聆听问讯

(1)认真聆听客人所讲的问题。

(2)必要时,请客人重复某些细节或含混不清的问题。

(3)重述客人问讯的内容,以便客人确认。

3.回答问讯

(1)及时、准确地给客人满意答复。

(2)若需查询方能找到答案,请客人挂断电话稍候。

(3)在计算机系统中查询客人信息,找到准确答案。

(4)在机台操作,接通客人的电话。

(5)清晰地报出所在岗位,重复客人问讯要求;得到客人确认后,将答案告诉客人;待客人听清后,征询客人是否还有其他疑问之处,表示愿意提供服务。

4.挂断电话

处理完客人问讯后,向客人说"再见",待客人挂电话后再挂机。

二、电话留言服务

1.接听店外客人留言

(1)当客房电话无人接听时,店外客人要求留言。

(2)话务员认真核对店外客人要找的店内客人的房号、姓名是否与酒店信息一致。

(3)准确地记录店外客人的姓名和联系电话。

(4)准确地记录留言内容。

(5)复述留言内容并与店外客人核对。

2.将留言输入计算机系统

(1)使用计算机查出店内客人房间,通过固定的计算机程序输入留言内容。

(2)核实留言内容无误。

(3)在留言内容下方输入为客人提供留言服务的服务员姓名。

(4)打印出留言。

3.开启客房留言灯

(1)按客房留言灯开启程序开启留言灯。

(2)每日接班和下班时核对留言和留言灯是否相符。

(3)当住店客人电话查询时,将店外客人留言内容准确地告知客人。

4.取消电话留言

(1)关掉留言灯。

(2)清除留言内容。

为客人提供电话留言服务

(1208房间电话无人接听)

话务员:对不起,电话没人接,请问需要留言吗?

客　人:好吧。

话务员:您要给1208房客人留言,是吗?

客　人:是的。

话务员:请告诉我1208房客人的姓名。

客　人:李莉。

话务员:(核对无误后)请问先生您的姓名和联系电话。

客　人:我姓王,手机号码是1372599××××。

话务员:请问您要给李女士什么样的留言?

客　人:我已到达天津,请尽快与我联系。

话务员:王先生,您要给1208房的李女士留言,留言的内容是:我已到达天津,请尽快与我联系。您的联系电话是1372599××××。对吗?

客　人:对。

话务员:谢谢您的来电,我们会及时把您的留言通知李女士,再见。

客　人:再见。

三、电话免打扰(DND)服务

(1)将所有要求DND服务的客人姓名、房号、要求DND服务的时间记录在免打扰登记单上(见表6-1),并写明客人发出此要求的时间。

(2)将电话号码通过话务台锁上,并将此信息准确通知所有其他当班人员。

(3)在免打扰期间,如有人来电要求与住客讲话,话务员应将有关信息礼貌、准确地告知对方,并建议其留言或待取消DND之后再来电话。

(4)客人要求取消DND后,话务员应立即通过话务台释放被锁的电话号码,同时,在交接班本或记事牌上标明取消记号及时间。

表6-1　免打扰登记单

日期	房号	DND范围	时间	通知人	经手人

客人洪女士要求房号保密,但有外线说有急事找该客人,总机话务员小李该如何处理?

　　A.告诉外线客人,洪女士要求房号保密,所以不便接通电话,请对方谅解。

　　B.考虑到对方有急事,应尽快将电话接通,以免误了大事。

　　C.客人要求房号保密,并没要求不接任何电话,可问清来电者姓名、单位或所在地,然后告诉客人,询问客人是否接这个电话。如果客人表示不接任何电话,应立即通知总台在计算机中输入保密标志,遇来电查询,即答客人未入住酒店;若客人有更具体的要求,如可接指定人员电话,应根据客人的要求转接电话。

　　理解要点:A项的做法表面上满足了客人的要求,但是没有考虑到这样会泄露客人的隐私,另外也可能耽误客人的事情。B项的做法没有尊重客人意愿,绝对不能那样做。C项的做法考虑到客人的意愿同时也尊重了客人的隐私,保障了客人的要求得到满足,是比较妥当的处理方法。

失败的免打扰服务

　　某天下午,一位女性客人打电话到酒店总机要求转接1105房间,接线员接起电话后请她稍等,过了一会儿,接线员回答:"对不起,1105房电话没人接听,有什么可以帮到您吗?"客人表示要求将电话转到前台,前台接待员接起电话后,客人要求前台再帮她将电话转到1105房,这次她听到前台接待员对她说道:"对不起女士,这间房的客人做了免打扰服务,我们不方便帮您转接电话进房间。"客人听完后非常无奈,找到了大堂副理,说出她打电话的缘由和初衷。事情原来是这样的,打来电话的这位客人就是1105房间的住客,她入住后就打电话到总机要求提供房间资料保密和免打扰服务,希望可以安心地在房间休息。然而,她又不放心,怕酒店员工对找她的电话处理不当,会得罪她的客户和朋友,于是自己打来电话试探,结果令她非常失望。总机接线员根本没有领会她的意思,没有做好保密工作,而前台接待员生硬的回答使得她倍感尴尬,总机与前台不同的回答也令她质疑酒店的服务水准。

　　案例评析:客人入住酒店,因私人原因,往往要求保密及免打扰等一些特殊的服务。酒店相关部门在接到客人的这类要求时,应与客人进一步沟通,了解清楚客人的要求。如:是否拒绝所有来电;是否接听内部电话;如有来电寻找怎样回答;等等。最好与客人确认清楚,否则会误解客人的意思,也会因回答不当而造成误会。客人向酒店要求某些保密服务时,是希望酒店既能帮其做好资料的保密工作同时又能巧妙地回绝找他的来电。酒店相关部门在处理此类特殊的要求时,一方面要考虑住客资料的保密性,使客人信任酒店的工作;另一方面也要考虑电话应答的技巧,生硬的回答会使住客与来电者双方产生误会,令客人对酒店失去信心。在处理客人的特别要求时,相关部门应制定统一的工作标准,避免员工根据自己不同的工作经验做出应答,使客人感觉酒店的管理杂乱无章。酒店正确地对待客人的要求,使客人的利益得到保障,可以增强客人对酒店的信任感,提高满意度。

四、充当店内临时指挥中心

(1)出现紧急情况时要保持冷静,不慌张。

(2)立即向来电者问清事情发生的时间、地点,并问清来电者身份、姓名,做好记录。

(3)立即使用电话通报酒店领导(总经理、驻店经理等)和部门人员,并根据指令与所在地相关部门(如消防、安全等)紧急联系,随后话务员应相互通报、传递所发生的情况。

(4)在未接到撤离指示前,话务员不得擅自离岗,要保持通信线路的畅通。

(5)话务员应坚守岗位,继续接听电话,并安抚来电者,稳定其情绪。

(6)话务员应详细记录紧急情况发生时的电话处理细节,以备事后检查,并归类存档。

英语积累

名　词	英　文
叫醒服务	Morning Call /Wake-up Call Service
免打扰服务	Do not Disturb Service(DND Service)
电话留言	Voice Mail
国际直拨长途	IDD
接线员	Operator
宾客服务中心	Guest Service Center

项目训练

一、选择题

1. 话务员接转电话而需要客人等候时,应( )。
   A. 播放歌曲
   B. 播放轻音乐
   C. 保持静音
   D. 每隔5秒说"对不起,请稍等!"

2. 若总机设备发生故障,话务员应立即通知总台问讯员和( ),并采用人工叫醒,直到设备修复。
   A. 领班
   B. 主管
   C. 值班经理
   D. 客房服务中心

3. 话务员要将要求提供免打扰服务(DND)的客人( )记录在交接班记录本上。
   A. 房号、姓名和时间
   B. 房号和人数
   C. 人数和时间
   D. 房号和姓名

4. 叫醒服务是指,接受客人要求,( )。
   A. 总台服务员用电话铃声叫醒客人
   B. 总机服务员用电话铃声叫醒客人
   C. 行李员上楼面叫醒客人
   D. 总台服务员上楼面叫醒客人

5. 总机工作人员必须具备怎样的素质要求?( )
   A. 熟悉本部门的工作业务和工作程序,掌握工作技巧和服务技能
   B. 性格外向,机智灵活,能与客人进行良好的沟通
   C. 工作认真、细致,有耐心
   D. 以上三条都需要

6. 做到全面的电话转接服务至少要做到哪几点?( )
   A. 正确地了解来电者的需要
   B. 尽可能为来电者提供其所需的服务
   C. 使来电者感觉到自己受到了重视
   D. 以上三条都需要

二、基础训练

1. 怎样才能做好叫醒服务?
2. 如何做好电话留言服务?
3. 话务员应具备哪些素质?总机服务人员的工作内容有哪些?

三、技能训练

实训项目	电话转接服务
实训目的	通过设置不同的电话转接服务情境,让学生掌握转接电话的技巧和电话接打礼仪
实训要求	声音清晰,语言准确,转接操作熟练
实训方法	两个学生一组,设置不同情境进行电话转接实训。其他学生观察并相互点评,教师指导纠正
实训总结	对电话转接服务中几个环节的要点进行总结

学生签名:

日期:

项目七
商务中心对客服务

 项目目标

知识目标

1. 培养良好的服务意识和热情主动的工作态度。
2. 培养精益求精的工匠精神。
3. 培养学生高度的责任感、严谨细致的职业素养等。

能力目标

1. 掌握商务中心服务程序与标准。
2. 熟悉商务楼层各项服务程序与标准。

知识目标

1. 能够按照操作程序与标准,熟练地为客人提供复印、打印、翻译等服务。
2. 能够按照服务程序与标准为客人提供商务楼层各项服务。
3. 理解商务楼层的内涵,能针对不同的客人进行个性化服务。
4. 结合酒店的商务楼层管理制度,创新服务内容,提高服务水平。

项目七 商务中心对客服务

知识导图

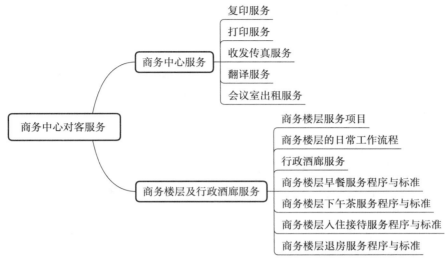

任务一 商务中心服务

任务导入

酒店的商务中心刚开始工作,一位客人气冲冲地走进来,嚷道:"我昨天让你们发送的传真,为什么对方没有收到?"面对怒气冲冲的客人,商务中心文员小张从容不迫,态度平静,迅速仔细审核了给客人发传真的回执单,所有项目显示传真已顺利发出。凭她多年的工作经验,她认为这个问题的责任不在酒店,但是不能直接指责客人,所以她提议查找出现状况的原因,通过对两台传真机进行测试,准确无误。为了彻底打消客人的疑虑,小张提议再帮客人重新发一次,如果确实没有发到,这次费用由酒店承担。客人同意了,这一次,传真收到了,客人表示了歉意,并付了重发的费用,满意而去。在这个情境中,我们看到了小张真诚的服务态度和专业的服务技能,时时刻刻为客人着想,为客人解决问题,这是一位酒店人的职业操守。

任务分析

商务中心是现代酒店的重要标志,是现代酒店商旅客人的重要帮手,为酒店客人提供多种通信和秘书性质的服务。商务中心服务员可以看作客人在旅途中的流动秘书,收发文件、打字复印……样样都要拿手,这样才称得上是一个称职的秘书。不要小

看了这项工作，只有热心、耐心、专心、细心地提供服务，才能得到客人的认可。

　　商务中心(Business Centre)是酒店为客人进行商务活动提供相关服务的部门，很多商务客人在住店期间要安排许多商务活动，需要酒店提供相应的信息传递和秘书服务等。为方便客人，酒店一般在大堂附近设置商务中心，专门为客人提供商务服务。商务中心拥有的设备及用品包括电脑、复印机、传真机、程控直拨电话机、装订机、碎纸机及其他办公用品，同时还应配备一定数量的办公桌椅、沙发，以及相关的商务杂志、报纸等。商务中心的服务项目很多，主要有会议室出租服务、电子邮件服务、传真服务、复印服务、打字服务、秘书服务和设备(用品)出租服务等。商务中心还可以提供翻译、名片印制、票务预订、休闲活动预订、商业信息查询、收发快递等服务。

　　随着信息技术的飞速发展，客人都拥有自己的手机，越来越多的客人也拥有自己的笔记本电脑，在客房内也可以通过网络直接订票，发送、接收电子邮件等，一些高档酒店还在客房内配备了打印机、复印机等，因此，客人对酒店商务中心的依赖程度将大大降低。商务中心必须研究客人需求的变化，转变服务职能，推出新的服务项目。例如，提供现代化商务设施设备出租服务，提供计算机技术服务，为各类商务活动和会议提供秘书服务等。

一、复印服务

(1) 主动问候客人，介绍收费标准。
(2) 根据客人要求，选择复印标准。
(3) 开始复印，根据需求调整复印规格。
(4) 复印完毕，取原件整理完交给客人。
(5) 问明是否要装订文件，替客人装订。
(6) 根据复印张数和规格，开立账单。
(7) 若客人要挂账，请客人出示房卡，并签字。
(8) 若客人要开发票，按照发票开立规定操作。
(9) 及时将账单要素登记在报表上。

复印服务

文员：早上好，先生。能为您服务吗？
客人：是的。这份合同我要复印3份，要多少钱？
文员：这要根据复印纸的尺寸来定。小张复印纸，每张1元；大张复印纸，每张2元。
客人：行。我要复印3张大的。
文员：请稍等一会。

(职员复印文件)

文员：给您复印件，先生，3份。您要挂账还是付现金？

客人：付现金。给你钱,请给我一张收据好吗?
文员：当然可以,先生。这是您的收据和找零。
客人：非常感谢,再见。
文员：再见。

对点案例

服务只需要快捷吗

12月的一天中午,一位客人拿着一摞文件匆忙来到某酒店商务中心,要求赶紧复印,一小时之后这些资料要发到会议人员手中。见到客人着急的样子,文员小刘接过文件就以最快的速度开始复印、分类、装订,提前完成了操作。客人长舒了一口气,但当他接过文件仔细翻看时,却发现每张复印件周边都有较明显的黑边。只见客人沉下脸,气冲冲地训斥:"你们酒店是什么复印机,这样的文件我怎么给会议代表看?"小刘是商务中心的领班,对复印机的情况非常熟悉,知道没有特殊原因是不会出现黑边的。她请客人先别着急,她仔细观察原件,发现这份原件本就是一个复印件且有不明显的黑边,经过再一次复印后黑边加重是很正常的。随即小刘向客人解释了原因,但客人认为应事先告知他可能会有这样的复印效果,并征询其意见,让他有选择的余地。虽然小刘诚恳地向客人解释并表示了歉意,但最终客人不能接受并要求复印费用打折。

案例评析:从表面看,似乎客人有些不通情达理。酒店文员小刘急客人所急,快捷地完成了大量的复印和装订工作,却换来了客人的怨言。实际上,站在客人的立场去想,这样的复印效果一定不是他所期望的。如果酒店服务工作能做到以下几点,就不会发生这样的事了。

①对每份需复印的文件一定要大致浏览一遍,对于字体、行间距过小,字迹过深或过浅的文件,一定要提醒客人是否可采取放大或调整色彩的办法避免复印件模糊不清。②对其他一些可能出现的情况,都应事先告知客人,如对于有红色印章的文件必须告之黑白复印机必须加深才能印出,但加深的同时可能会出现黑边。③批量复印前首复一张看效果,客人对效果满意后再印,以避免给客人和酒店造成损失。

从本案例可看出,服务工作仅用方便快捷的尺子去衡量是不够的,更需要服务人员用心去关注细节,将可能出现的情况设想在前,真正想客人所想,这样才能更好地达到令客人满意的效果。

二、打印服务

(1)主动问候客人,介绍收费标准。
(2)接过客人原稿文件,了解客人打印要求。
(3)文件打出后,应请客人校对,如有修改,再行校对。
(4)将打印好的文件交给客人。根据打字张数,为客人开单收费。
(5)询问客人文件是否需要存盘及保留时间。若无须保留,则删除该文件。
(6)登记填写"商务中心日复印、打字报表"。
(7)根据客人的要求办理结账。

对点案例

缩减的打印费

一天早上,一位客人拿着一份8页的稿件来到某酒店商务中心,要求服务员按该稿件的内容照样打印出来。服务员小李接过稿件,首先向客人讲明了收费标准,客人听后,表示收费偏高,但因为急用,还是接受了。小李在操作过程中,发现经过一些修改和排版,稿件可以从原来的8页缩减至5页,而且排版也简洁整齐多了,即告知等候在一旁的客人,征询他的意见,客人在审核后表示同意。最后在结账时,费用减少了约三分之一,客人非常满意,当即表示下次还会再来。

案例评析:酒店经营虽然是以营利为主要目的,但同时它作为服务行业,首先讲究的是服务,只有把服务做好,真正做到了想客人所想,急客人所急,客人才会消费得心甘情愿,才会觉得物有所值。在上述案例中,如果小李按照客人的原稿打出8页纸,客人虽然会付这笔费用,可他会觉得酒店的商务中心收费贵,这影响了客人对酒店服务的满意度。而现在服务员小李在不影响该稿件内容与美观程度的前提下,将页数进行缩减,使费用减少了约三分之一。这样一来,客人就会觉得酒店是真正站在了他们的角度、针对他们的需求来提供服务的,即使价格贵了点,但服务超值,也就消费得痛快。

从这件事上看,对于商务中心来说,虽然暂时减少了一些营业额,但这位客人在心里已对商务中心留下了良好的印象,由点及面,进而提升了酒店的形象,很多常客就是因为这样一件件小事发展而来的,谁说这不是增加了酒店的一大笔收入呢?

三、收发传真服务

1.接收传真

(1)认真阅读来件信息。确认收件人姓名及房号,并将接收"OK"报告单与来件存放在一起。

(2)填写"商务中心每日传真来件报表"。

(3)电话通知客人有传真来件。如客人在客房,应派行李员送到房间,然后开出账单交总台收银处;若客人不在房间,则进行留言服务。

(4)留言单右上角应注明客人离店日期、时间,以便能在客人离店前将传真送给客人。

(5)疑难来件应及时请示大堂副理,妥善处理查无此人的来件,按规定收费。

2.发送传真

(1)主动问候客人,问明发往的地区。

(2)查看客人所提供的地区号码,并进行校对。

(3)输入传真号码后,进行传真操作。

(4)事先向客人说明收费标准。

(5)传真发出后,应将"OK"报告单连同原件一起交给客人。

(6)按规定计算传真费。请客人付款或签单,账单上注明传真号码以及发送所用时间。将账单送至总台收银处。

发传真服务

客人:晚上好,我想发一份传真。

文员:发往哪里,先生?

客人:发往日本。要多少钱?

文员:一页要62元。每增加一页,再加收6元。请把您的传真号码给我好吗,先生?

客人:好的。我的传真号码是(812)858-86××。

文员:谢谢,请稍候。

(文员进行传真操作)

文员:对不起,先生,线路拥堵。请您坐下等一会好吗?

客人:好的,谢谢你。请把费用挂在我的总账上。我的房号是2112,这是我的房卡。

文员:谢谢。请您在这儿签字好吗?

客人:行。签好了。

知识拓展

上海首家"全能商务中心"

四、翻译服务

翻译一般分为笔译和口译两种,两种服务除服务内容和收费计算方式有所区别外,其服务受理程序基本相同。笔译服务的程序如下。

(1)主动迎接客人。

(2)向客人了解翻译的相关信息。向客人核实要翻译的稿件,问明客人翻译要求和交稿时间;迅速浏览稿件,对不明或不清楚的地方应礼貌地向客人问清。

(3)翻译受理。向客人介绍翻译的收费标准。当客人确定受理时,记清客人的姓名、房号和联系方式,礼貌地请客人在订单上签字并支付翻译预付款。送走客人后,联系翻译人员翻译文稿。

(4)交稿。接到翻译好的文稿后通知客人取稿。如客人对稿件不满意,可请译者修改或与客人协商解决。

(5)办理结账手续。

(6)向客人致谢并道别。

模拟对话

安排翻译服务

文员:下午好。这里是商务中心,请问您需要什么帮助?
客人:下午好,我需要一名翻译为商业谈判做口译,你们提供这项服务吗?
文员:是的,我们的确提供这项服务,先生。您需要哪个语种的服务?
客人:英汉翻译。
文员:还有其他的要求吗,先生?
客人:我希望翻译一点医药知识。
文员:您需要口译服务多长时间?
客人:我不能肯定。这得看谈判的进展。可能要3天,从明天上午10点开始。
文员:请问您的姓名和房间号码,先生?
客人:格雷斯,2206房。
文员:谢谢,格雷斯先生。口译服务每小时收费50元,您看可以吗?
客人:好吧。
文员:我们做好安排后,会给您打电话并送一张确定表格让您签字。再见,祝您愉快。

五、会议室出租服务

1. 预约工作

(1)接到预订,要简明扼要地了解情况:预订人姓名或公司名称、会议起始时间及结束时间、会议人数、会议要求、联系方式。
(2)告知租用会议室的费用,并邀请客人参观会场,介绍服务设施设备。
(3)确认付款方式,并要求对方预付订金。
(4)填写会议室出租预订单,并在交班簿上做好记录。
(5)预约鲜花和其他会议用品,如同时需要设备出租,也要做好预约工作。

2. 会议前准备工作

准备好各类合格文具、会议必需品。

3. 会议接待服务

(1)服务人员站在门口恭候客人,并引至会议室坐下。
(2)按先主位、后次位的原则,逐一为客人提供饮品,会议过程中要做好添茶水、更换饮具等工作。

4. 送客离场

欢迎下次光临,迅速检查会场。

5. 收拾会场

(1)清理台面。
(2)清扫地面纸碎、杂物。

(3)台面打蜡。
(4)摆放好桌椅。
(5)补充文具和会议物品。
(6)退还仪器设备。
(7)关掉音响、照明系统。
(8)洗净饮具,放回贮藏柜。
(9)补充物资。
(10)在交班簿上写明当班饮品损耗量。

任务二 商务楼层及行政酒廊服务

任务导入

杨先生是一位美籍华人,因商务出差,他回到中国,住进了北京一家酒店的商务楼层。工作之余,杨先生跟行政酒廊的经理宋婷提到,他想去爬长城,喜欢国粹京剧。很遗憾的是,因为行程安排的问题,杨先生要提前返回美国的公司。宋婷知道了这件事情以后,很想为杨先生做点什么,于是她想到了给杨先生送一件礼物,或许能弥补一部分他的遗憾。宋婷带领行政酒廊的员工为杨先生制作了一个画有长城和京剧脸谱的手绘本,在杨先生走前,送给了他。杨先生很感动,他从未跟酒店要求过什么,但是酒店却把他的愿望放在了心里,并付出了实际行动。我们看到了宋婷用实际行动践行了"宾客至上"的服务理念,为客人考虑,温暖人心,彰显了礼仪之邦的待客之道。

任务分析

商务楼层(Executive Floor)是高星级酒店(尤其是四星级以上)为了接待高档商务客人等高消费人群,向他们提供特殊的优质服务而专门设立的楼层。商务楼层被称为"店中之店",通常隶属于前厅部。住在商务楼层的客人,不必在总台办理住宿登记手续,客人的住宿登记、结账等手续直接在商务楼层由专人负责办理,以方便客人。另外,商务楼层通常还设有客人休息室、会客室、咖啡厅、报刊资料室、商务中心等,因此,商务楼层集酒店的前厅登记和结账、餐饮、商务中心等功能于一身,为商务客人提供更温馨的环境和各种便利,让客人享受更加优质的服务。

一、商务楼层服务项目

酒店中有一个地方被称为"店中之店",它就像飞机上的头等舱和商务舱一样,在这里入住的客人,不仅能观赏到窗外绝妙的风景,还能享受更私密尊贵的服务、更精致的餐饮、更意想不到的体贴,这里就是商务楼层(或行政楼层)。商务楼层之所以被称为"店中之店"、商务客人的"家外之家",是因为商务楼层的员工一直本着以客为尊的理念,视住在商务楼层的客人为家人、朋友,能始终如一地向客人提供卓越的、优质的专属服务。客人住在酒店商务楼层,所需要的一切合理需求都将从商务楼层员工那里得到一站式的满足。商务楼层面积虽小,但包含酒店礼宾、商务中心、前台、管家以及餐饮等多种服务项目,商务楼层的管理者更应该关注每日的运营管理,确保各项服务标准符合酒店品牌、满足客人需求的同时,提供超期望值的服务,打造具有特色的商务楼层尊贵服务。

1. 方便快捷的入住及退房服务

住在商务楼层的客人都可去专门为其服务的行政酒廊(Club Lounge)前台办理入住以及结账退房手续,在这里客人可坐在前台舒适的沙发座椅上,由行政酒廊前台的工作人员为其提供专属的服务。商务楼层的客人不需要像普通客人一样在前台站着办理手续,亦或排起长队等候办理入住或者退房。住在商务楼层的客人们可在行政酒廊吃着诱人的食物,喝着可口的饮品,在极度放松的情况下,由前台工作人员将房卡或者账单交给客人。这样方便快捷的入住和退房体验深受客人们的喜爱。

2. 全天候极致尊贵的餐饮服务

当清晨的第一缕阳光洒入客人入住的商务楼层房间,客人们可以伸着懒腰,揉着惺忪的睡眼,缓缓地来到自己专属的行政酒廊来开始一天"帝王般品质"的醒神早餐。无论是奢华派的鲍鱼鸡丝粥,健康派的热乎乎的馄饨汤面,还是豪华版的三文鱼,各类冷肉沙拉面包,亦或专门制作的甜品,所有的这些专属早餐定会为住在商务楼层准备白天出游或者办公的客人们补充充足的能量。

此外,入住商务楼层的客人在白日匆忙间,可以来行政酒廊停留片刻,享受酒廊提供的精致下午茶,暂停飞扬的思绪,感受慢下来的时光。

入住商务楼层的客人可以在每日傍晚莅临行政酒廊,体验行政酒廊"欢乐时光"为客人带来的专属礼遇,点上一杯鸡尾酒、一份佐餐小食,在大幅落地窗前远眺,点点繁星和城市霓虹融为一体,如梦如幻。客人更可以在行政酒廊亲自调配自己的独家专享。一些酒店行政酒廊为了满足客人的味蕾,更是准备了十分丰盛的晚餐自助,除各式酒类和果汁软饮免费无限畅饮外,还提供经典中西式食品佳肴。

3. 专属的商务中心服务

商务楼层在一些酒店又称为行政楼层,就是因为住在商务楼层的客人以商务客人居多。因此,行政酒廊会充分考虑商务客人的需要,充分满足客人们的休闲与办公需求。行政酒廊前台会为客人们提供专属的复印打印、收发传真、机票预订及更改服务;同时可以让客人免费使用行政酒廊内准备好的电脑,并且配备USB及充电接口等。更让商务楼层的客人喜爱的是,客人们还可以每日限时免费使用商务楼层先进时尚的会议室,虽然不是全天免费,但是每日的两三个小时使用权足以满足商务客人们所需。

4. 贴心的私人管家服务

对于一些入住商务楼层的特别重要的客人,酒店会为其提供贴心的私人管家服务(Butler Service)。客人抵达酒店前,私人管家就已拎着办理入住手续的文件夹,备好客房房卡,在大堂前恭候客人。随后将引领客人直接进入房间办理入住,并对房间设施和酒店设施服务进行介绍。为商务楼层客人服务的贴身管家随时等候为客人服务。从最基本的擦鞋、系领带、整理行李,到安排酒店用餐、SPA、健身,以及特殊纪念日活动,私人管家让客人感受如家人般的呵护。

5. 极致入微的其他专享

对于住在商务楼层的客人,酒店除上述服务外,还可以为客人们提供一些极致入微的其他服务。一些酒店会为客人提供每日的衣服免费熨烫服务,并且保证一个小时之内便会送还到客人手中。一些酒店和顶级轿车品牌合作,有出行计划的客人只需将行程分享给商务楼层的工作人员,他们将为客人安排好车辆,并且客人可以享受到一定距离的免费豪华轿车接送服务。一些酒店更是允许商务楼层的客人免费享用客房内的"迷你吧",客人也可以请酒店代为安排外送午餐到办公室,或者享受随时可送至房间的新鲜冲泡的咖啡或茗茶。

总之,在世界各地奔波往返的商务人士,常常会渴望在旅途中找到一种回家的感觉,而星级酒店商务楼层提供的贴心服务和行政酒廊奉上的尊贵礼遇恰好满足了这一需求。商务楼层工作人员更是将个性化的服务发挥到极致,客人每一个细微的要求、饮食喜好,都会被记录,以便下次客人到来时提供最入微的贴心服务。酒店充分考虑客人的潜在需求,为住在商务楼层的客人们提供尊贵、奢华、舒适、方便、个性化以及超期望值的服务,让商务楼层真正成为"店中之店"和客人的"家外之家",成为商务旅途中值得期待的去处。

二、商务楼层的日常工作流程

商务楼层的日常工作流程大致如下。

(1)7:00商务楼层接待员到前厅签到,并到信箱拿取有关邮件,与夜班交接班。

(2)7:00至7:30,打印出房间状况报表,包括当日到店客人名单、在店客人名单、预计离店客人名单等。在客人名单上将今日预计离店客人用彩笔标出,以便对当日离店客人做好相应服务。

(3)准备鲜花、水果。检查前一天夜班准备的总经理欢迎卡、商务楼层欢迎卡,根据当日到店客人名单逐一核对。鲜花、水果及欢迎卡要在客人到店之前送入预分好的房间内(此项工作要由专人负责)。

(4)早餐服务从7:00至10:00。早餐后开当日例会,由主管传达酒店信息及酒店近期重要活动。

(5)为到店客人办理入住手续及呈送欢迎茶,为离店客人办理结账并与客人道别。

(6)检查客人是否需要熨衣、商务秘书、确认机票等服务,随时主动为客人提供帮助,并告之哪些服务是免费的。

知识拓展

商务楼层的设施设备

(7)10:00至15:00。GRO查房并将鲜花、水果、欢迎卡送入每个预计到店的客人房间。

(8)中班于13:30报到,打印房间状况报表(内容同早班),检查房间卫生及维修工作。15:30与早班交接班。一组服务员负责服务下午茶。中班还要做第二天的准备工作,如打印第二天的欢迎卡、申领水果和酒水等。

(9)夜班时前厅部、客房部员工将代理商务楼层服务工作。

三、行政酒廊服务

商务楼层的核心便是行政酒廊。行政酒廊为入住商务楼层的客人提供专享入住、退房服务,全天候免费小食;商务之余,客人也可以莅临行政酒廊,体验行政酒廊"欢乐时光"为其带来的专属礼遇,如各式饮品免费无限畅饮以及经典中西式小食等,行政酒廊员工贴心的服务为客人带来极致的尊贵之感。除此之外,行政酒廊还设有商务洽谈区、会议室等,为客人的商旅提供无限便利。行政酒廊作为商务楼层的主要特色之一,为住客提供多种服务项目。

(1)就餐。最吸引住客的一项福利,莫过于行政酒廊所提供的餐饮服务。相比于普通客房,虽然商务楼层费用高,但客人可以享受更好的服务,如自助早餐、午餐、下午茶、"欢乐时光"以及晚餐服务,可以说相较于在酒店单点是更具性价比的一种选择。

(2)酒水。行政酒廊中的酒水饮料也可以免费享用,在行政酒廊的"欢乐时光"时段更是可以品尝精选红白酒以及现场调制的鸡尾酒、特制茶等。

(3)商务。在行政酒廊,住客可以使用电脑收发邮件,也可收发传真、复印、打印文件,还可以使用单独的会议室。

(4)会客。当有朋友拜访时,行政酒廊就成了酒店的最佳会客厅,行政礼遇通常允许住客带同行人一同进入行政酒廊,可以安静地和朋友聊天,享用精致的下午茶。

四、商务楼层早餐服务程序与标准

(1)商务楼层接待员提前一天告知厨房商务楼层的实际住客数量,以备好第二天的早餐。

(2)商务楼层接待员和厨房员工每天早6:45将早餐准备完毕。

(3)早餐卫生质量一定要确保。

(4)如早餐准备数量太大,可通过多条不同的路径送达行政酒廊,商务楼层接待员应密切关注早餐送达情况。

(5)餐厅服务员应关注食品更新的需要,及时与厨房沟通协调。

(6)早餐食物种类要随客人的需要定期更新。

(7)当客人进入行政酒廊时,商务楼层接待员应向客人问候,引领客人坐下,主动提供茶水或咖啡。商务楼层接待员要注意随时为客人提供服务。

(8)就餐时间内所有的区域都必须保证洁净整齐。

(9)商务楼层接待员与厨房员工就送餐服务及时进行沟通反馈,做好食品成本控制及划拨工作。

五、商务楼层下午茶服务程序与标准

（1）下午茶时间一般为下午 2:30—5:00。下午茶点由厨房于下午 1:00 前送至行政酒廊，并于下午 5:00 以后收走。

（2）商务楼层接待员根据下午茶服务的标准，准备场地。

（3）下午茶时间内，咖啡、小吃随时供应，品种定期更换。

（4）商务楼层接待员随时准备为客人服务，随时留意客人桌面上的食物是否需要添加或更换，及时收走桌面脏的杯碟和物品，保持桌面干净，礼貌询问比如"××先生/女士，您的食物需要添加吗？这些东西我能撤走了吗？"

（5）将客人用餐过程中或用餐完毕后所提出的建议或意见及时反馈给厨房。商务楼层接待员与厨房员工在食品运送问题上及时沟通，做好食品成本控制方面的工作。

六、商务楼层入住接待服务程序与标准

（1）商务楼层的接待员应保证所有为即将入住的宾客所准备的房间是事先安排好的。在客人预计到达之前，将房间打扫完毕并且摆放好礼品。

（2）商务楼层接待员为即将到店的商务楼层客人事先做好登记并准备好房卡，提前将宾客入住登记表格打印出来。

（3）商务楼层客人到店之前，将总经理签字的欢迎卡连同客人在旅居期间享用的酒店服务设施设备的介绍一同放入客人的房间。

（4）商务楼层接待员在客人登记入住之前将杂志、报纸（中文/英文）等送入客房并检查客房。

（5）商务楼层客人到达时，前台立刻通知宾客关系主任或大堂副理引领客人到达商务楼层，同时，前台通知商务楼层接待员客人的到达。

（6）商务楼层接待员做好准备迎接，立于商务楼层行政酒廊的入口处，带姓称呼客人并表示问候，如"××先生，下午好！欢迎入住商务楼层"或"××先生，欢迎再次入住商务楼层"。

（7）商务楼层接待员礼貌地请客人稍作休息，送上欢迎茶及冷毛巾（夏天）或热毛巾（冬天）。同时，填写宾客入住登记表格并请客人签字。

（8）办理入住登记时，商务楼层接待员需保证表格填写完整、付款方式明确。

（9）入住登记结束后，商务楼层接待员将引领客人到事先安排好的房间去，向客人仔细介绍酒店相关设施设备。

（10）商务楼层接待员告知客人行政酒廊的电话号码，以备不时之需。

（11）商务楼层接待员将客人的详细信息录入电脑，用本酒店相关标准对客人资料进行处理。

七、商务楼层退房服务程序与标准

（1）商务楼层客人离店时，在商务楼层接待处办理结账离店手续。

（2）商务楼层接待员需在客人预计离店日期前一天检查核对客人的账单。

(3)客人结账离店时,商务楼层接待员应询问客人的姓名及房号,询问客人是否有其他消费。

(4)客人结账离店时,商务楼层接待员需通知客房部。

(5)为客人打印账单,请客人确认账单并询问客人对此账单是否有疑问。

(6)客人核对无异议后,请客人签字确认,并将费用情况计入系统。

(7)商务楼层接待员将账单原件及其他相关账目文件交给客人。如有需要,商务楼层接待员将通知礼宾部为客人搬运行李。

(8)结账完毕后,商务楼层接待员可主动询问客人对酒店的建议和意见,礼貌询问并欢送客人,如"您好,××先生/女士,请问您入住开心吗?祝您旅途愉快,期待您的下次光临!"

(9)对于延时离店,要根据酒店客房出租率高低及房间的可利用情况来决定,需报请大堂副理或前台主管批准。

对点案例

急客人所急

时间已经将近下午三点,商务楼层员工小陆准备完成他早班一天的工作时,他接到了一位客人的电话。电话那头传出了焦急的声音,计划在北京旅游数天的王女士告诉小陆,她因为在晚高峰时段被出租车司机拒绝载回酒店而困在了后海。小陆察觉到这是紧急情况,觉得他必须马上做点什么。他安抚了王女士,同时尽可能多地记下了客人的详细信息,最终他确认了客人的准确位置并且向礼宾部的同事求助。听到小陆的请求后,值班礼宾员小刘马上安排了一辆酒店的班车帮助小陆把客人接回酒店。小陆在王女士的手机即将断电时及时出现在她的面前,这使她非常激动,王女士感谢了小陆对客人要求的快速回应。

王女士在小陆的陪同下回到酒店时,商务楼层经理热情地迎接了她,并亲自带她回房间。考虑到王女士在后海已经呆了一天,而且发生了这么不愉快的打车经历,经理特意为她准备了一壶热茶和一些小食,并在她回到酒店之前刚刚放到房间,经理在房间为王女士送上热茶,并预祝她能有一个愉快的夜晚。王女士非常感动,她说在一整天游玩后,正想要一杯热茶,这真是预见了她的需求。

在离店以后,王女士给这次入住打了满分。她在盖洛普报告中这样写道:"我无法仅仅指出一个人,酒店里的每一位员工见到我都微笑地和我打招呼,尤其是商务楼层的员工更是能亲切称呼我的名字,在我入住期间像家人一样对待我,这使得我的这次旅行非常愉快。当然,我永远不会忘记小陆到后海将我接回酒店的经历,他和经理为我所做的已经远远超出了我的预期,我会把这次愉快的入住经历告诉所有我们的家人和朋友。再次感谢酒店所有员工们,你们都是一流的!"

案例评析:商务楼层接待不仅需要掌握前台接待的所有知识和技能,还要能及时解决客人的困境和问题。细节处体现服务的温馨,要求商务楼层的员工更细心,善于捕捉客人细节,能为客人提供惊喜服务。把"一切皆有可能"贯穿服务始终,想客人之所想。案例中,商务楼层的员工深深打动了客人,为酒店树立了良好的形象。

项目七 商务中心对客服务

英语积累

名　词	英　文
管家服务	Butler Service
商务楼层	Executive Floor
行政酒廊	Club Lounge
商务中心	Business Center
复印	Copying
打印	Printing
扫描	Scanning
翻译服务	Translation Service
装订服务	Binding Service

项目训练

一、选择题

1. 为客人发送传真而出现线路占线暂时发不出去时,应(　　)。
   A. 礼貌地请客人稍坐,继续拨发,直到发送完毕
   B. 礼貌地请客人回房间等候,等发送完毕后电话通知客人
   C. 提出回房间等候或在现场稍候的建议,由客人自己决定
   D. 委婉地告诉客人没有办法发出,请客人原谅

2. 酒店商务楼层所提供的早餐的结束时间一般为(　　)。
   A. 8:30　　　　B. 9:00　　　　C. 10:00　　　　D. 10:30

3. 酒店免费为入住商务楼层的客人提供的服务项目是(　　)。
   A. 早餐和鸡尾酒会　　　　B. 晚餐和动态时事
   C. 早餐和委托代办　　　　D. 下午茶和鸡尾酒会

4. 商务楼层的接待服务人员只要见过客人一次,第二次再见面时就可以(　　)
   A. 不理会客人　　　　B. 称呼客人的雅号
   C. 称呼客人的姓名和头衔　　　　D. 称呼客人的头衔

5. 商务客人之所以优先选择商务楼层,是因为他们最看重商务楼层所提供的(　　)服务。
   A. 保姆式　　　　B. 背靠背　　　　C. 个性化　　　　D. 私人管家

6. 商务楼层值中班的接待员上班后首先要(　　)。
   A. 取出客人邮件　　B. 打印各种报表　　C. 安排下午茶　　D. 备好自助餐台

参考答案

选择题答案

二、基础训练

1. 你认为酒店的商务中心有没有必要保留？
2. 商务楼层的主要服务项目有哪些？
3. 酒店如何在商务楼层提供更有特色的服务？

三、技能训练

实训项目	商务中心服务
实训目的	培养学生的实操能力，使学生能够提供不同情况下的商务中心服务
实训要求	可以选择传真服务、翻译服务，也可以选择复印、打印服务等，可以是住客，也可以是非住店客人。注意服务语言和礼貌礼仪
实训方法	学生分组进行角色扮演，其他学生观察并相互点评，教师指导纠正
实训总结	对商务中心服务中几个环节的要点进行总结

学生签名：

日期：

模块三
基层管理过程模块

MO KUAI SAN
JI CENG GUAN LI GUO CHENG MO KUAI

项目八
前厅销售管理

 项目目标

素质目标

1. 培养良好的人际沟通能力和随机应变能力。
2. 增强学生对服务行业"宾客至上"理念的理解与运用能力。
3. 敬业乐业,热爱本职工作;具备高度的责任心,乐于助人。

知识目标

1. 掌握客房销售的要求和排房技巧。
2. 熟悉和掌握客房销售技巧。
3. 了解客房报价的方法和技巧。
4. 熟悉前厅经营指标和主要经营报表。

能力目标

1. 能够根据客人需求特点,用不同方式向客人报价,灵活进行客房销售。
2. 能够针对不同客人特点正确排房,达到客人满意。
3. 能够分析客房销售的关键指标,评价前厅部收益。
4. 培养学生数据化经营思维和用数据指导应用的现代管理者思维。

 **知识导图**

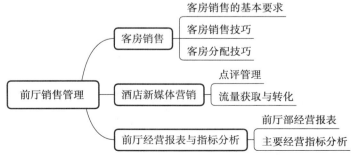

前厅服务与数字化运营

任务一　客房销售

任务导入

某酒店前台来了两位客人提出要开特价房。接待员礼貌地告知客人："对不起,先生,今天的特价房已售完,您看其他的房间可以吗?"话未说完,客人就不高兴了:"怎么这么快就卖完了呢,还是特价房只是幌子,你们有却不卖给我们?"前厅接待员耐心解释道:"先生,我们的特价房数量有限,每天只推出十几间答谢客人。今天刚好周末,特价房销售特别火爆,早早就售完了。下次您需要的话提前打个电话,我们一定帮您预留出来。今天我们刚好还有一间非常舒适的贵宾房,要是您住的话我帮您申请优惠折扣价,比特价房贵不了多少,但您能享受到更好的服务,还提供免费双早,您看如何?"客人正犹豫间,前厅接待员紧接着问道:"请问两位是住一天还是住两天?"客人随口答道:"两天。"接下来便顺利地办理了入住登记。

通过这个案例,我们不难发现前台接待员的角色有多么重要,案例中的接待员能够根据客人的特点灵活选择合适的报价方法,同时还注意照顾客人的需求,又不损害酒店的形象。其实很多时候究竟是否入住酒店,往往是客人一念之间的事情。而在这一念之间,前台接待员的销售工作发挥着重要作用,这是帮助客人做出决定的重要推动力,也是酒店成功赢得客人、赢得效益的关键所在。

任务分析

前厅部的主要工作任务之一就是尽量销售客房产品,前厅部员工应充分利用自身的优势条件,熟悉和掌握客房销售技巧,适时、成功地销售客房及酒店其他产品,最大限度地提高客房出租率,实现收益最大化。基于此,前厅部员工一定要掌握产品销售的艺术和技巧,掌握客房分配的艺术,合理安排不同类型的房间以提升客房出租率。

一、客房销售的基本要求

现代酒店业中,酒店数量的增加和现有酒店的改造,再加上消费者变得越来越成熟,使得酒店业的竞争日益激烈,酒店都争先恐后地在市场上吸引客人,这就对酒店经营者提出了更高的要求,同时直接对酒店前台工作人员的销售提出了高要求。前厅销售工作直接影响到客人对酒店的认识、评价,以及是否会再次光顾,最终影响到酒店的经营效果。

1. 仪表仪态要端正，要表现高雅的风度和姿态

礼貌问候每位客人，举止行为要恰当、自然、诚恳。善于用眼神和客人交流，要表现出热情和真挚，面带微笑向客人问好。

当一个潜在的客人打来电话或来到酒店前厅，前台接待员的服务销售工作就应该开始了。如何问候将决定整个销售过程的氛围，"你好""早上好""下午好"这些礼貌的问候随时都要用到。但还完全不够，如果接待员知道客人的姓名，就要尽量用其姓名称呼，比如王先生、王太太、李女士等。有一点很重要，接待员的问候要尽量让客人感到舒适、自然和适当的尊重。

值得注意的是，要夸奖客人，没有人会讨厌别人的夸奖。如果发现客人穿得很得体，项链很漂亮，小孩很可爱，声音很甜美，不要吝啬对客人的赞美，它可以很快帮助你建立与客人的良好关系。

2. 了解自己酒店产品的特点及销售对象

要销售产品，就必须对与产品有关的一切信息了如指掌，如酒店客房的价格、种类、位置、形状、朝向、面积、设施设备、功能，相同类型房间之间各自的特点与区别等。

了解客人的特点，不同的客人有不同的特点，对酒店也有不同的要求。前台接待员在接待客人时，要注意从客人的衣着打扮、言谈举止以及随行人数等方面把握客人的特点，进而根据其需求的特点和心理，做好有针对性的销售。例如，商务客人通常是因公出差，对房价不太计较，但要求客房安静，光线明亮（有可调亮度的台灯和床头灯），办公桌宽大，服务周到、效率高，酒店及房内办公设备齐全，有娱乐项目。旅游客人要求房间外景色优美，房间内干净卫生，但经济承受能力有限，比较在乎房间价格。针对年老客人，应推荐安静且靠近电梯的客房。

3. 了解酒店及其周边各营业场所及公共区域的营业时间与地点

除了对酒店自身设施设备等项目的了解外，对酒店周边餐厅、商场等营业场所及公共区域的地理位置及营业时间也应有所了解。虽然在推销过程中，酒店一再强调要先推荐本酒店内的服务项目，以增加酒店的收益，但酒店所处的地理位置等也会决定客人是否愿意选择本酒店入住。

4. 回答问题要简单、明了、恰当，不要夸张宣传住宿条件

回答客人问题，一定要做到简单、明了，不要夸张宣传，对于酒店的情况本着实事求是的原则，可适度美化，但不可以让客人觉得实际与描述相差甚远。尤其是对于房间的面积、设施、新旧程度等可以一目了然的内容，万万不可以虚假宣传，言过其实只会让客人觉得酒店失信，即使这次选择了酒店入住，心里也会不舒服，酒店就有可能失去一位回头客。

5. 积极处理客人的反对

任何反对都是正常的，关键在于把反对变成购买的理由。对待客人，要有信心和耐心，不要用争辩的方式。前台员工在报价时一定要注意积极描述住宿条件，如酒店优质的床垫、卫生间热带雨林式的喷洒，能让客人在疲劳的旅途中享受舒适的住宿体验；提供给客人可以选择的价格范围，运用灵活的语言描述各种类型房间的优点。时刻围绕超值这个概念，打动客人。客人有权力质疑前台员工的推荐，但前台员工不要与客人争辩，尽量去询问客人的要求，以期可以找到最符合客人要求的产品。

微课

客房销售的基本要求

知识拓展

客房升级销售技巧

6. 学会感谢客人，祝愿他们入住愉快

前台员工在客人选择客房后，一般要求客人完成登记表格，客人在填写登记表时，前台员工可以通过介绍客房的特色强化客人的选择。登记完成时，前台员工应该告诉客人关于酒店的营业场所、服务和其他设施，大多数客人欣赏这种做法。

二、客房销售技巧

1. 把握客人的特点

客人类型不同，其购买习惯、购买决策过程、对产品的喜好等方面都会有所不同；同一个客人，在不同的时间、不同的角色状态下，对酒店产品表现出的喜好也不一样。比如，度蜜月的客人喜欢安静，不希望自己的氛围被打扰，要求房间足够私密，多一些浪漫氛围布置和酒水赠饮等。前台接待员要在与客人的交流接触中关注客人的需求，并提供诸如蜜月套餐、提前入住或延迟退房、接送机服务、为家庭客人提供更大的房间、为原本没有预订早餐而有早餐需求的客人提供早餐优惠等。只有通过认真观察，把握客人特点，才能做到有的放矢，做好有针对性的销售。

2. 销售客房价值，而非仅仅销售价格

接待员接待客人时常犯的一个错误就是，只谈房价，而不介绍客房的特点，结果常使很多客人望而却步，或者勉强接受。因此，接待员在销售客房时，必须对客房做适当的描述，以减弱客房价格的分量，突出客房能够满足客人需要的特点。例如，在与客人洽谈时不能简单地说"一间800元的客房，您要不要？"而应该根据客人及客房的特点，适当地进行描述。例如，强调房间是刚装修过的、能看到美妙景色的、十分安静的、豪华舒适的等。除了介绍客房的客观特点外，还应该强调客房为客人本身带来的好处。例如，"孩子与您住一套连通房，您可以不必为他担心"，"由于这间房间很安静，您可以好好休息，不受干扰"，让客人感到酒店销售的产品是物有所值的。因此，在销售过程中应着重推销客房的价值而不是价格。

对点案例

巧妙推销豪华套房

某天，南京金陵酒店前厅部的客房预订员小王接到一位美国客人从上海打来的电话，想预订两间每天收费在120美元左右的标准双人客房，三天以后入住。小王马上翻阅了一下订房记录表，回答客人说由于三天以后酒店要接待一个大型国际会议的多名代表，标间双人客房已经全部订满了。小王讲到这里并未就此结束，而是继续用关心的口吻说："您是否可以推迟两天来，或者请您直接打电话与南京××酒店联系询问如何？"美国客人说："我们对南京不太熟悉，你们酒店比较有名气，还是希望你给想想办法。"小王暗自思量，觉得应该尽量勿使客人失望，于是接着用商量的口吻说："感谢您对我们酒店的信任，我们非常希望能够接待您，请不要着急，我很乐意为您服务。我建议您和朋友准时前来南京，先住两天我们酒店内的豪华套房，每套每天也不过收费280美元，在套房内可以眺望紫金山的优美景色，室内有红木家具和古玩摆饰，提供的服务也是上乘的，相信您们住了以后会满意的。"

小王讲到这里故意停顿一下,以便等客人考虑一下,对方沉默了一会儿,似乎在犹豫,小王于是开口说:"我料想您并不会单纯计较房价的高低,而是在考虑这种套房是否物有所值,请问您什么时候乘哪班火车来南京?我们可以派车到车站接您,到店以后我一定陪您和您的朋友去参观一下套房,再决定不迟。"美国客人听小王这么讲,倒有些感到盛情难却了,最后终于答应先预订两天豪华套房,然后挂上了电话。

案例评析: 前厅预订员在平时的岗位促销中,一方面要通过热情的服务来体现,另一方面则有赖于主动、积极的促销,因而需要掌握销售心理方面的知识和一定的语言技巧。案例中小王在促销时确已掌握所谓的"利益诱导原则",即使客人的注意力集中于他付钱租了房后能享受哪些服务,也就是将客人的思路引导到这个房间是否值得甚至超过他所付出的。小王之所以能干,在于他不引导客人去直接考虑价格的高低,而是用比较婉转的方式报价,以减少价格对客人的直接冲击,避免使客人难于接受而感到尴尬。小王的一番话使客人感觉自己受到尊重,加上小王的建议确实是中肯、合乎情理的,在这种情况下,客人反而很难回答说个"不"字,最终实现了酒店积极主动促销的正面效果。

3. 针对性地向客人提供价格选择的范围,给客人进行比较的机会

除客人已指定客房的情况外,从高价向低价报价,往往能使多数客人选择前几种价格较高的客房,这可以最大限度地提高客房的经济效益。接待员在接待客人时,首先根据客人的身份及来访目的初步确定一个客人可接受的价格范围,在这个范围内,从高到低报价。一般情况下,根据消费者心理学,客人常常会接受服务人员先推荐的房间,如客人嫌贵,可降一个档次。在口头推销中,向客人推荐的价格以两种为宜,不超过三种,因为价格种类太多,客人不易记住。

4. 采用适当的报价方式

为了做好前台销售工作,掌握对客报价方法和推销技巧是做好销售工作的重要前提,不断地研究总结和运用这些方法和技巧,是销售工作成功的一个重要环节。对客报价是酒店为扩大自身产品的销售,运用口头描述技艺,引起客人的购买欲望,借以扩大销售的一种推销方法。其中包含推销技巧、语言艺术、职业品德等内容,在实际推销工作中非常讲究报价的针对性,只有适时采取不同的报价方法,才能达到销售的最佳效果。掌握报价方法是做好推销工作的一项基本功,以下是酒店常见的几种报价方法。

(1)"冲击式"报价。先报出房间价格,再介绍客房所提供的服务设施和服务项目等。这种方式比较适合推销价格较低的房间,以低价打动客人。

(2)"鱼尾式"报价。先介绍客房所提供的服务设施和服务项目,然后报出房价,突出客房物有所值,以减弱价格对客人的冲击。这种方式比较适合推销中档客房。

(3)"三明治"报价,又称"夹心式"报价。此类报价是将价格置于所提供的服务项目中,以减弱直观价格的分量,增加客人购买的可能性。此类报价一般由接待人员用口头语言进行描述性报价,强调提供的服务项目是适合于客人的,但描述不能太多,要恰如其分。这种方式比较适合推销中、高档客房,可以针对消费水平高、有一定地位和声望的客人。

5.采取不同的销售策略

针对不同类型的客人,需要使用不同的销售策略。

(1)优柔寡断型。发掘客人需求,积累吸引力,注重体现附加价值(周边环境、各项服务内容)。

(2)价格敏感型。体现产品价值,同时熟悉各种价格,适当给予折扣。

(3)询价阶段型。热情细致,显示服务水平,根据客人情况推荐。

对点案例

客人离开了

某酒店是一家主要接待商务客人的酒店,管理很严格。前台主管小王和其他两位服务员值班,晚上11点进来了两位客人,小王很礼貌地招呼客人,并热情地向客人介绍酒店的客房。听了小王的介绍,客人对酒店的客房非常满意,同时,他们告诉小王,由于他们是商务客人,公司对他们出差住房的报批价格有规定,希望能给予他们七折优惠。但是酒店规定前台主管只能有房价八折的权限,况且部门经理早已下班,小王觉得是否多销售两间客房与自己也没多大关系,还是非常礼貌地拒绝了两位客人的要求。最后两位客人失望地离开了这家酒店。

案例评析:造成客人不满离开的主要原因是:

(1)前台主管在没有相应的折扣权限来满足客人要求的情况下,应及时向自己的上级领导汇报,求得帮助。

(2)员工的服务意识有问题,未能设法留住客人,增加酒店的销售。

(3)授权不足。酒店应调整以下制度:扩大对前台基层管理人员的授权,使前台基层管理人员在为客人服务时,有相应的权限来满足客人的一些特殊要求。这样既能提高服务工作的效率,又能多留住一些客人。在授权时要对员工进行相应的培训,建立有关监督考核机制和使用操作程序,使授权管理得到控制。此外还应建立有关激励机制、奖惩办法,增加员工销售工作的干劲。

6.注意推销酒店其他产品

在销售客房的同时,不应忽视酒店其他服务项目的推销,要使客人领悟到酒店产品的综合性和整体性。前厅服务人员销售酒店的其他服务项目时,应注意时间与场合。如客人在傍晚抵店,可以向客人介绍酒店餐厅的特色,还可以向客人介绍酒店内的娱乐活动;如客人深夜抵店,可以向客人介绍24小时咖啡厅服务或房内用餐服务;如经过通宵旅行,客人清晨抵店,很可能需要洗衣及熨烫外套,这时可向客人介绍酒店的洗衣服务。接待人员的推销如能契合客人的需求,客人不仅会乐于接受,而且会对此心存感激。酒店的服务项目,如果不向客人宣传,就有可能长期无人消费,因为客人不知道还有这些服务项目。其结果是,客人感到不方便,酒店也因此失去销售机会而影响营业收入。因此,前厅服务人员要细心地了解客人的需求,主动向客人销售酒店的其他服务项目,以增加酒店的营业收入。

知识拓展

客房销售的一般流程

三、客房分配技巧

能否迅速、准确地为客人排房是衡量前厅服务水平的一个重要标准,客房分配应根据酒店的客房使用情况和客人的具体要求等进行。对于团队客人和有预订的客人,一般可以预先分房;而对于没有预订的客人,分房与办理入住登记手续则要同时进行。不管是哪种情况,都应有一定的要求和技巧,以提高客人的满意度。

1. 排房原则与技巧

(1)针对性原则。主要是指根据客人的身份、地位、对酒店经营的影响等进行有针对性的排房。可以考虑将VIP和重要的团队优先分配。对其要安排豪华或较好及窗外景色优美的房间,安排时注意保密、安全、卫生及服务等。对于同一团队的客人应尽可能安排在同一层楼、同一标准的客房,尽量集中排房。针对老年人、行动不便的人或带有小孩的人,一般应安排在靠近服务台或电梯口的房间,以方便服务员照顾。

(2)特殊性原则。即指要根据客人的生活习惯、宗教信仰及民俗不同来排房。比如,生活习惯、宗教信仰及民俗不同的客人,应将他们的房间拉开距离或分楼层安排。

(3)因地制宜原则。主要是指根据酒店经营管理和服务的需要来安排客房。如尽可能将长住客集中在同一楼层。在淡季,从经营和保持市场形象的角度出发,可集中安排房间,还可以封闭一些楼层,而集中使用几个楼层的房间,以节约能耗,便于集中维护及保养客房。

客房销售及排房技巧

同步思考

前台服务员小赵,将同期抵店的几批客人做了以下安排,请你思考一下这样的安排是否妥当。

(1)来自瑞士的商务客人一行三人:大卫先生,1216号外景房,可见花园广场;威廉先生,1213号内景房;玛丽女士,1205号内景房。

(2)华威先生一家三口:1212号和1211号连通外景房,可见花园广场。

(3)中国台湾旅游团一行10人:1201号、1203号、1209号(外景房),1208号、1214号(内景房)。

理解要点:这样的安排不妥。

(1)商务客人对房价并不太在意,但对数字较为敏感,1213号房间正是客人所忌讳的。

(2)可见花园广场的外景房应安排给三位同行者中的女士。

(3)商务客人喜欢安静,将生活习惯不同的中国台湾观光客与之安排在同一楼层,多有不妥。

(4)观光客对于付同样的房价,却有内外景观的不同,可能会心存不悦。

(5)观光客在房间内时间短,晚间才回酒店,朝向可差些。

(6)家庭最好能够安排在连通房或相邻房中。

2. 排房顺序

预先为贵宾、团队和散客排房，不仅可以保证客人的需要得到满足，而且能使前厅、客房、餐饮等相关业务部门的正常运转具备稳定的工作基础。通常可按下列顺序进行排房。

（1）贵宾（VIP）。提前将这类客人的房间安排好，并及时通知其他部门和岗位。

（2）团队客人。由于团队用房量大，抵店前经常出现预留房闲置，离店后出现待售空房比较集中、数量多等状况，因此要注意采用相对集中排房的原则，尽量避免团队与散客、团队与团队之间的相互干扰，同时要便于行李接送。

（3）已付订金等保证类预订客人。

（4）要求延期的预期离店客人。

（5）普通预订但已通知具体航班、车次及抵店时间的客人。

（6）常客。

（7）无预订的散客。

（8）不可靠的预订客人。

对点案例

将不相识的男女分在了同一个房间

某酒店前台接待员小王安排了B4002房给刚入住的客人张先生，但在送走张先生后却发现B4002房刚已入住了一位女性客人李女士。原来在小王接待张先生的同时，旁边的同事在接待李女士，碰巧把这两位互不认识的客人安排到了同一间房间。小王在接待张先生时得知他会先去吃午饭然后再去房间，于是小王马上通过电脑做了B4002房的退房卡（Check-out Key），叫行李员进房用该卡触碰B4002房门感应器，这样就会让张先生和李女士同一房间手中的钥匙暂时失效。

过了一段时间，李女士来到前台说自己的房门打不开，小王解释说："房门感应系统出了小故障，让我帮您做条新钥匙，问题就可以解决了，给您造成了不便，十分抱歉。"李女士拿了B4002新钥匙走了。

过了午饭时间，张先生也匆匆过来前台说自己的房门打不开，小王忙解释说可能房门的感应器坏了，会马上叫工程部员工过去检查，现只能安排张先生到另一间房间A4012入住，并对给张先生造成的不便表示十分抱歉。

案例评析：重复安排房间是酒店较少发生的事情，但还是时常存在，其原因是多种多样的，有可能是因重复售房引起的，也可能是安排房间的接待人员看错房态而引起的。无论怎样，这种情况的发生所带来的负面影响是十分严重的。试想一位男客人一开门就看到一位素不相识的女客人在房间里，那是多么尴尬的事情，酒店的信誉将荡然无存，客人的投诉也是在所难免的事情。到时酒店不但要向客人道歉，还可能要向客人提供经济补偿，酒店形象也受到很大的损害。因此，前台管理人员要尽量避免发生类似的事情，做好客房销售的预测，准确销售好客房。首先，要避免重复售房；其次，要加强前台的内部管理，增强接待人员的责任心，避免因工作人员自己的原因给客人带来麻烦。如果发生这种情况，要及时灵活处理，不能让事情继续下去而产生可能的不良后果。本案例中，虽然接待人员排重了房，但随后的处理方法较为得体，尽管给客人造成了不便，但也巧妙地避免了更大的麻烦。

知识拓展

排房注意事项

任务二　酒店新媒体营销

任务导入

香格里拉酒店集团率行业之先，首次把虚拟现实（VR）体验引入全球酒店销售渠道，购置了VR设备，并为旗下超过四分之一的酒店制作了360°全方位视频供体验者观赏。旅游顾问、会议策划者和潜在公司客户可以佩戴VR设备，体验新科技的冲击力，真切地感受酒店全方位的服务设施和酒店当地景色，酒店也可以更完善地安排宾客在酒店的入住、餐饮或会议行程。香格里拉大酒店着眼于未来，以满足新一代追求更高品质的商旅客人和休闲客人的需求。酒店提供的免费高速无线网络无时无处不在；各处安置的充电站也可以随时为电子设备充电，方便快捷；此次VR技术的全面上线更加迎合了年轻旅客对尖端技术服务的关注。

任务分析

伴随着互联网和移动互联网的发展，酒店的营销理念和营销方式正面临变革。新媒体营销方式也逐渐成为酒店营销的重要方式之一。微博、微信、短视频、直播等常见新媒体平台已经越来越适应消费者的需求，逐渐成为品牌营销、市场推广的主要阵地。

一、点评管理

随着网络越来越发达，消费者更多地通过网络预订客房，而且在选择酒店前都会查看其他客人的点评，参考评论内容来做选择。所以对酒店来说，及时回复和处理客人的点评至关重要。酒店回复客人点评，说明酒店重视客人的感受和体验，尤其是对客人差评更要进行针对性的回复和处理。从另一个角度来说，客人评论往往也能反映出酒店的问题和不足，从客人那里直接了解到酒店在服务管理上存在的问题，及时进行调整和改善，对酒店的管理也能起到促进作用。网评处理基本工作流程见表8-1。

表8-1　网评处理基本工作流程

程　序	标　准
1.获取网评	(1)登录OTA后台分类查询网络点评信息； (2)将点评分为一般点评、优质好评和典型差评
2.无特殊点评时，应快速回复点评	精力集中，热情从容
3.优先处理差评	(1)深入理解差评，尤其是记录详细、图文并茂的差评，应优先处理； (2)诚恳地道歉； (3)告知酒店解决方案，征求客人意见； (4)及时回复和进行服务补偿
4.对于典型好评，扩大点评影响力	(1)及时回复并通过置顶等手段，提高好评被阅读的次数； (2)通过官网、微博转发等方法，扩大好评影响力； (3)尝试对客人进行二次营销

体验经济对服务行业，特别是酒店业提出了更高的要求，大数据时代、新媒体的发展，都对酒店业提出了严峻考验。社会化媒体已经深入企业运营的整个过程中，酒店企业所处的公众信息环境发生了变化，酒店企业应建立一套行之有效的舆情监管安全体系，系统地应对社会化媒体给企业带来的机遇和潜在威胁，铸就酒店口碑与提升服务。做好网络平台客户评价管理需要注意以下几个方面。

1.安排专人负责网评管理

酒店应高度重视网评内容，安排专人负责网评管理，为使管理工作开展顺利，最好是分管副总或者总经理直接负责网评管理。通过网评收集宾客意见，为经营管理提供参考。酒店高管负责网评管理，形成自上而下的管理压力，能更好地推动各部门关注网评，做好服务管理工作，最终提高酒店的网评得分，创造良好口碑。

2.网评回复要及时

对于网评要做到及时回复，以表示对客人意见的尊重，能在当天回复最佳。要做到网评回复及时，首先要求高度关注，无论是在工作时间还是下班期间，都能第一时间看到网评，并立即了解情况，最快时间内给予回复；其次要求各相关部门管理人员能快速查找客人信息，掌握网评信息；最后要求辅以制度管理，将网评管理和回复形成规定，并设置相应奖励和处罚措施。

3.回复要有针对性，切忌千篇一律

网评回复忌讳千篇一律，如"欢迎您入住××酒店，感谢您提出的问题，我们将加以改正，期待您下次入住"。诸如此类的网评回复，毫无新意，会引起客人反感，起不了任何作用，甚至会影响其他客人对酒店的选择。客人反映问题，是希望能得到酒店的重视，并在今后的服务中加以改进。因此，酒店对网评的回复应有针对性，一人一回复，对存在的问题，要了解清楚后给出详细的措施，充分体现酒店应有的态度。

4.网评回复客观、真实

有些网评属于投诉性质的，客人希望得到一个很好的解释，但酒店往往只是道歉，如"××事情,给您带来不便,敬请谅解"等。这样的回复没有正面回应问题,给人回避的感觉。因此,回复网评要建立在客观、真实的基础上,对于服务管理上存在的不足,要敢于承认,并采取有效的措施,避免再次出现。敢于承认错误,或许能赢得更多客人的好评。尤其是对客人差评更要进行针对性的回复和处理,如果酒店有客人的联系方式,除在网络上回复外,也最好联系客人跟踪处理。

5.认真整改网评反馈的问题

网评处理要及时回复外,还要将措施落到实处,对于存在的问题,相关部门要认真讨论对策,通过调整操作程序、加强内部管理等措施,加以改正,避免再次出现同样的错误。部门还要举一反三,考虑是否还有其他问题可能会造成差评,在不断的完善中,逐渐提高网评得分。网评反馈问题的整改,由质检部负责监督,一旦整改不力,必须进行相应的处罚,否则将流于形式,问题会再次出现,服务质量永远得不到提高。

6.网评信息及时通报

信息不能只停留在管理层,要通过内部信息渠道,让全体员工都能看到网评、关注网评,充分利用微信群的强大功能,及时发布网评信息。一方面会增加部门的管理压力,促使部门加强管理,提高服务质量;另一方面全员关注,可以形成良好氛围,共同做好服务质量管理工作。

7.对于恶意差评,加强与网络公司的沟通

网评中也会出现恶意差评,一旦出现此类情况,营销部要及时与网络公司相关负责人联系,把具体的事情以书面形式发给对方,希望网络公司能及时与客人取得联系,尽量删除差评。同时,这也可以督促网络公司加强网评管理,网评需要建立审核制度,不能随意发布。

二、流量获取与转化

1.新媒体与流量

(1)新媒体。新媒体是利用数字技术,通过计算机网络、无线通信网、卫星等渠道,以及电脑、手机、数字电视机等终端,向用户提供信息和服务的传播形态。在酒店业,新媒体营销是指运用互联网,尤其是移动互联网技术传播和推广酒店企业品牌、产品等信息,最终实现酒店营销的过程。本质上看,新媒体营销只是一种获取流量的手段,并不属于直销或者分销。如果是酒店企业或者酒店集团使用新媒体获取流量,并实现了转换,就属于直销;如果是分销机构使用新媒体获得流量,则归类为分销。

(2)公域流量与私域流量。随着社交电商的蓬勃发展,传统PC电商的成交阵地正在慢慢地向社交电商转移,流量的获取成本变得越来越高,出现了公域流量和私域流量的概念。公域流量,比如淘宝、京东这些大的流量平台,所有的流量都要花成本获取,而且越来越贵,这里的"花钱买"指的是广告推广、排名推广、搜索引擎等。与公域流量对应的是私域流量,私域流量指的是品牌或个人自主拥有的、无须付费的、可反复利用的、能随时触达用户的流量。如微信公众号、微博、头条号、抖音等社交媒体账号的关注者,这个流量池里聚集的是品牌或个人的粉丝、客户和潜在客户。当酒店企业发布营销、产品、促销等信息时,粉丝可以马上获取这些信息,既可以促进客户成交,也

知识拓展

酒店点评管理的内容与方法

可以通过粉丝转发形成传播和销售。

举例来说，公域流量就像大海，刚开始鱼多，捕鱼的人少，即便捕鱼的技术一般，也能有所收获。随着捕鱼的人越来越多，捕鱼的成本就会越来越高，且捕到鱼的数量越来越少，于是很多人开始自建鱼塘养鱼，这样捕鱼的成本低，也更容易捕到鱼了，还能租出去让别人钓鱼，自建鱼塘就是私域流量。

2.酒店网络推广

除了常见的搜索引擎、垂直搜索等，流量争夺已经成为企业网络营销主战场，随着互联网技术的发展、支付体系的完善，在各类网站、应用程序、地图软件（百度地图、高德地图等）、短视频平台（抖音、快手、西瓜等）、直播平台（斗鱼、映客、虎牙等）甚至视频平台（爱奇艺、腾讯视频等）添加销售链接成为可能。另一类新的推广模式是以今日头条为代表的新平台，其本质是根据用户的浏览记录，通过人工智能进行个性化推荐，并结合旗下抖音、西瓜视频等平台实现流量转换，今日头条可以看作"个性化的搜索引擎＋浏览器"的结合。

随着技术的发展，出现了两个方面的趋势。一个是网络推广与营销的界限越来越模糊，营销网站可以自带点评、视频播放、直播等功能，实现"一边推广，一边营销"，而推广网站也可以实现网上商城功能，直接点击完成预订，已经很难分清一个网站到底是营销网站还是推广网站；另一个趋势是推广已经无法区分是直销还是分销，当一个广告或者一段视频推广了某家酒店，如果最终的链接是酒店官网，则可以看作直销，如果最终链接到某OTA网站，则应被视为分销。同时，出现了社会营销、新媒体营销等多种概念。

进入21世纪，网络订房似乎已经成为一种发展趋势，除了携程、艺龙等知名公司以外，还有上百家网络订房公司为社会公众提供订房服务，这一方面为酒店提供了一种预订渠道，增加了酒店的客源。但另一方面，这些公司又开出了非常苛刻的条件，有的甚至提出要2~3折的房价，极大地压低了酒店的利润空间，而有些客人订了房又不来，增加了管理的难度，但如果不接受这些网络中介订房，酒店又少了一个预订渠道，影响了开房率。面对这种情况，酒店到底应该如何选择？酒店销售必须依靠OTA吗？

理解要点：随着网络的普及与发达，在商务或观光旅行之前，登录订房网站预订酒店，已经成为许多时尚人士的"必修课"。因此，网络订房平台也可以看成酒店可选择的广告媒体。尽管网络订房会压低酒店的利润空间，但网络订房减少的利润相比酒店在其他广告媒体上投入的广告费用来说要少得多。而且，网络订房为人们提供了一种快捷便利的预订方式，缩短了酒店与客人的距离，减少了酒店异地促销的成本，何乐而不为呢？

对于很多中小酒店来说，酒店投入的资源与来自网络的预订量是不成正比的。因此，选择信誉度高、访问量大、后台营销管理完善的网络订房平台作为酒店的合作伙伴是酒店较好的选择，这样酒店在网络订房管理方面也会方便许多。

在收到网络预订时,预订处应该关注客人的到店时间,以决定是否接受预订。另外,对于网络订房客人订房未到的情况,在酒店经营旺季,通常可以采取担保订房的方式,由网络订房平台提供担保,减少客人未到给酒店带来的风险和损失。

另外,要具体问题具体看待,首先要看酒店的规模、位置、定位。有些酒店必须依赖OTA,有些酒店可以不用依赖OTA,市场不同、定位不同,对OTA的重视程度也不同。比如市中心的单体酒店与OTA建立紧密的合作是酒店的生存之道;对于会议和综合性的酒店,OTA也只能算是一种补充。这个问题还要从酒店自身出发,找准客源结构,定位好自己的客源市场,分析好自身优劣势,理性地看待OTA客源在自己酒店的市场占比是怎样的,从而正确地与其合作,方能使酒店在经营中占有主导地位。

任务三 前厅经营报表与指标分析

表8-2所示是华美达酒店各类客源分析,可以看出,协议散客占华美达酒店客房比重的半壁江山,而且除自来散客外,其他账户类型(基本上为合约价位的协议客人)的平均房价大都低于客房469.35元的年平均房价(本月团会房价较以往偏高)。由此可见,协议客人(协议散客、旅行社散客、团会)是华美达酒店获得稳定出租率的重要保证。因此,增加团会的接待,有选择地接纳停留时间长的协议散客,在节假日及周末旺季增加旅行团的接待,都将是稳定出租率的有效措施。自来散客是提升平均房价的重要保证,因此,根据外界因素的影响预测市场需求(如恶劣天气可能影响出租率),为自来散客控制各类房型配额,出台房价打包政策及周末优价策略,做好自来散客的维护工作,都有可能增加更多自来散客从而带动平均房价的提升。

表8-2 基于账户类型分析(以2021年6月10日报表累计全年为例)

账户类型	协议散客	旅行社散客	团会	自来散客
占房比例/(%)	57.20	15.65	9.42	17.73
平均房价/元	458.24	457.76	472.39	656.03

作为酒店经营活动的中心和信息中心,前厅部是酒店较为敏感的部门,随时反映酒店客房出租的现状和趋势变化,掌握着酒店经营管理所必需的大量信息和统计数据。前厅部也将借助包括报表制度在内的信息传导系统,协助酒店管理机构调度指挥酒店业务经营活动,并为酒店今后选择经营方向、调整营销策略、改善管理方法提供重

要参考依据。如今利用酒店管理信息系统,酒店经营管理者可以随时了解酒店当前经营情况,利用系统提供的经营数据进行酒店经营管理决策。

一、前厅部经营报表

作为酒店经营活动的中心和信息中心,前厅部要利用经营管理过程中获得的各种统计信息资料,分析和研究客房产品经营状况及对策。前厅部经营报表的制作通常是由前台夜班人员负责的。随着计算机技术在前台管理中的应用,前厅部使用的各种报表基本上都是通过计算机制作而成(有些报表由计算机自动生成),实现前台管理的无纸化作业。

1.客房营业日报表

客房营业日报表(见表8-3)可以全面反映酒店当日的客房营业状况,一般包括各类用房数、各类客人数、客房出租率、客房收入以及当月累计和去年同期的统计数据等内容。

表8-3 客房营业日报表　　　　　年　月　日

一、客房情况			
	当天	本月累计	去年同期
客房总数			
酒店自用房			
维修房			
免费房			
可出租客房			
已出租客房			
客房出租率			
客房收入			
平均房价			

二、客人情况					
预订情况	人数	房数	离店情况	人数	房数
预订			原定今天离店		
预订未到			延长停留		
预订取消			提前离店		
按预订已到			今天实际离店		
其中:团队			明天预期离店		
未预订开房			明天预期抵店		
续住			明天预期在店		

续表

实际在店			明天预计空房		
其中:散客			备 注		
团队					
长住客人					
VIP					

2.客房收入报告

客房收入报告(Rooms Revenue Report)是详细反映酒店每间客房收入情况的报告(见表8-4)。

表8-4 客房收入报告　　　　　　　　　　　年　月　日

| 房号 | 房间类型 | 客人性别 | | 收入 | | | 国籍 |
		男	女	房价	实际收入	备注	

3.在店团队统计表

在店团队统计表(见表8-5)反映在店团队客人的信息。

表8-5 在店团队统计表　　　　　　　　　　年　月　日

| 序号 | 团队编号 | 团队名称 | 到店日期 | 离店日期 | 用房数 | 人数 | | 转账款项 | 现收款项 |
						外	内		
1									
2									
3									
4									
5									
6									

续表

序号	团队编号	团队名称	到店日期	离店日期	用房数	人数 外	人数 内	转账款项	现收款项
7									
8									
9									
10									
合计									

送：总经理室、销售部、收银处　　　　制表人：

二、主要经营指标分析

1. 客房出租率

客房出租率（Occupancy，简称 OCC），又称入住率，是反映酒店经营状况的一项重要指标，是指酒店实际出租客房数占酒店可供出租客房数的百分比。其含义是在酒店可供出租的客房数量基础上，通过销售出去的客房数量来衡量酒店对客房销售的能力。计算公式为：

$$客房出租率 = \frac{实际出租客房数}{可供出租客房数} \times 100\%$$

特别需要注意的是，可供出租客房数不包括酒店自用房、维修房以及客人因各种原因调换出的不能用于出租的房间。使用这个公式，我们可以根据酒店收益分析的统计需求，计算出日平均客房出租率、月平均客房出租率、季平均客房出租率、年平均客房出租率。

例如，一家酒店共有客房 105 间，1 月份共售出房间 2832 间/夜，每天都有 1 间自用房和 1 间维修房，那么该酒店的客房出租率为：

$$\frac{2832}{(105-1-1) \times 31} \times 100\% \approx 88.69\%$$

酒店客房出租率越高，说明实际出租的客房数量与可供出租的客房数量之间的差距越小，客房的闲置率越低，酒店的经营业绩越好；相反，客房的出租率越低，说明实际出租的客房数量与可供出租的客房数量之间的差距越大，客房的闲置率越高，酒店的经营业绩越差。

2. 平均房价

平均房价（Average Daily Rate，简称 ADR）是指酒店实际客房营业净收入与酒店已出租的客房数的百分比。在酒店客房产品中，由于存在不同类型的客房，如标准双床房、标准大床房、单人房、套房及豪华套房等，特别是随着时代的发展和消费者需求的不断提高，酒店也由原来传统的综合型、商务型和会议型酒店发展到现在的度假型、主题型、时尚型、精品型、经济型及公寓式酒店等。随着酒店类型的增多，便衍生出更多类型的客房产品，如商务房、海景房、主题客房、家庭房、无烟房及带有厨房的公寓式客房等。

每一种不同类型的客房都对应着不同的销售价格,以一家有5种客房产品的酒店为例,客房价格体系中房价数量可能多达几十种。那么,用哪一种产品的价格来衡量酒店的综合价格水平呢?实践证明,用任何单一产品的价格来衡量酒店的综合价格水平都是不科学的,只有平均房价才是酒店不同类型客房综合价格水平的体现,平均房价成为代表酒店综合价格水平的一项重要指标。其含义是将已出租的各类客房的价格进行综合折算后得出的一个平均销售价格,计算公式为:

$$平均房价 = \frac{客房营业净收入}{已出租的客房数} \times 100\%$$

其中,客房营业净收入是指酒店净房费收入,不含早餐、康乐等房价外收入。如果房价中包含早餐或康乐等项目,在计算平均房价时应将这些单项费用剔除。平均房价根据不同的时间段,可分为日平均房价、月平均房价、季平均房价和年平均房价等。

3. 每间可供出租客房收入

每间可供出租客房收入(Revenue per Available Room-night,简称 RevPAR),又称单房收入或销售指数,是指酒店已出租客房营业净收入与酒店可供出租客房数量的百分比。其含义是指在确定的时间周期内,将客房营业净收入按客房出租率折算后所获得的每间可供出租客房的收入。其计算公式为:

$$每间可供出租客房收入 = \frac{客房营业净收入}{可供出租客房数} \times 100\% = 客房出租率 \times 平均房价$$

从公式中可以看出,每间可供出租客房收入指标与客房出租率和平均房价呈线性函数关系。当客房出租率不变,平均房价提高,每间可供出租客房收入相应提高;当平均房价不变,客房出租率提高,每间可供出租客房收入也相应提高。

例如,甲酒店有100间客房,3月实现平均出租率90%,平均房价300元/间天;乙酒店同样有100间客房,同月平均客房出租率为85%,平均房价为320元/间天,甲、乙两家酒店哪一家经营业绩更好?

单看出租率指标,显然是甲酒店的业绩更好。但从平均房价指标来看,是乙酒店的业绩更好。可以通过比较两家酒店的总收入来判断。甲酒店本月客房总收入为$100 \times 90\% \times 31 \times 300 = 837000$(元),乙酒店本月的客房总收入为$100 \times 85\% \times 31 \times 320 = 843200$(元),显然乙酒店的经营业绩比甲酒店好,因为乙酒店比甲酒店多挣了6200元。

根据每间可供出租客房收入的计算公式,甲酒店的 RevPAR 为$300 \times 90\% = 270$(元),乙酒店的 RevPAR 为$320 \times 85\% = 272$(元)。说明 RevPAR 值越大,客房收益越高;反之,客房收益越低。

4. 收益率

收益率(Rate of Return)是指规定时间内实际客房收入与潜在客房收入的百分比。其计算公式为:

$$收益率 = \frac{实际客房收入}{潜在客房收入} \times 100\%$$

$$实际客房收入 = 实际平均房价 \times 实际出租客房数$$

$$潜在客房收入 = 门市价 \times 可供出租客房数$$

英语积累

名　词	英　文
客房收入报告	Rooms Revenue Report
客房出租率	Occupancy(OCC)
平均房价	Average Daily Rate(ADR)
单房收入/每间可供出租客房收入	Revenue per Available Room-night(RevPAR)
收益率	Rate of Return
升级销售	Up-sell
客房分配	Room Assignment

项目训练

一、选择题

1. 以下对"排房顺序"描述正确的是(　　)。
   A. 团队客人、VIP、已付订金预订客人、要求延期的预期离店客人
   B. VIP、团队客人、已付订金预订客人、要求延期的预期离店客人
   C. 团队客人、VIP、常客、要求延期的预期离店客人
   D. 团队客人、VIP、常客、已付订金预订客人

2. (　　)是指将房价放在所提供服务的项目中进行报价。
   A. "冲击式"报价　　　　　　　　　　B. "鱼尾式"报价
   C. "夹心式"报价　　　　　　　　　　D. 以上都不对

3. 与注重实惠的一般散客洽谈房价时,下列做法不恰当的是(　　)。
   A. 多采用从中向高的报价　　　　　　B. 避免硬性推销
   C. 可引导、帮助客人进行选择　　　　D. 可考虑从中向低的报价

4. 在向客人讲解酒店产品时,为引起客人的兴趣,下列做法欠妥的是(　　)。
   A. 针对客人的不同需求,采用不同的产品推介方式
   B. 针对客人的不同动机,采用不同的产品推介方式
   C. 通过与其他酒店比较,显示本酒店的优势,贬低其他酒店
   D. 尽可能与客人产生共鸣

5. 下列分配客房做得不对的是(　　)。
   A. 对于一般的客人,特别是零散客人,要针对性地做好分房工作
   B. 对于年老、行动不便或带小孩的客人,一般应安排在低层楼面,离服务台较近的房间
   C. 对于新婚或合家住店的客人,一般要安排较好的或豪华的房间
   D. 对于团队客人,应尽量安排在同一层楼,客人所住的房间标准也要相同

6.对于团队客人,一般应安排在(　　)的房间。

　　A.豪华　　　　　　B.同一层楼　　　　　C.较好的　　　　　D.较安静

二、基础训练

1.客房销售应注重哪些技巧？常用的报价方式有哪几种？

2.客房销售对员工有哪些要求？

3.网评处理的基本工作流程是怎样的？

三、技能训练

实训项目	客房销售
实训目的	通过实训,明确销售客房的基本知识、程序,掌握销售客房的方法和语言技巧
实训要求	针对散客特点推销不同档次的客房
实训方法	1.教师首先讲解示范,说明训练要求及训练时的特别注意事项,然后将学生两人一组分为若干个训练小组; 2.给出学生训练操作程序及训练标准,要求学生根据训练的程序、标准去做;操作程序:观察、沟通了解客人需求→使用语言技巧推销客房→采用不同的报价技巧→促使成交; 3.学生分组分别扮演接待员及客人的角色,进行客房销售情景模拟; 4.教师不断巡视、指导、示范、检查,纠正个别错误,集中讲评一般错误; 5.课堂总结。针对实训情况进行评价,要求学生能够扬长避短,课后进一步进行情景模拟训练
实训总结	对客房销售中几个环节的要点进行总结

学生签名：

日期：

项目九
前厅服务质量管理

  项目目标

素质目标
1. 培养踏实肯干的劳动素养和精益求精的工匠精神。
2. 具有良好的服务意识及较强的应变能力。

知识目标
1. 了解前厅服务质量的构成和特点。
2. 熟悉前厅服务质量控制过程与方法。
3. 掌握收获好评的方法。

能力目标
1. 能够对前厅部主要服务项目质量进行有效控制。
2. 能够对网评分数进行有效管理。

 **知识导图**

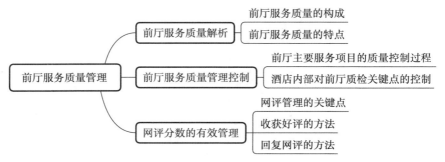

任务一 前厅服务质量解析

小杰工作的酒店位于黄山市,暑期正值旅游旺季,酒店游客爆满,小杰像往常一样迎送客人,帮客人搬运行李。一天,一对来自北京的老年夫妇走向小杰,向他询问明日去黄山旅游的路线以及时间等信息。小杰很热情地用平时积累的黄山旅游知识,为客人详细介绍了黄山的景点、游览路线、行程时间、所需物品等内容,而且还想到了客人起早离开的早餐问题,提出为其准备打包早餐。考虑到老人身体的原因,小杰提出帮他们准备登山杖,预约车辆。这对夫妇对于小杰的周到体贴服务很感动,表达了感谢之意,并表示下次来黄山还会入住这家酒店。这则案例中,小杰提供的细致服务、情感服务、超常服务,使客人感受到了如家般的温暖,赢得了客人"满意加惊喜"的感激之情,迎来了回头客,有助于酒店品牌的塑造。

前厅部是酒店经营管理中的一个重要部门,是酒店开展业务活动及实施对客服务的综合性部门。在酒店中,客房是主要产品,销售客房是酒店的主要经营项目之一。前厅部与酒店的收入直接相关,而且其所处的位置能最大范围地接触客人和处理各类问题,因此,前厅部作为酒店举足轻重的部门,其服务质量尤为重要,部门运转好坏不仅直接影响客房的出租率和经济效益,而且能反映出一家酒店的工作效率、服务质量和管理水平的整体面貌。

一、前厅服务质量的构成

1. 前厅服务环境

良好的前厅服务环境能满足客人的精神享受,从而对整个酒店的服务留下深刻的印象。前厅服务环境的质量主要表现在服务布局合理、建筑形式具有特色、内部陈设现代化、各种装饰艺术化等方面。

2. 前厅服务设施设备

前厅对客服务中主要有两大类设施设备:一类是直接供客人使用的,比如大堂的多功能查询机,其完好程度、性能直接影响到客人的使用;另一类是服务人员用以向客人提供服务的,如前台计算机管理系统、电话系统,商务中心复印、打印设备等,如果设

前厅服务
质量解析

备性能不佳,也会影响到内部操作和向客人提供服务。

3.前厅服务行为

前厅服务行为即前厅员工用劳务形式直接提供服务的行为动作,是前厅服务质量的主要表现形式,其水平也较难控制。

(1)服务的规范性,即准确、可靠、按时、保质保量、规范地向客人提供所承诺服务的能力。

(2)服务的具体性,即具体可以看见的人员、设施设备等诸多因素。客人通常是通过酒店的硬件条件和环境以及员工的仪容仪表、礼貌礼节、服务技能等来判断酒店的服务质量。

(3)员工的情感投入,即员工在对客服务过程中所表现出来的对客人的关心和重视,这取决于员工的事业心和责任心。热情周到的服务才能赢得客人的满意和忠诚。

酒店行业一直提倡"客人是上帝、客人永远是对的"理念,可是经营过程中会遇到形形色色的客人,客人的素质有高有低,请问面对素质较低的客人,还必须秉承这个理念吗?有没有什么好的办法回应这些客人?

理解要点:作为酒店从业人员,我们无法选择客人,只能客人选择我们。客人无论素质高低,只要进入酒店,就是我们要尊重的贵宾,我们要秉承"顾客第一,服务至上"的原则为客人提供温馨周到、体贴关怀的亲情服务。举个例子,在广州有一家酒店,服务员见到客人丢在地上的垃圾会主动地捡起,很多扔垃圾的客人看到自己扔在地上的垃圾被服务员捡起来,觉得非常不好意思,就不会再随地乱扔垃圾了。这样无形之中也提升了客人素质。要相信,酒店好的行为与理念可以影响到客人的行为。

二、前厅服务质量的特点

1.构成的综合性

前厅服务质量的每一个构成因素都由许多具体内容构成,贯穿于前厅服务的全过程。综合性的特点要求酒店管理者树立系统的观念,提高整体服务水平。

2.评价的主观性

前厅服务质量的评价是客人享受服务后根据其物质和心理的满足程度进行的,因而带有很强的主观性。因此,前厅部员工要通过细心观察客人,了解客人的需求,为客人提供符合其需求的服务。

3.显现的短暂性

每一次具体的前厅服务的使用价值只有短暂的显现时间,即每一次服务过程只能一次性享用,不能储存,如宾客进店时礼宾员微笑问候。因此,前厅部员工要做好每一次服务工作,争取每一次都能使客人满意。

4.内容的关联性

客人对前厅服务质量的印象,是通过其抵店前预订直至离开酒店的全过程而形成的。前厅部各岗位员工的具体服务活动相互关联,影响着客人对酒店服务的整体评价。

5.对员工素质的依赖性

前厅服务质量是在有形产品的基础上,通过员工的劳动,给客人以服务感受而表现出来。因此,前厅服务质量对员工的素质高低和管理者的管理水平高低有较强的依赖。

6.情感性

前厅服务质量还取决于客人与酒店之间的关系。关系融洽,客人就比较容易谅解酒店的难处;反之,则容易借题发挥。因此,前厅服务人员要从客人的角度考虑自己的工作行为,维护酒店与客人之间的良好关系。

任务二 前厅服务质量管理控制

早上8点半,酒店要举办一场有100多人的会议,从7点开始就陆续有客人抵达酒店。8点左右在酒店大堂进出的人群中有一位客人着急地来到礼宾部,称自己是来参加会议的,是坐公交车到酒店的,但匆忙之中在下车时把自己的公文包忘在了车上,不知道能不能找到。礼宾员小张听到后说:"请您不要担心,我们可以帮您联系公交公司的调度室问一问,可能东西还在车上。要不您把当时具体情况告诉我,我马上帮您联系。"客人听到后情绪稍微稳定下来,将具体情形告诉了小张。小张先让客人上楼去开会,然后马上外出赶到距离酒店最近的公交车调度室。他将客人的情况和调度员讲明,果然客人遗忘在车上的物品正在调度室里,当时公交车司机发现后就放在了这里。回到酒店后,小张联系到客人,并请客人一一核对物品。客人非常感谢小张细致周到的服务,连声夸赞。作为一名礼宾员,小张不仅完成了日常岗位工作,还体现了"金钥匙"的功能,努力为客人解决问题,快速高效地满足客人的需求,将服务做精做细,创造了"满意加惊喜"的对客服务效果。

前厅部是酒店管理系统的中枢,前厅服务的好坏直接影响酒店的总体形象。做好前厅服务质量管理工作,是所有酒店管理者共同努力的目标和日常管理的核心部分。

前厅服务质量管理控制是指采用一定的标准和措施来监督和衡量服务质量管理的实施和完成情况,并随时纠正服务质量管理目标的实现。它是从全局出发,把前厅部作为一个整体,以控制前厅服务全过程、提供最优服务为目标,以服务质量为管理对象而进行的系统管理活动。

一、前厅主要服务项目的质量控制过程

前厅主要服务项目的质量控制过程包括阶段控制和内容控制。

1. 阶段控制

(1)事前阶段。事前服务质量控制是提高服务质量的前提条件,其根本目的是贯彻预防为主的方针。根据前厅服务质量管理标准,贯彻"教育为先,预防为主"的方针,做好有形产品和无形劳动两大方面的充分准备,以确保客人到来之前有备无患。如设施设备的安全程度、舒适程度以及配备的合理程度,服务人员的岗前培训、在岗培训,重要接待任务的思想动员等。

(2)事中阶段。服务过程中的服务质量控制,重点包括以下两个方面。

① 层级控制。即通过各级管理人员一层管一层地进行,主要是控制重点程序中的重点环节,如客房预订、前台接待等。

② 现场控制。各级管理人员要尽可能深入服务一线去发现服务质量中的问题,及时处理,如处理客人投诉要及时,在客人离店前消除不良影响。

(3)事后阶段。事后服务质量控制是指及时收集各种信息,并对各种信息进行分析,及时发现问题,找出原因,从而有针对性地采取措施,保证前厅服务质量目标的实现。根据前厅服务质量管理的结果,对照酒店服务质量标准,找出服务质量差异及其产生的原因,及时、主动地与客人沟通,提出有效改进措施,避免过错再次发生。

2. 内容控制

(1)设施设备与用品。计算机、电话、打印机、房卡、保险箱等前厅设施设备先进完好,无故障;保证办公用品和各类表格文件存量充足。

(2)服务程序与标准。准确测定各岗位服务人员的工作效率;制定各服务项目的标准服务程序和工作定额;通过针对性的系统培训,确保服务人员掌握过硬的业务技能和丰富的业务知识;必须具备良好的语言交际和沟通能力;能够熟练地使用和操作有关接待服务的设施设备。

(3)服务态度和能力。服务人员应具有良好的职业道德和职业素养,有为客人提供优质服务、情感服务的主观愿望;注重仪容仪表,言谈举止规范得体;微笑、主动、细致、快捷,时刻保持饱满的精神情绪和良好的工作状态;快速办理入住登记、结账离店、兑换外币、贵重物品保管等业务;按规程向客人提供电话转接、客房预订、问讯留言、行李寄存、传真复印等服务;严格在标准时限内完成前厅各项对客服务。

(4)服务效果与控制目标。在事前、事中、事后阶段,前厅各岗位的对客服务均遵守酒店规定,能够在标准服务时限内完成各项服务,能够处处为客人着想,满足客人的明确要求。

二、酒店内部对前厅质检关键点的控制

1. 时间与服务效率控制

服务效率与服务质量息息相关,效率的高低是衡量服务质量的重要参数。服务效率的高低主要取决于员工操作技能的熟练程度和被激励程度两个因素。因此,不少酒店都在积极采取措施,一方面通过加强培训来提高员工的操作熟练程度,另一方面尽量调动员工的积极性,并在此基础上对服务效率提出量化要求。其基本含义如下。

(1)酒店工作人员应该掌握在限定时间内完成相关工作的技能技巧。

(2)酒店工作人员在具备基本技能后,必须在限定时间内完成操作。

(3)并不是所有的服务都是时间越短越好,应控制在合理的时间范围之内。

实际上,客人是不可能对酒店服务效率计时的。对服务效率加以量化要求,纯粹是酒店内部的一种管理方式,其主要作用在于督促员工在限定时间段内完成某项工作,或告诉员工完成某项工作大概应用多少时间。客人对服务质量的认可是非量化的、模糊的,最终是一种感觉,是包括时间与效率在内的各种因素综合在一起而产生的直觉判断,如"好"或"不好"、"满意"或"不满意",并由此形成思维定式,进而影响其在以后与酒店接触的各个阶段的感觉。为了保证前厅的高水平服务,必须强调时间及效率管理。但是,服务现场是变化莫测的,前厅服务又具有服务过程较短、服务时间性很强、服务方式较灵活等特点,所以不能将前厅服务标准及程序固定量化和细化,而只能规定最基本的程序与步骤,留一定弹性供服务员取舍变化。服务员更不可以机械地执行任何量化的时间标准,而应该根据现场的具体情况灵活运用。

2. 质量标准与现场执行控制

酒店的质量标准往往是用文字条例的形式规定员工在酒店里的行为规范和行为准则。制定质量标准是为了保证酒店的服务规范,而要达到规范的目的,就必须确保组织成员人人遵守规则、执行标准。不论是对哪一级、哪一层的检查,在具体执行时都要考虑以下三个结合。

(1)"明"和"暗"相结合。明查可以了解到被检查部门(岗位)在较为充分的准备之后的服务质量状况,虽然可能因事先的准备和"装饰"而缺乏真实性,但可以反映出酒店服务质量在临近自己最高水平时的基本状态;与明查相比,暗访尽管会发现较多的问题,但它反映的情况却是真实的。

(2)"点"与"面"相结合。所谓"点",就是以检查人员的身份出现,对事先确定好要检查的部门(岗位)进行的检查。所谓"面",就是模拟来店客人,从进店入住登记开始,依次在酒店各个场所出现并进行各种活动,直至最后办理离店手续的检查。这种检查可以弥补传统检查容易疏漏许多部位门(岗位)的缺陷。

(3)"前"与"后"相结合。检查要强调连续性,就是在每一次检查前,注意对前次检查的回顾和总结;每一次新的检查,都要特别注意对前次所查问题的复查。

前厅管理人员在检查过程中,要结合前厅服务的业务特点和现场实际情况,重点检查前台接待、问讯、礼宾服务、前台收银、公共区域的卫生清洁等质量标准执行情况,严格、全面、细致、公正、客观地做出评估、总结和处理。

知识拓展

前厅服务质量控制的特征与要求

任务三　网评分数的有效管理

随着科技和网络的发展,如今的酒店点评不再是过去简单意义上的评论,已经发生了质的转变,由过去顾客对酒店服务简单表扬与批评变为多内容、多渠道和多维度的客观真实评价,顾客的评价内容更加趋于专业化和理性化,发布的渠道也更加广泛。因此,如今的酒店点评不仅受到酒店管理者的重视,更受到顾客的高度关注。

据了解,超过70%的顾客在订房前都会浏览酒店的点评。因此,酒店的点评成为顾客是否决定预订这家酒店的主要参考依据。由此可以看出,酒店的点评现在已经成为顾客衡量酒店服务质量和产品价值的重要因素。从不同方面和渠道收集酒店顾客的点评数据,再进行分析和研究,可以帮助酒店进一步洞悉顾客的消费心理和消费行为,深入了解酒店产品的质量,以及存在的问题。这样有利于改进酒店的产品,提高服务质量,从而提高顾客对酒店的忠诚度。

对酒店行业而言,顾客体验的是酒店的产品与服务,顾客体验的感受一方面会留在顾客的记忆中,另一方面会以点评的方式抒发并分享。点评网站、社交网站和自媒体平台是展示顾客体验感受的重要媒介,同时也服务于体验经济,是酒店自我评估服务质量及产品质量的重要渠道。

一、网评管理的关键点

在互联网发达的今天,酒店的一个重要销售渠道就是各种OTA平台,许多酒店依赖OTA平台获取大量的客源,提高知名度。加强酒店的网评管理,不断提高网评分数,能争取更多新顾客的信任,利用好评引流,提高顾客转化率,增加酒店订单。酒店管理者要时刻关注自己和竞争对手的网评情况,做到知己知彼。

网评管理中有四个要素非常关键,即点评条数、点评分数、点评内容、点评回复。

第一,点评条数越多意味着酒店人气越高,越被消费者信任。酒店要争取尽可能多的顾客点评。前台要总结相关的话术和流程,鼓励并引导客人在网络平台上给予点评。

第二,酒店要不断提高顾客的点评分数。要了解不同平台评分的影响因素,遵守平台规则,如通过增加好评数量、提高订单5分钟确认率、保证平台预留房数量、降低拒单率、参与平台活动等办法提高酒店的总体评分,增加曝光量。

第三,增加消费者的优秀点评内容。能够对其他消费者有正面影响的点评一定是有图、有文、有故事、有真情的点评。这就要求酒店要主动设计并提供优质服务,提升顾客的体验感,增加酒店软硬件产品的"可晒性",形成客人的兴奋点和记忆点,刺激客人主动拍照和分享。

第四,珍视每一条顾客点评,用心回复。掌握好评、差评的回复技巧,点评回复的目的不仅仅在于维护与老客户的关系,更多地是将其他浏览中的潜在客户变成新客户。

二、收获好评的方法

前台工作人员不仅要引导客人积极在网上对酒店做出评价,更重要的是要收获客人更多数量的好评,前台要做好关键性触点服务,达到并超出客人预期。

1.做好客人到店前的准备

客人到店前,发送问候短信,提前告知酒店位置以及入住城市天气,推荐快捷交通方式。询问客人有无特殊需求以便提前安排,比如对于带孩子出游的家庭,要提前准备相关物品。提前做好房间分配,确保不把问题房间留给客人。

2.打造良好的第一印象

客人入住的前10分钟是对酒店形成印象的关键时刻,酒店应全方位为客人打造良好的第一印象。当客人抵达前台后,高效准确地为客人办理入住,注意称呼客人姓氏。通过热情的问候、亲切的目光让客人感受到欢迎,可以融入特别的欢迎仪式。如亚朵酒店非常重视与客人的"初见"时刻,设计特别的"奉茶服务",前台接待员会为刚刚下榻酒店的客人双手奉上刚沏好的亚朵茶,表达感谢和感恩。丽思卡尔顿酒店为每位到店的VIP客人分配一位"守护天使",一对一为客人提供在店服务,让客人备受尊宠。

高分网评酒店获得客人点赞的部分做法:前台给办理入住客人的身份证加护套,房卡精心设计,体现地方文化或酒店特色;前台和客房走廊都摆放各类小食、水果和瓶装矿泉水,客人可免费食用;"深夜粥到",为晚上8点后入住的客人提供免费的养生粥和小菜;等等。

3.温馨带房服务

行李员或客户关系主任可在客人同意的情况下将其引领至客房,协助做好行李搬运服务。在引领进房的过程中,可适当与客人展开沟通,介绍当地旅游景点、店内服务设施及服务时间、房间的特色亮点,通过交流,发现客人的需求,提供主动服务,如旅游咨询、餐饮预订等。

4.做好客人的在店关怀

针对不同的人群给予不同的服务,制造超预期的暖心服务,更容易获得好评。对于家庭出游的客人,照顾到老人、孩子的特殊需求,可适当安排亲子房、家庭房或景观房;对于有特别出行意义的客人,如新婚客人、结婚纪念日客人等,可免费升级房间或对房间提前进行设计布置,让客人惊喜和感动;对于生病或有特殊要求的客人,做好关怀,竭尽全力满足其合理需求,让客人感受到温暖。

前台是酒店的信息中枢,也是客人住店期间寻求帮助的首选。前台人员要随时做好与客人的沟通交流,询问入住体验,发现问题,及时解决,做好信息的传递和服务的联动。如某酒店设立"宾客服务快速响应"微信群,由酒店大堂副理、宾客关系经理主导,各运营部门经理协同,一旦发现客人有任何不满或需要解决的问题,会在群里发布信息,制订解决方案,专人跟盯,大大提高了客人的满意度。

5. 真情相送

询问入住体验,确保客人情绪愉悦、没有问题地离店。离店赠送伴手礼,可以是当地特产、纪念品,也可以是符合时节传递美好的礼物,还可以是带有酒店特色的礼物,又或者是给客人路上补充能量的一瓶水或几块饼干。一定要处理好与常客、熟客的关系,做好服务,他们是争取好评的最佳客户群体。

6. 离店回访

短信祝福客人旅途顺利。进行电话回访,关心问候,提醒客人给予好评,欢迎下次光临。

7. 员工培训、授权和激励

做好员工的服务流程、个性化服务技巧和应急预案的培训。授权员工给客人创造惊喜和快速处理问题的权限。对于客人超出权限或不合理的要求,员工要快速向上级反映,并告诉客人回复时间。

做好前厅、客房等相关人员的激励政策。如某酒店为了获得更多的宾客好评,采用了"第一负责人"的办法,接待员在办理OTA客人入住手续之后就自然成为对该客人满意度跟踪的负责人。客人离店后,"第一负责人"会对客人进行电话回访并提醒客人及时在网上进行评价,客人做出好评后计入该员工的绩效表现。

对点案例

网评分数提高了,行业整体服务品质呢?

酒店网评分数是酒店声誉管理的一个重要内容,很多酒店为了提高网评分数在日常操作和管理方面都下了很大力气。例如,前台排房时为网络预订客人特意安排状况好的房间,客房服务员提前送水果和礼物进房间,专人跟盯服务,接待员在客人离店时向客人赠送礼物并提醒客人点评,将网评分数及数量作为人员绩效考评的重要依据等。

那么,问题来了,网评分数提高了,是否意味着酒店整体服务品质真的就提高了呢?客人入住苏州某网评分数为4.9分的五星级酒店。怀着各种美好的期待却被现实糟糕的入住体验震惊,1200多元的商务楼层客房,电热水壶满是污垢,卫生间地面破损,洗澡时淋浴房漏水严重,客人差点滑倒。

随着线上平台的兴起,一些酒店重视OTA、抖音、微博、微信等互联网营销,却忽略了酒店在日常运营管理中的品质细节。真真正正影响客人体验的是产品的安全、卫生、舒适等基本内容。酒店务必在服务质量管理上下功夫,不走捷径,认真打磨软、硬件产品,认真对待每一位客人,才能真正赢得市场的口碑和赞誉。

案例评析:虽然OTA网评分数在某种程度上折射了酒店的服务品质,但这并不能全面客观地代表酒店整体服务质量的高低。高星级酒店来自OTA渠道的客人只占了很小比例,而且也并不是所有来自OTA的客人都会在网上给出点评。同时,由于许多酒店针对OTA客人都设计了特殊的礼遇方案,有些服务问题没有完全暴露出来,因此OTA的点评绝不能代表所有客人的满意度状况。提高网评分数是酒店服务质量管理的重要一环,但绝不是全部内容。

三、回复网评的方法

回复网评要把握"四个应该"和"四个拒绝"。"四个应该",即多回复、要及时、有感情、懂技巧;"四个拒绝",即拒绝复制粘贴、拒绝敷衍推诿、拒绝答非所问、拒绝拼命解释。具体回复技巧如下。

(1)开篇要有亲和有力的称谓,主体内容可以采用感谢＋酒店特色优势、新产品或促销活动介绍＋祝福、邀请的方式进行回复。

(2)个性、亲切的语言是展示酒店风格、特色的重要环节,语言风格要与酒店品牌形象一致,语气不要过于官方,也可以配合客人点评的风格。

(3)可以适当地准备一定的回复模板,并根据季节、酒店产品等情况进行不定时更新。

英语积累

名　词	英　文
服务质量	Quality of Service
主观性	Subjectivity
综合性	Comprehensive
全面质量管理	Total Quality Control（TQC）
反馈控制	Feedback Control

项目训练

一、选择题

1.酒店服务质量的优劣,是通过(　　)。
  A.星级酒店评定标准来衡量的　　B.客人所得到的感受来衡量的
  C.酒店的公共关系来衡量的　　　D.酒店的经济收入来衡量的
2.前厅服务质量的特点是(　　)。
  A.服务质量构成的综合性　　　　B.服务质量评价的客观性

参考答案

选择题答案

C.服务质量内容的独立性　　　　　　D.服务质量的独立性

3.网评管理的关键点包括(　　)。

　A.点评时间　　　B.点评条数　　　C.顾客转化率　　　D.参与平台数量

二、基础训练

1.前厅服务质量的构成和特点各是什么？

2.应如何做好前厅服务质量的控制工作？

3.试分析酒店如何获取网络好评。

三、技能训练

实训项目	网评管理
实训目的	通过实训，了解酒店网评管理的方法，结合优秀酒店网评管理进行梳理总结
实训要求	分工合理，全员参与，有效沟通合作。文本语言流畅，格式规范
实训方法	1.教师首先讲解示范，说明训练要求及训练时的特别注意事项，然后将学生分为若干个训练小组； 2.学生分组列出任务实施计划，可以通过线上、线下等多种方式开展； 3.选择当地网评分数较高的酒店，对其进行访谈。了解酒店在网评管理方面的经验和技巧，课堂分享
实训总结	对网评管理的要点进行总结

学生签名：

日　期：

项目十
前厅沟通与协调

 项目目标

素质目标

培养沟通协调能力、应变能力及团队合作精神。

知识目标

1. 掌握与客人的沟通技巧。
2. 熟悉前厅部内部及其他部门之间的业务协调。
3. 掌握有效受理线上、线下客人投诉的程序和方法。

能力目标

1. 能够灵活处理工作中出现的沟通协调问题。
2. 能够根据投诉处理的原则与程序,处理一般的宾客投诉。

 **知识导图**

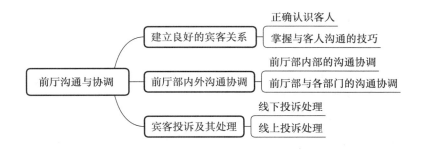

任务一 建立良好的宾客关系

世界顶级酒店集团丽思卡尔顿(Ritz-Carlton)对员工提出了20条服务准则,其中第14条准则是告诫员工与客户以及同事沟通时注意措辞得当。例如,应该说"请接受我的道歉"而非"对不起","愿意为您效劳"而非"可以"。为此,前总裁舒尔茨曾宣布过一条著名禁令,禁止说"行"或"可以"。由此可见,在酒店服务中,沟通是何等重要。

良好的宾客关系是酒店生存和发展的前提,是酒店长期发展的生命线。前厅部作为联系酒店与宾客的"桥梁"和"纽带",在宾客关系管理中起着关键作用。前厅部应树立"宾客至上"的服务意识,了解客人对酒店服务的需求,掌握客人的心理,掌握与客人沟通的技巧,充分运用现代化数字技术,建立和有效利用客史档案,针对客人需求提供精细化服务。在出现服务失误时,前厅部应运用正确的方法对服务及时进行补救,维护和重建良好的宾客关系。

使每一位客人满意,是每一家酒店努力的方向和工作目标,建立良好的宾客关系则是实现这一目标的重要途径之一。酒店通常通过设立大堂副理和宾客关系主任等岗位来建立、发展和改善与住店客人及来访客人的关系,努力使每一位不满意的客人转变为满意的客人,使客人对酒店留下良好的印象。要建立良好的宾客关系,还要求酒店各级员工正确认识客人,掌握客人对酒店产品的需求心理以及与客人的沟通技巧。

一、正确认识客人

1.客人是服务的对象

在酒店的客我交往中,双方扮演着不同的社会角色。服务人员是服务的提供者,而客人则是服务的接受者,是服务的对象。前厅部员工在工作中始终都不能忘记这一点,不能把客人从服务的对象变成别的什么对象。所有与"提供服务"不相容的事情,都是不应该做的,特别是无论如何也不能去"气"自己的客人。道理很简单:客人来到酒店,是来"花钱买享受",而不是来"花钱买气受"的。

2. 客人是具有优越感的人

酒店所做的一切都是为了客人,客人的要求,只要不是无理的,都要尽量满足。一次,一位客人叫来服务员,说他来了两个访客,要两包茶叶和两个一次性纸杯,房间配备的是非一次性盖杯,可客人就是不用。服务员按客人的要求将茶叶和一次性纸杯送过去时,这位客人说又来了两个朋友,再要两包茶叶和两个一次性纸杯,服务员又立刻返回去拿。对于此类客人,只要要求不过分,都应该尽量满足,这体现的是态度问题。

3. 客人是具有情绪化的自由人

一位客人在餐厅喝多了,跟跟跄跄地走在廊道里,一位男服务员走上前问候并想搀扶他,这位客人恼羞成怒,大声训斥服务员,说服务员看不起他。明明摔倒了,但那位客人还大声嚷嚷"没事儿,没事儿!"后来还是服务员搀扶他走进了房间,并帮他脱掉鞋和外衣,盖好被子,关好房门才离开。在客人的行为不超越法律的范畴内,服务人员要学会宽容客人,设身处地地为客人着想,用换位思考的方式来处理这些问题,才能使服务工作做到位。

4. 客人是追求享受的人

酒店应该在一定的范围内满足客人的精神和物质享受,并不断开发新产品来满足他们更新更高程度的享受。比如:发现床头控制柜太烦琐,可改为单向控制;在床的枕头上增添靠垫,使客人躺在床上能舒舒服服地看电视;延长就餐时间,以满足客人的送餐服务;为方便客人找服务员,在廊道的电梯旁安装服务电话;除了客房里常规备有的多种小食品和扑克牌外,还可按客人要求,随时提供各类定制化的食品等。

5. 客人是绅士和淑女

谈及曾否遇到过特别粗鲁的客人时,丽思卡尔顿酒店的一位经理曾对酒店的培训生讲道:"如果你善待他们,他们自然也会善待你。切记,你们要以绅士和淑女的态度为绅士和淑女们提供优质服务。"说着,他停下脚步,弯腰捡起地上的一些杂物,放入自己的口袋中,然后接着说:"我们要尽力帮助客房服务生,正如他们帮助我们在楼厅内清理餐车一样。"这位经理以自己的言行完美地诠释了酒店员工与客人及同事的沟通。

同步思考

某日清晨,王先生在总台气愤地质问前厅接待员:"为什么在早晨五点钟有骚扰电话?"王先生嗓音很大,情绪激动,周围正在办理手续的客人好奇地看着他。接待员觉得此事与己无关,对王先生说:"也许你没有与总机打招呼,如果跟总机说一声,就不会转电话进来了。"对此答复,王先生显然非常不满意,继续在柜台前发泄不满情绪,其他客人也有参与评说。一时之间,总台前众说纷纭,整个秩序被打乱了。前厅接待员应该:

A. 前厅接待员应该诚恳地说:"实在抱歉,请告诉我您的房号,酒店马上采取措施,保证不会再出现这种情况。"若客人还是情绪激动,立即呈报大堂副理处理,大堂副理到达前接待员尽可能安抚好客人。

B. 前厅接待员应该诚恳地说:"实在抱歉,请告诉我您的房号,酒店会立即采取措施，不会再出现这种情况，您看这样可以吗？"若客人还是情绪激动，立即引领客人至酒店不影响其他客人处，由接待员完成投诉处理，做到问题到我为止。

C.恰当地安慰和道歉后，请客人回房休息，告知客人事情调查清楚后，会给客人一个满意的答复。

理解要点："早晨五点钟有骚扰电话"令人心烦，简单判断就应该知道错在酒店，客人情绪激动可以理解。客人投诉的动机是要求酒店杜绝这种情况再发生，同时发泄不满，若酒店处理得当，事件会很快平息。案例中的接待员所做的处理是错误的，竟然把"错"加到客人身上，忘记了总是把"对"让给客人的服务理念，导致投诉升级，不良影响扩大。A项处理恰当；B项处理的不妥之处是，接待员不能轻易离开前厅的岗位，去完成可能花费很多时间和精力的投诉处理工作。"做到问题到我为止"的执行也不能超越合理的限度；C项处理会让客人觉得酒店不够重视，缺乏诚意，因为这种事处理起来很简单，所以客人可能不听从接待员的"安排"，会继续投诉。

二、掌握与客人沟通的技巧

1. 重视沟通语言的使用

沟通缺失或沟通不当，是影响酒店前厅及其他服务部门服务质量的重要因素。主动、规范的沟通语言，是提高酒店前厅接待质量及酒店服务质量的重要途径。

2. 重视对客人的心理服务

酒店为客人提供双重服务，即功能服务和心理服务。功能服务满足客人的实际需要，而心理服务就是除了满足客人的实际需要以外，还要能使客人得到一种"经历"。从某种意义上讲，客人就是花钱"买经历"的消费者。客人在酒店的经历，其中一个重要的组成部分，就是他们在这里所经历的人际交往，特别是他们与酒店服务人员之间的交往。这种交往对客人能否产生轻松愉快的心情、能否带走美好的回忆起着决定性的作用。所以，在前厅接待服务中，只要能让客人经历轻松愉快的人际交往，就是为客人提供了优质的心理服务，就是生产了优质的"经历产品"。

3. 对客人不仅要斯文和彬彬有礼，而且要做到"殷勤""谦恭"

斯文和彬彬有礼，只能避免客人"不满意"，而只有"殷勤"和"谦恭"才能真正赢得客人的"满意"。所谓"殷勤"，就是对待客人要热情周到，笑脸相迎，嘘寒问暖；而要做到"谦恭"，就不仅意味着不能去和客人"比高低、争输赢"，而且要有意识地把"出风头的机会"让给客人。如果说酒店是一个舞台，服务员就应自觉地让客人扮演主角，而自己则扮演配角。

4. 对待客人，要善解人意

要给客人以亲切感，除了要做"感情上的富有者"以外，还必须善解人意，即能够通过察言观色，正确判断客人的处境和心情，并能根据客人的处境和心情，对客人做出适当的语言和行为反应。

5. "反"话"正"说，讲究说"不"的艺术

将反话正说，就是要讲究语言艺术，特别是掌握说"不"的艺术，要尽可能用肯定的

语气去表示否定的意思。比如,可以用"您可以到那边去吸烟"代替"您不能在这里吸烟",用"请稍等,您的房间马上就收拾好"代替"对不起,您的房间还没有收拾好"。在必须说"不"时,也要多向客人解释,避免用钢铁般生硬冰冷的"不"字一口回绝客人。

6. 否定自己,而不要否定客人

在与客人的沟通中出现障碍时,要善于首先否定自己,而不要去否定客人。比如,应该说"如果我有什么地方没有说清楚,我可以再说一遍",而不应该说"如果您有什么地方没有听清楚,我可以再说一遍"。

7. 投其所好,避其所忌

客人有什么愿意表现出来的长处,要帮他表现出来;反之,如果客人有什么不愿意让别人知道的短处,则要帮他遮盖或隐藏起来。比如,当客人在酒店"出洋相"时,要尽量帮客人遮盖或淡化之,绝不能嘲笑客人。

8. 不使用过分随意的语言

做酒店工作久了,就会有许多客人成为自己的朋友。于是见面的问候不再是"您好",而是"哇,是你呀",彼此之间的服务也由"格式化"变成"朋友化"了,这可能会导致沟通失误,甚至造成严重后果。

知识拓展

希尔顿酒店如何对客人说"No"

知识拓展

酒店业客户关系管理系统的主要功能

任务二　前厅部内外沟通协调

任务导入

某日,国内某大学校长一行4人入住某市一家酒店。在办理入住登记手续时,前台接待员要求先交押金。由于客人尚不能确定住几天,所以接待单位先为其预交了1天的押金。由于接待单位与该酒店有较好的业务关系,且负责接待的人员与该酒店前台经理比较熟,前台经理同意这几位客人之后几天可以免交押金。第二天夜里12点多,当客人办完事回到酒店时,不愉快的事情发生了。一位楼层服务员站在客人的房门口,拦住客人,不允许其进入客房,理由是没交押金!"可你们经理已经同意了啊!"客人辩解道。"我不管,反正总台说没交押金就不能进房间。"无论客人如何解释都无济于事。情急之下,客人说道:"你看已经半夜了,我们出去也没地方去。要不这样吧,你先让我们进去,把我们关起来,如果接待单位不帮我们交押金,你就直接去公安局报案,把我们交给警察……"后经查询,前台经理承认是内部信息沟通不好造成的,并一再向客人道歉。

前厅部是酒店的"神经中枢",是酒店信息的集散地,正是由于前厅部与酒店其他经营与管理部门的有效沟通,酒店才能够为客人提供干净的客房、运转良好的设备、安全的环境、美味的佳肴、准确无误的结账……前厅部各级管理人员更应了解自己肩负的责任,要有整体意识和团队精神,明确信息沟通的重要性。

信息沟通可以采用口头形式,也可以采用书面形式或网络方式。为了保证信息沟通的准确性、严肃性和规范性,酒店应根据信息的重要性和特点采取不同的形式,书面形式主要有备忘录、接待通知书、专题报告、报表和表格以及有关文件等。此外,为了提高信息沟通的质量,前厅部经理应当确立标准的沟通程序,使前厅部员工与酒店客房部、餐饮部、工程部、销售部等部门的沟通规范化。

一、前厅部内部的沟通协调

前厅部班组较多,职能任务各不相同。做好接待工作,要求各班组在各司其职的过程中,听从前厅部经理的统一指挥,并按有关工作制度、流程的要求做好班组间的协调工作。

1. 预订处与接待处的沟通协调

(1)预订处要及时把有关客人的订房要求及个人资料移交接待处,接待处把预订未到的客人情况返回预订处,以便预订处进一步查找有关资料并处理。

(2)对于预订客人抵店当天的订房变更或订房取消信息,预订处应及时通知接待处。

(3)接待处应向预订处提供有关客房销售情况,以便预订处修改预订总表,确保客房预订信息的准确性。

2. 预订处与行李处的沟通协调

(1)通常预订处要在晚上把预计翌日抵店的VIP资料及有关接待要求,以报表形式填写清楚,交由行李处分别派送至总经理室、销售部、公关部、餐饮部、客房部、工程部、保安部、前厅部的接待处和问讯处、大堂副理、总机等有关部门和人员。

(2)预订处要把翌日抵店的团队名称、人数、航班、抵店时间等有关资料详细列表,交行李处。

(3)酒店代表查询团队所乘航班的到达时间,回报预订处。

3. 接待处与行李处的沟通协调

(1)行李员在大堂门口欢迎客人的到来,协助客人照看行李,引导客人到接待处。

(2)客人在办理入住登记手续时,行李员应站立在客人身后等待。

(3)离店客人如有行李服务要求,接待处应通知行李处按客人指定的时间,到房间提供行李服务。

(4)酒店代表上班签到后,到接待处、预订处领取有关资料,将当天特别指定要接的客人姓名、人数、所乘航班(车次)及对应的到达时间、所要求的接机车型及其他具体要求登记在交班簿上。

(5)对于没有接到的VIP或特别指定的客人,酒店代表回店后应到接待处查对客人是否已到达,并报告主管或大堂副理,以便及时做好补救工作。

4.接待处与收银处的沟通协调

(1)接待处应及时将已经办理入住登记手续客人的账单交给收银处,以便收银处建账和累计客账。

(2)换房时,如果房价变更,接待处应迅速通知收银处。

(3)客人结账离店后,收银处立即通知接待处更改房态。

(4)双方在夜间都应认真细致地核账,以免漏账、错账,确保正确显示当日营业状况。

二、前厅部与各部门的沟通协调

1.前厅部与客房部的沟通协调

(1)前厅部排房工作的效率和准确性,取决于对客房状况的有效控制。前厅部必须注意做好与客房部核对客房状况信息的工作,确保客房状况信息显示准确无误。

(2)在VIP客人的接待过程中,前厅部应提前通知客房部,做好客房的布置与清洁工作。在大堂副理或前厅经理引领宾客到客房的过程中,客房服务员应站在电梯门前迎宾,为客人打开房门,奉上香巾热茶。

(3)住店客人通过总机或总台要求酒店提供叫醒服务时,总机或总台应做好记录,保证在客人指定时间提供该项服务;当发现电话被搁置或铃响多遍仍无人接听时,应及时通知客房部,由客房部派人前往察看。

(4)住店客人不论有什么要求或问题,都会想到打电话到总台或总机,总台接到客人要求提供送餐服务等属于客房部工作范围的电话后,应向客人稍做解释,及时转接电话或告知客房部当值人员有关客人的服务要求。

(5)住客带着行李到总台结账时,总台要及时通知客房部查房。

(6)如果大堂区域的清洁卫生由客房部承担,则前厅部与客房部应根据前厅部的业务特点,制订合理的清洁工作计划,前厅部经理协同监督大堂清洁卫生的质量。

2.前厅部与餐饮部的沟通协调

(1)前厅部应向餐饮部递送客情预报,以便餐饮部了解将来的几天宾客的大致人数,做好食品的采购计划。

(2)通常VIP客人会在酒店进餐,团队客人也会附带有团队进餐的要求,前厅部应及时把有关信息传递到餐饮部,以做好接待的准备工作。

(3)掌握餐饮部的服务项目、服务特色,协助促销。

3.前厅部与工程部的沟通协调

(1)工程部负责指导帮助前厅部做好所属设备设施的保养工作,两部门协调制订有关大堂装修改造的计划。

(2)在实施计算机网络管理的酒店,工程部应确保网络不因停电等非计算机技术故障而中断正常工作。

4. 前厅部与销售部的沟通协调

（1）推销客房、开拓客源是销售部的一项主要任务，前厅部在客房销售工作中与销售部密切配合，参与制定客房的销售策略。

（2）销售部接到客户（如旅行社、公司等）的订房要求时，应先与前厅部的预订处联系，了解能否按客户的要求来安排订房。

（3）订房确认书发出后，销售部应马上复印一份交预订处。如发生订房变更或订房取消，也应及时与预订处取得联系。

（4）对于通过销售部预订的团队客人，在他们抵店前，销售部要检查落实前厅是否已做好接待的准备工作（排房、将钥匙装进写有客人姓名及房号的信封里）。团队抵店时，与行李员联系为客人提供行李服务。

（5）接待VIP客人时，前厅部与销售部要协调做好接待工作。

5. 前厅部与财务部的沟通协调

（1）双方就信用限额、预付款、超时房费收取及结账后再发生费用的情况进行沟通协调。

（2）前厅部将入住客人的账单、登记表及影印好的信用卡签购单等递交财务部，便于累计客账。

（3）双方就每日的客房营业情况进行细致核对，以保准确。

（4）前厅部递交团队客人的主账单，供财务部建账及累计客账。

6. 前厅部与总经理室的沟通协调

（1）前厅部定期向总经理请示、汇报对客服务的有关情况。

（2）及时了解总经理的去向，以便提供紧急寻呼服务。

（3）定期呈报酒店的"营业分析对照表"等。

（4）递交"贵宾接待规格呈报表"等，供总经理审阅批准。

（5）出现重大及突发事件，应该首先通知总经理。

7. 前厅部与其他部门的沟通协调

（1）前厅部与人事培训部的沟通协调，便于开展新员工的录用与上岗前的培训工作。

（2）前厅部与保安部沟通协调，如处理客房钥匙遗失后的问题。前厅部应把有关客情如VIP、住客的可疑情况及时报告保安部。必要时，保安部应协同大堂副理处理各类突发事件。

（3）按照酒店规定，为值班人员安排房间。

（4）收发邮件、递送文件等。

信息化助推酒店服务升级

任务三 宾客投诉及其处理

一天,一位外国客人气冲冲地来到前台,跟小李投诉道:"我昨晚把西装送到了酒店的洗衣房,但是到现在还没有送回来,已经过去12个小时了,两个小时后我要见客户,简直不可思议,你看该怎么解决?"小李微笑着接待了这位客人,并运用处理宾客投诉的LEARN模式帮助这位先生解决了衣服的问题。

宾客对酒店的投诉包括方方面面,如对设施设备的投诉、对服务态度的投诉、对服务质量的投诉、对异常事件的投诉等。宾客投诉是对酒店所提供的产品和服务的信息反馈,是对酒店设施设备、服务质量的变相检测。处理宾客投诉有利于酒店及时有针对性地改善经营管理,查漏补缺;有利于员工吸取经验教训,提高服务技能,从而增强酒店竞争力。妥善处理好宾客投诉,可以改善宾客与酒店的长期关系,使其成为酒店的常客;反之,处理不好,则失去的不仅是该位客人或该几位客人,还有可能是他们的亲友、同事等潜在顾客。因此,我们应重视酒店的宾客投诉,尽全力使每一位客人满意。

一、线下投诉处理

(一)分析投诉产生的原因

客人对酒店的期望值较高,感到酒店相关的服务及设施、项目未达到应有的标准,产生失望感;客人的需求及价值观念不同,导致客人不同的看法与感受,从而产生某种误解等,都会造成客人的投诉。引起客人投诉的原因大致分主、客观两大方面。主观方面的原因主要有:接待客人不主动、不热情;不尊重客人的风俗习惯;不注意语言修养,冲撞客人;忘记或搞错了客人交代办理的事情;损坏、遗失客人的物品;食品、用具不清洁;清洁卫生工作马虎;等等。客观方面的原因主要是设备损坏,没有及时修好。如空调坏了,热天没有冷气等。设备不完善也会引起客人投诉。

1. 对设备设施的投诉

对设备设施的投诉主要是由于酒店的设施设备等未能满足客人的要求,如空调、

微课

宾客投诉及其处理

照明、供水、供暖、供电、电梯等设备的运转和使用等方面出现了问题。设施设备是为客人提供服务的基础,一旦出现故障,客人可能就对酒店逐渐失去好感。

2. 对服务态度的投诉

对服务态度的投诉主要反映出服务人员对客服务过程中态度不佳,具体表现为接待过程中待客不主动、语言生硬、态度冷漠、答复不负责等。

3. 对服务质量方面的投诉

对服务质量方面的投诉反映出接待服务人员违反服务规程,服务效率达不到要求,例如递送邮件不及时、接运行李不准时、总机叫醒服务疏漏等。

4. 对异常事件的投诉

对异常事件的投诉往往是由于酒店的原因而产生的。例如客人保证类订房未得到实现,使客人感觉酒店言而无信等。

对点案例

你明白客人到底在说些什么吗?

一日上午,一位外国客人汤姆来前台,前台接待员小刘接待了他。汤姆表示想在周日到青岛会朋友,不回酒店住,但想将行李放在房间。当时只有小刘和客人在,故两人协商内容,其他人员不得而知。月末,汤姆来前台结账,看账单时,大怒,于是他到大堂副理处投诉。汤姆说:"那天上午,我到前台,找的那个高个子大眼睛的女孩(正是小刘的外貌特征)说过此事,她答应我周日外出可以把行李放在房间,而且这天的房费是不收的。但我今天结账,却发现收了我那天的房费。"汤姆所在公司对此事特别不满,认为酒店不讲信用,质疑酒店的服务,要将店内公司的长住客全部搬走。

大堂副理就此事展开调查,问讯前台接待员小刘,小刘说,当日客人确实到过前台,说过他要外宿的事情,因为觉得对方公司是酒店的重要客户,就答应了他的要求,而且告诉他,外宿时可以将行李存礼宾部,酒店将给他保留房间,等他周一回来时还可以住在相同的房间。客人当时听了还很高兴,小刘以为客人已经明白她说的意思,虽然觉得有点奇怪,但也没仔细询问。

汤姆认为酒店已经答应他可将行李放在房间且不收当日房费,就开开心心地到青岛去了。而店方因房间内有行李,客人又是长住客,就很自然地加了一夜的房费。

案例评析:投诉的原因在于宾客和接待员之间的误会,因为这次误会,酒店投入了大量的人力、物力、财力才拉回了这一客户,平息了风波。酒店的宾客来自世界各地,必然存在语言上的障碍。所以,与客人交流时,一定要弄清楚客人的意图,也一定要使客人明白我们所说的意思,这是提供良好服务的基础。如果无法直接与客人沟通,也可以通过其他方式,如请求会讲此门外语人员的支援,或通过营销部门与公司相关人员取得联系等。案例中,虽然接待员小刘感觉到在与客人的交谈中存在疑点,但她没有进一步落实,从而产生误会,引起客人投诉。在工作中,我们还应注意,因长住客的房价较低,所以住房协议中常注明不允许中途退房。故有长住客住期未满,而要求退房的,接待员在不清楚住房协议的情况下,应先问询营销部门。

知识拓展

LEARN
模式

(二)掌握线下宾客投诉的处理过程

1.做好接受投诉的心理准备

(1)持欢迎态度。首先要对客人投诉持欢迎态度,把处理投诉的过程作为进一步改进和提高服务和管理水平的机会。实际上受理客人投诉并不是一件愉快的事情,客人之所以投诉,一般是由于客人在住店期间对酒店服务产生不满。因此,如果忽视客人的投诉意见,就是忽视了维护客人的利益,而分析和处理客人投诉是推动、改进和提高服务及管理水平的良机。

(2)树立"客人总是对的"信念。一般来说,客人投诉,正说明酒店的服务和管理上存在问题。因此,在很多情况下,即使客人的言行举止有些过分,酒店也应提倡即使客人错了,也要把"对"让给客人,尽量减少酒店与客人之间的对抗情绪,这样有利于缓解双方的矛盾,达到解决问题的目的。

对点案例

意大利大理石有了擦痕

春天的某个早晨,上海某五星级大酒店里有几位客人坐在大堂酒吧温文尔雅地喝着饮料,轻声交谈。就在此时,一位美国老年客人从二楼匆匆走下,他见到一楼大堂两位朋友已经在酒吧坐下了,就加快了速度。也许是他刚打完高尔夫球归来,脚上还穿着特殊的运动鞋,鞋底有几枚铁钉,看到朋友在等他,一时心急,走到最后第三阶楼梯时滑了下来,一直滑到地面上。客人感到浑身疼痛,还在朋友面前丢了面子,十分恼怒。酒吧服务员见状连忙赶到现场,搀客人起来,扶他到椅子上坐下,问他是否受伤,客人生气地埋怨楼梯太滑,要求酒店派人陪他去医院检查。

服务员看到客人没什么严重的问题,便去报告大堂副理,然后连忙检查楼梯是否有积水,是否有瓜皮之类的东西,但检查发现这些情况都没有,于是大堂副理告诉客人一切正常。接着服务员发现楼梯口的一块意大利进口大理石被划出两道不浅的擦痕。大堂副理对客人和颜悦色地说:"我十分愿意陪您去医院检查,但由于酒店楼梯没发现任何异物,因此造成这次不幸的根由不在酒店,而在于您脚下的鞋子,所以医疗费用应由您自己负担。"这样一说,客人自知理亏,火气消了一半,而且也因为自己并没有受伤严重,就不再坚持去医院,打算离去了。

大堂副理上前一步说:"先生一定已经理解,此次不幸源于您的鞋子。您年纪大,走路要慢。另外,这块大理石现在有了擦痕,也是由于您的鞋子所致,按照酒店的惯例,我们希望先生赔偿酒店的损失。"大堂副理用一种既亲切又是摆事实讲道理的口气慢慢说道。

客人一听,火气又大起来了,赔了夫人还折兵!他断然拒绝大堂副理的要求。大堂副理仍然心平气和地向客人解释,如果他穿的是普通皮鞋而发生此类事故,酒店不仅不需要客人负责大理石擦痕的赔偿,还要向客人道歉,但客人穿了那双带钉的鞋子在酒店内走动,造成的损失自然要客人负责。大堂副理的话入情入理,客人无言以对,大堂副理马上请来了工程部经理,考虑到折旧因素,并选择了一种耗费最少的修补办法，需要100美元赔偿费。客人虽然很不高兴，但找不出理由反驳，便同意将100美元赔偿费计入房价中。

案例评析：本例中尽管客人掏钱赔偿大理石的损坏，但大堂副理始终没有忘记"客人总是对的"这一原则。第一，尽管大堂副理有理由在身，但他没有摆出以理压人的气势，当客人拒绝他的要求时，他仍然彬彬有礼地向客人解释道理。第二，他还是同意了客人提出的去医院做检查的要求，尽管酒店对这一事故没有责任。第三，他请工程部经理来一起商量，寻找赔偿最少的方案，显示了他是站在客人的立场上来考虑问题的。这是酒店向客人提出合理赔偿的一个很有说服力的好例子。

(3) 掌握客人投诉的一般心态。大多数客人到了酒店，尊重需求成为他们最主要的需求。因为客人外出旅游的目的除了陶冶身心、丰富见闻、增添乐趣之外，还需要在受到别人的尊重上得到极大满足。往往客人认为自己花了钱，酒店就应该提供完美的服务，得到各种需要的满足和享受是理所当然的。但现实中酒店确实存在服务不周的地方，这可能会使客人产生尊重需求未被满足的心理，也由此产生不满而投诉。

客人的投诉是由于不满意或一时的气愤而采取的行为，因此，前厅服务员在受理客人投诉时，要给客人适当的发泄机会，以示对客人的尊重和理解。客人投诉时的一般心理包括求尊重的心理、求发泄的心理、求补偿的心理。掌握客人投诉时的心理需求，目的在于使对客人投诉的处理更具有针对性和可行性。满足客人投诉心理需求要始终贯穿于处理投诉的全过程，由此可见掌握投诉客人的心理需求的重要性。

对点案例

为什么你不在乎我

20:00，某酒店前台工作一片繁忙，接待员有的在为客人办理入住，有的在电话联系其他部门事宜，有的在回答客人查询，突然，"啪"的一声，柜台旁一位客人不满地拍了拍桌子，吼道："这是什么星级酒店，我等这么久都没人理我，找你们经理出来，我要投诉。"大堂副理及时赶到，经过再三解释和道歉，并送果篮来安抚客人，事件最终才得以平息。

案例评析：希望受人重视是人的一种天性。有的客人通过抱怨来引起服务员（前台）对他的注意和重视，或者由此引出酒店相关负责人与其见面，使他感觉到自己受到重视。酒店以客人的眼光来审视服务，才能使服务工作做到位。

2. 真心诚意听取客人的投诉意见

倾听是一种有效的沟通方式，对待任何一个客人的投诉，接待人员都要保持镇定、冷静，认真倾听客人的意见，要表现出对对方高度的礼貌与尊重。接到客人投诉时，要用真诚、友好、谦和的态度，全神贯注地聆听，保持平静，虚心接受，不要打断客人，更不能反驳与辩解。

(1) 保持冷静的态度，设法使客人消气。处理投诉只有在心平气和的状态下才能有利于解决问题。因此，在接待投诉客人时，要保持冷静、理智，礼貌地请客人坐下，再倒一杯水请他慢慢讲,此时重要的是让客人觉得接待人员很在乎他的投诉。耐心地听客人投诉,这样做一方面是为了弄清事情的真相,以便恰当处理,另一方面让客人把话说完以满足其求发泄的心理。听取客人的投诉时,不要急于辩解,否则会被认为是对他们的指责和不尊重。另外,接待人员要与客人保持目光交流,身体正面朝向客人以示尊重。先请客人把话说完,再适当问一些问题以求了解详细情况。说话时要注意语音、语调、语气及音量的大小。

(2)同情和理解客人。当客人前来投诉时,接待人员应当把自己视为酒店的代表,欢迎他们的投诉,尊重他们的意见,并同情客人,以诚恳的态度向客人表示歉意,注意不要伤害客人的自尊。对客人表示理解,会使客人感到接待人员和他站在一起,从而减少对抗情绪,有利于问题的解决。例如接待人员可以说"这位先生(女士),我很理解您的心情,换我可能会更气愤"。

(3)对客人的投诉真诚致谢。尽管客人投诉有利于改进酒店服务工作,但投诉者的素质水平不同、投诉方式不同,难免使接待人员有些不愉快。不过假设客人遇到不满的服务,他不告诉酒店,而是讲给其他客人或朋友,这样就会影响到酒店的声誉。所以当客人投诉时,酒店不仅要真诚地欢迎,而且还要感谢客人。

3. 做好投诉记录

在认真听取客人投诉意见的同时要认真做好记录。一方面,这表示酒店对他们投诉的重视,另一方面记录也是酒店处理问题的原始依据。记录包括客人投诉的内容、投诉时间、客人的姓名等。尤其是客人投诉的要点、讲到的一些细节,要记录清楚,并适时复述,以缓和客人情绪。这不仅是快速处理投诉的依据,也可以作为以后服务工作的改进的参考。

4. 迅速处理客人投诉,及时采取补救或补偿措施,并征得客人同意

客人投诉最终是为了解决问题,因此对于客人的投诉,不要推卸责任,应区别不同情况,积极想办法解决,在征得客人同意后做出恰当处理。为了避免处理投诉过程中将自己陷入被动局面,说话时一定要给自己留有余地,也不要随便答应客人自己权限之外的承诺。

(1)对一些明显属于酒店方面的过错,应马上道歉,在征得客人同意后做出补偿性处理。

(2)对一些较复杂的问题,不应急于表态或处理,而应礼貌、清楚地列出充分的理由说服客人,并在征得客人同意的基础上恰如其分地处理。例如,一位客人离店结账时发现有国际长话费,可自己没打国际长途啊!客人非常恼怒,找到大堂副理好一顿发火,拒不付费。大堂副理耐心倾听客人讲话,并将该客人应付的长话费的单子详查一番。然后,他礼貌地请客人回忆有没有朋友进过房间,是不是他们打的。经过回忆核实,确属客人朋友所为,最终客人按要求付费,并致以歉意。

(3)对一时不能处理好的事情,要注意告诉客人将采取的措施和解决问题的时间。如客人夜间投诉空调坏了,恰巧赶上维修工正忙于另一项维修任务,得需要半小时才能过来修理,这时服务员就应让客人知道事情的进展,使客人明白他所提的意见已经被酒店重视,并已经安排解决。

5. 追踪检查处理结果

主动与客人联系，反馈问题解决的进程及结果。首先要与负责解决问题的人共同检查问题是否已获得解决。当问题已获得解决时，还要询问客人是否满意。如果不满意，还要采取额外措施去解决问题。

（1）客人尚未离开酒店，而且发生的问题比较明了，确实属于店方责任，服务员及主管或经理要当面向客人道歉，并给予一定的补偿，达到让客人满意的目的。

（2）客人虽然还未离开酒店，但发生的问题暂时不能立刻做出处理决定，遇到这种情况时，一定要让客人了解问题解决的进展，赢得客人的谅解，这样可以避免客人产生其他误会。

（3）客人已经离开酒店，店方要想方设法同客人取得联系，采取补救方法以减小不良影响。如果无法与客人联系，服务员要将客人的投诉报告上级并记录在案，制定有效措施防止再出现类似问题。

6. 及时上报，记录存档

把处理投诉过程中发现的问题、做出的决定或难以处理的问题，及时上报主管领导，征求意见。不要遗漏、隐瞒材料，尤其涉及个人自身利益时，更不应该有情不报。这样便于酒店采取改进措施，吸取客人的建议性意见，改善酒店管理与服务工作。还要将整个处理投诉的过程加以汇总，归类存档，为今后的投诉处理方法提供借鉴，也可据此改进酒店的服务与管理。同时可以把案例作为培训内容，以改进员工的服务质量。

7. 投诉统计分析

处理完投诉后，前厅服务员尤其是管理人员应对投诉产生的原因及后果进行反思和总结，并进行深入的、有针对性的分析，定期进行统计，从中发现典型问题产生的原因，以便尽快采取相应措施，不断改进、提高服务质量和管理水平。

二、线上投诉处理

随着OTA、微信、微博、抖音、小红书等线上平台在酒店营销中的运用，越来越多的客人选择线上渠道进行沟通与投诉，线上沟通与投诉处理对于酒店的形象管理、口碑宣传起着重要的作用。

（一）熟悉线上投诉的渠道

1. 传统线上渠道

传统线上沟通与投诉渠道包括电话、邮件等，如酒店前台服务电话、酒店集团统一服务电话、酒店对外邮箱等。

2. 新型线上渠道

新型线上沟通与投诉渠道包括酒店官方网站、酒店官方App、OTA平台、微信、微博、抖音、小红书等，客人主要通过与在线客服对话、在线留言、在线点评等方式进行沟通与投诉。

知识拓展

对投诉的正确认识

（二）把握线上投诉处理的原则

1. 及时

酒店应随时关注客人线上沟通动态，如果客人发出的线上沟通信息没有被及时发现，很容易错过沟通和服务补救的最佳时机。接到客人发出的信息后需第一时间回复客人，如确实忙碌需要等待时要告诉客人原因以及大致需要等待的时间，以减少客人的焦虑感。

2. 耐心

对客人提出的问题耐心解答，让客人感觉到自己被酒店足够重视。注意回复的语言和文字表达方式，要让客人感觉到酒店欢迎、期待客人，以及愿意为客人提供卓越服务的态度。

3. 关注

缺少了面对面的交流，酒店不能通过客人的表情、手势、语气、语调等了解客人需求，而只能通过线上语言的方式进行沟通，因此酒店需要更加重视和关注客人的需求，引导客人表达需求点，进行针对性的解答或服务补救。

4. 转化

为了避免线上沟通的局限性，提高沟通效率，尤其为避免在线上平台造成更多的负面影响，在条件允许的情况下，可以为客人提供酒店线下联系方式，或者留下客人的联系方式，酒店主动联系客人，将线上沟通转变为线下沟通。

（三）掌握线上投诉处理的方法

1. 处理预订相关的线上投诉

预订相关问题是线上投诉的常见问题，包括预订变更、预订取消、超额预订等，处理流程如下。

（1）接收投诉。及时查看客人信息动态，获取投诉内容。

（2）及时回复。第一时间回复客人，对客人表示理解和抱歉，并进一步了解客人具体问题。

（3）分清责任方。分析客人所述问题的责任方，责任方可能是酒店、第三方订房平台、客人或其他机构等。

（4）给出解决方案。根据责任方和酒店相关政策为客人提供解决方案。

（5）征询意见。询问客人问题是否得到解决，征询客人意见或建议。

（6）总结、归档。总结经验，归纳存档。

2. 处理入住体验相关的线上投诉

随着数字化技术在酒店的推广应用，许多酒店为客人在入住期间提供便捷的线上沟通渠道，客人可以通过线上途径进行投诉，处理这类投诉的重点在于迅速将线上投诉转给线下相关部门，并督促相关部门及时为客人解决问题，处理流程如下。

（1）接收投诉。及时查看客人信息动态，获取投诉内容。

（2）及时回复。第一时间回复客人，对客人表示理解和抱歉，并进一步了解客人具体问题。

（3）转到线下部门。了解客人的房号等信息，将客人房号和投诉内容转到酒店相关部门，由部门尽快联系客人，解决问题。

（4）给出解决方案。酒店相关部门根据客人投诉内容、投诉需求和酒店管理规定为客人提供解决方案。

（5）征询意见。询问客人问题是否得到解决，征询客人意见或建议。

（6）总结、归档。总结经验，归纳存档。

英语积累

名　词	英　文
宾客关系	Guest Relations
宾客关系主任	Guest Relation Officer
大堂副理	Assistant Manager
客户关系管理	Customer Relationship Management（CRM）
投诉	Complain
个性化服务	Personalized Service
授权	Empower
协调	Coordinate

项目训练

一、选择题

1. 在酒店中，前厅部与哪个部门的沟通最频繁（　　）。
   A. 客房部　　　　　B. 餐饮部　　　　　C. 保安部　　　　　D. 人事部
2. 酒店处理客人投诉一般由（　　）负责。
   A. 前厅经理　　　　B. 前厅服务员　　　C. 客房服务员　　　D. 大堂副理
3. 正确处理投诉的重要性之一是（　　）。
   A. 会增加酒店的经济收入　　　　　　　B. 会增加客源
   C. 会减少麻烦　　　　　　　　　　　　D. 会改善客人对酒店的印象
4. 在受理客人投诉所住客房卫生环境差时，下列做法欠妥当的是（　　）。
   A. 不推卸责任，积极想办法解决　　　　B. 问清具体情况
   C. 先做记录，等有空闲的时候再解决　　D. 与客房部联系，及时予以解决
5. 前厅部协助财务部进行有关财务管理工作沟通协调的主要内容不包括（　　）。
   A. 通报散客信用限额规定
   B. 参与有关财务管理制度的制定工作
   C. 根据酒店政策参与收取预付款规程的制定

D.收集与各订房单位签订的合同

6.(　　)不属于前厅部和销售部为保证客房销售的正常进行而开展沟通协调的主要内容。

　　A.房价调整方案　　　　　　　B.团队客人预订客房的占用比例
　　C.客房保养计划　　　　　　　D.组织促销活动方案

7.前厅部与客房部就掌握客情动态进行沟通协调的主要内容不包括(　　)。

　　A.通报客人入住情况　　　　　B.通报客人退房情况
　　C.回收预期离店客人的房卡　　D.按时送交预期离店客人名单

二、基础训练

1.与客人沟通的技巧有哪些?
2.前厅部应怎样做好内外部的沟通协调工作?
3.怎样正确认识客人的投诉?
4.试述处理线下客人投诉的程序。

三、技能训练

实训项目	投诉处理
实训目的	通过处理客人投诉的实训,掌握受理投诉的原则、方法和程序、技巧等,并培养学生的应变能力
实训要求	1.教师给出背景资料,学生进行分析和设计; 2.处理投诉、回答问题时,能够正确使用礼貌用语,语气语调平和、委婉; 3.讲究语言艺术,语言表达能力较强; 4.处理问题的方式、方法得当
实训方法	学生分组进行,其他学生观察并相互点评,教师指导纠正
实训总结	对受理客人投诉中几个环节的要点进行总结

学生签名:
日期:

项目十一
前厅人力资源管理

  项目目标

素质目标

培养部门间的协调意识及创新思维。

知识目标

1. 熟悉员工培训基本程序。
2. 掌握培训计划的内容与制订方法。
3. 了解员工排班的基本方法。

能力目标

1. 能够制订短期培训计划,并准确而有效地完成对新员工的业务培训。
2. 能够科学合理地进行排班。

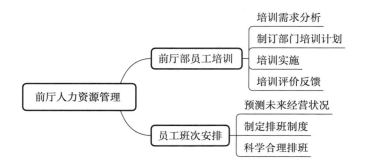

任务一　前厅部员工培训

任务导入

某酒店的预订处一段时间里订单差错率增高,运营总监提出进行专业培训,主题目标是降低差错率。于是部门培训管理团队开始努力设计培训课程,从细节意识培训入手,到确认流程的复盘。培训两周后,差错率还是没变,部门领导非常火大,部门培训团队也是非常诧异,继续加大培训,结果一周后差错率反而翻倍了,员工对培训怨声载道,显然培训对于改进这个绩效目标没有帮助。

培训团队冷静下来停止了培训,仔细观察员工的实际操作。终于在一项服务的过程中,发现员工使用的老款滚轴鼠标过于灵活,在确认订单时,造成订单翻页而出错。在一天的时间内,部门培训团队发现这样的问题发生了数次。培训团队立即向部门领导阐明情况,并向技术部申请将所有鼠标换成没有滚轴的,后来订单差错率恢复到正常状态。由此案例,我们可以看到,培训成功的基础是确保培训内容和培训方式的有效性。

任务分析

随着酒店业竞争的加剧,作为提高酒店员工专业知识、技能、工作态度及服务水准的重要手段之一,培训工作受到了越来越多的关注与重视,几乎所有的酒店都设立了自己的培训管理部门或拥有店外培训基地。"培训是酒店成功的必由之路""培训是酒店发展后劲之所在""没有培训就没有服务质量",已成为很多业内人士的共识。前厅部培训更多地侧重于给员工特别是新员工传授其完成本职工作所需的基本知识、技能和能力,同时关注员工的未来及发展潜能。

前厅部员工培训是指基于酒店战略与经营目标对酒店前厅部人力资源的要求及员工的职业生涯发展需要,采用计划性、系统性的方式对前厅部员工进行训练和培养,通过改变受训员工的知识、技能、工作态度,提高其思想水平及行为能力,以使其有相当的能力去完成现实担当的岗位工作,甚至迎接将来工作上的新挑战的过程。前厅部员工培训基本程序包括以下几个主要环节。

一、培训需求分析

1.新员工的培训需求

任务清单是进行新员工培训的入门工具。事实上,新员工在入职前不太可能掌握所有的工作技能。所以,可以在开始培训前,研究各岗位任务清单,将任务分类,如可将任务分为:a类,即单独工作之前应该掌握的;b类,即在岗2周之内应该掌握的;c类,即在岗2月内应掌握的。然后根据各项任务来分步实施。对于选出评定的a类任务,在首期培训中完成。员工了解并且能执行这些任务之后,在随后的培训中完成其他类型的任务,直至新员工能够执行所有任务。

2.现有员工的培训需求

前厅部经理有时会感到一个员工或几个员工的工作有问题,但不能肯定到底是什么问题,有时也会感到员工有点不太对劲,但不知道从哪里着手改善。这个时候,一份培训需求评估表能够较好地帮助前厅部经理找出员工的弱项,以及时加以修正。它可以由多个方面的知识和技能组成,主要涵盖"酒店全体员工应掌握的知识""前厅部全体员工应掌握的知识""总台员工应掌握的知识""工作技能"等。

二、制订部门培训计划

一年制订四次培训计划是一个好办法,每个季度进行一次培训,准备培训的步骤如下。

(1)认真准备培训中要用到的所有知识和工作分解。

(2)为受训人员每人复印一份岗位知识内容与工作分解。

(3)制定培训日程,这取决于培训对象与培训主题。一定要将每期培训的内容限制在员工能够理解和记住的范围内。

(4)选好培训时间和培训地点。

(5)通知员工培训日期。

(6)实施授课。

(7)收集所使用的演示用品。

一般而言,培训计划应该包括"6W1H"的内容,即why(培训目标)、what(培训内容)、whom(谁接受培训)、who(谁实施培训)、when(培训时间)、where(培训地点和设施)以及how(培训的方法及费用)。

在这里,培训目标是指希望受训人员在培训后获得哪些能力。培训目标描述的是培训的结果,而不是培训的过程。培训内容主要包括知识培训、技能培训和态度培训三个方面。其中,知识培训主要面对新员工或新近岗位变化,以及用于对培训对象所拥有的知识进行更新;技能培训则更多地解决"会"的问题,旨在让员工适应前厅部各岗位所需要的与时俱进的新技能;态度培训重点在于树立培训对象正确的从业观点、服务理念和工作态度。受训人员的选择可以依据需求分析中的人员分析来确定,同时也应考虑酒店的战略目标、培训目标以及员工的个人发展目标等。

培训计划制订过程中,培训师的选择尤为关键和重要,一位优秀的培训师既要具备扎实的培训技能,又要有一定的培训技巧,二者缺一不可。培训时间的确定则需要结合前厅部工作业务的繁忙程度,充分考虑参加培训的学员能否顺利出席,特定的培训师能否到位,培训场地和各项设施设备能否得到充分利用等。合适的培训地点有助于营造良好的培训环境,继而增强培训效果,而合理的培训预算既能保证资金的有效运作,又能很好地量化培训管理工作,这些都是培训计划得以完整实施的重要保证。

三、培训实施

实施培训实际上就是将岗位中的各个工作任务进行分解,培训也将遵循工作任务的分解顺序来完成。在每一个工作步骤中,培训师将演示并告知员工要做什么、怎么做,以及工作的细节为什么重要。培训师在解说工作任务分解时,需要同时进行步骤演示,要让员工对其所讲的内容清晰明了,并鼓励员工随时提出问题。同时,培训实施需要关注员工需求及工作安排,合理地安排培训实施环节是实现培训目标的基础和根本。

四、培训评价反馈

培训能够帮助员工学习新知识、掌握新技能、端正工作态度,而评价与反馈则更多地侧重于评定员工是否把培训中学到的知识应用于实际工作岗位中。因此,培训师应该在首次培训完成后,在实际工作中观察员工执行工作任务的情况,并给予指导,适时提出意见。当员工出现重大错误时,应及时得体地纠正他们。之后培训师可以将在岗指导的情况反馈给员工,让员工知道自己什么地方做得对、什么地方做得不对,并鼓励他们在工作中运用培训过程中的专业知识和技能。培训师也应该正面评价员工的进步,用工作任务分解步骤逐一确认员工已掌握所有任务。

知识拓展

四步培训法

任务二 员工班次安排

任务导入

为员工安排工作班次是前厅部经理及其他管理人员面临的最具挑战性的任务之一。排班过程是极为复杂的,在前厅部员工只接受了执行单项任务的培训时尤其如此。例如,总台接待员如果还没接受过总机工作培训,就不宜安排他做接线员。前厅部经理必须对员工的排班需求保持敏感。例如,计时工会要求更改安排,以避免上班时间与其他事情冲突。有的前厅部员工会要求上不同的班次,以学习各班次所具有的独特的工作技能。有的前厅部经理以资历为基础进行员工排班,有的以其他标准或喜好为基础进行安排。两种都可行,但前厅部经理必须前后一致地执行排班标准,并且注意各员工的需要,才能做出行得通的安排。

科学合理的人员排班既能保证前厅部有充足的人员开展各项接待工作，又能控制人力成本，提高劳动生产率。在编制定员一定的情况下，要根据一天中不同接待时间段的不同客流量，安排适当的人手。合理的排班能让员工得到充分的休息，提高工作满意度。前厅部的个别岗位需要24小时在岗，如前台、礼宾等岗位，大部分酒店采用早、中、夜三班倒的方式安排员工在岗，有些酒店结合员工意愿设专门的夜班岗。

合理调配与控制前厅部员工、科学合理进行班次安排可以有效降低前厅的管理和运营费用，保持员工的积极性，确保前厅部高效运转。前厅各级管理人员需要在准确预测未来经营状况的基础上，运用合理的方法安排班次，做到有张有弛，既要圆满完成工作任务，又要保持员工的积极性。安排员工工作班次是前厅部管理人员的日常重要工作，管理人员要了解科学排班的基本方法。

一、预测未来经营状况

班次安排需要考虑酒店出租率因素。周末及法定节假日酒店满租时，为保证酒店服务质量和水平，应少安排员工休息；在出租率较低时安排员工轮休；在能够提前预测出租率时，提前做好班次安排工作，如春节时酒店的出租率一般较低，酒店员工基本上都想回家，应提前规划好排班。

二、制定排班制度

排班制度是班次安排的重要依据。一般在月末安排下个月的排班，员工需要休息的应提前申请。合理安排员工休假，根据酒店运营状决定是否同意员工连休。排好班后还会遇到突发事件，需要再做调整，此时可能会让其他员工或者主管代班，调班及加班薪酬计算标准也要提前告知员工。

三、科学合理排班

班次安排不仅要保证公平公正，还要考虑员工的劳逸结合、新老搭配、男女搭配以及员工特别需求等因素，最大限度调动员工的工作积极性，提高工作效率。

1. 根据员工的业务技能水平合理安排

对于实习生和新上岗的员工，因为他们的业务技能还不全面，在排班的时候要做好与老员工的搭配，不能独自安排夜班。

2. 根据每日接待任务量合理安排员工班次

前厅部要及时与销售部沟通，了解每日客情变化，客人抵离店数量及大型团队情况、会议日程，随时对客情进行预测，及时调整人员安排，保证在高峰时段有足够的人员在岗为客人提供服务。

3.做好节假日期间的人员安排

很多酒店在节假日期间客流量暴增,管理人员要根据销售的预测和往年的经验合理安排员工值班。同时,在排班之前,还要充分与员工进行沟通,尤其是家在外地的员工,要了解员工的个人意愿。有的员工愿意在节假日期间工作,有的员工愿意与家人团聚,尽可能展现对员工的人性化关怀,关键时刻管理人员应率先垂范。

4.弹性安排工作时间,提高人员使用效率

灵活规划时间,允许员工在制度允许的前提下更改上班和下班的时间,这样做的好处在于可以储备人力用于高峰时段的宾客接待,同时也能在非高峰时段让员工休息,实现组织和个人的双赢。

英语积累

名　词	英　文
培训	Train
人力资源管理	Human Resource Management
培训计划	Training Plan

项目训练

一、选择题

1.班次安排要考虑国家法律、法规的有关规定,保证员工的(　　)。
　　A.收入　　　　　B.合法权益　　　C.安全　　　　　D.健康
2.配备员工要以保证(　　)为前提。
　　A.酒店服务质量　B.个别员工需求　C.节约成本　　　D.满负荷运转
3.注意各个班次的平均,尤其不要安排同一个员工连续上(　　)班。
　　A.早　　　　　　B.中　　　　　　C.夜　　　　　　D.休假
4.前厅服务人员是酒店的窗口,其服务态度、服务技能直接影响酒店的形象,培训的内容主要是(　　)。
　　A.基本管理方法　B.组织能力　　　C.执行能力　　　D.服务态度

二、基础训练

1.前厅部员工排班的基本方法有哪些?
2.员工培训的基本程序是怎样的?
3.试制订前厅部短期培训计划。

参考答案 ▼ 选择题 答案

三、技能训练

实训项目	制订培训计划
实训目的	通过制订前厅部员工培训计划,完成一次员工培训过程
实训要求	学生分组进行角色扮演,其他学生观察并相互点评,教师指导纠正
实训方法	1.教师给出背景资料,学生进行分析和设计; 2.学生按照老师提供的背景资料,编制酒店前厅某个岗位人员的培训计划; 3.模仿撰写某项培训教学方案;模拟独立完成或组织某项培训内容
实训总结	对制订培训计划中几个环节的要点进行总结

学生签名:

日期:

项目十二 前厅信息管理

项目目标

素质目标

1. 培养学生认真负责的敬业精神及热情主动的工作态度。
2. 培养学生数字化素养和用数据指导应用的现代管理者思维。

知识目标

1. 掌握客史档案的内容和建立方法。
2. 了解Opera软件中前厅部的基础操作。

能力目标

1. 能够使用Opera系统建立客史档案。
2. 能熟练高效地为客人提供预订、收取押金、入住、结账等服务。
3. 在掌握任务操作步骤的基础上,熟悉全英文的软件操作界面,提高对客工作中英语的运用水平。

知识导图

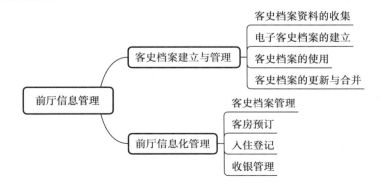

前厅服务与数字化运营

任务一　客史档案建立与管理

有一位客人讲述了他在东方酒店的奇妙经历:"几年前,我和东方酒店的总经理一起用餐时,他问我最喜欢什么饮料,我说最喜欢胡萝卜汁。大概6个月后我再次入住东方酒店,在房间的冰箱里,我发现了一大杯胡萝卜汁。以后的几年中,不管什么时候住进东方酒店,他们都为我准备胡萝卜汁。最近一次旅行中,飞机还没在机场降落,我就想到了酒店里等着我的那杯胡萝卜汁,顿时满嘴口水。几年来,尽管酒店房价涨了3倍多,我还是住这家酒店,就是因为他们为我准备了胡萝卜汁。"这是一个酒店从细节入手,赢得回头客的典型事例。胡萝卜汁之所以每次都会出现在客人的房间,是因为客史档案发挥了重要作用。

客史档案是酒店对住店客人的自然情况、消费行为、信用状况和特殊要求所做的历史记录。它是促进酒店销售的重要工具,也是酒店经营管理和接待服务工作的必要依据。有效地建立与准确地使用客史档案,有利于实现完美的客户关系维护。通过与客人的交流,发现他们的个人喜好、习惯和满意度等信息,酒店据此制订符合客人个性需求的服务预案,优化和完善服务,以提升服务的品质,使客人享受到称心的服务。可以说,客人是酒店最好的老师,是他们不同的特点和个性教会了酒店如何创造需求与服务。建立详尽的客史档案,可以使酒店以较低的代价赢取宝贵的客源。

一、客史档案资料的收集

客史档案对于酒店的重要性毋庸置疑,但前提是酒店运营管理系统中得有高质量的客史档案存在,因此及时、准确地获取和建立客史档案资料,是做好客史档案管理工作的基础,而对于酒店来说,获取客史档案资料是第一步。

建立客史档案,需要以充分的客史档案资料为基础。客史档案资料的收集,不仅要求酒店制定合理的客史档案资料收集流程和鼓励政策,同时要求酒店各部门、各员工齐心协力,用心细致,在工作中善于捕捉和记录有价值的信息。收集客史档案资料的主要途径有以下几种。

(1)前厅部是酒店的重要对客服务部门,也是收集客史档案的重要途径。前台服务人员可通过预订电话、办理入住登记、回答客人问讯、退房结账等过程收集客人相关信息。礼宾服务人员可通过迎送客人、行李服务、行李寄存、委托代办等过程收集客人相关信息。总机服务人员可通过叫醒服务、回答问讯等过程收集客人相关信息。大堂副理和宾客关系主任可通过邮件、电话、当面拜访等方式问候客人,了解并记录客人的服务需求、消费喜好和对酒店的评价等。

(2)客房、餐饮、康乐、营销等服务部位的全体员工主动与客人交流,认真记录客人反映的意见、建议和特殊需求,并及时反馈记入客史档案。

(3)及时收集客人的线下和线上点评信息并记入客史档案。

(4)及时收集客人投诉信息,将投诉产生的原因、处理经过及客人对投诉处理结果的满意程度记入客史档案。

(5)酒店有关部门及时收集客人在报刊、网络、电视台等媒体上发表的有关酒店服务与管理、声誉与形象等方面的评价,并记入客史档案。

二、电子客史档案的建立

现代酒店客史档案的建立一般都是在酒店的PMS系统内完成的(见图12-1)。电子客史档案建立其实就是在酒店的PMS系统中录入酒店所获得的客人的信息。酒店所使用的PMS系统不一定相同,可能是Opera、Fedelio,也可能是其他系统,因此录入的方法和标准可能有所不同。

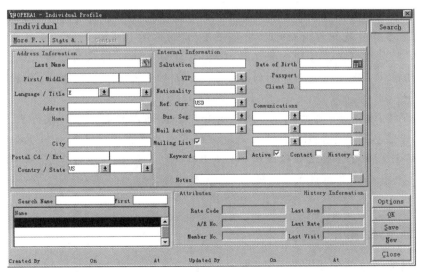

图12-1　Opera系统客史档案界面

一个客史档案的建立是从酒店在系统中给客人做预订开始,因此这就要提醒所有可以给客人做预订的部门,即前台、商务楼层、GRO,还有酒店的预订处员工,当接到客人的预订要求时,一定要与客人确认一下他的信息,在系统中查找一下客人是否曾经入住过本酒店。如果不是第一次入住,那这个客人就已经有了自己的客史档案,酒店要选择正确的客史档案直接使用,而不是重新建立一个新的档案。重新建立档案一方面无法让客人的积分和消费记录累积,另一方面酒店也容易忽视客人的客史档案中有价值的信息,例如喜好、投诉记录等,这样势必会影响客人的满意度。此外,如果对客人的每次预订都建立一个新的客史档案,会造成许多重复的客史档案,这样大量的重复信息会造成酒店后台数据库越来越大,当然会影响系统的运行速度。因此,建立客史档案要从查询客史档案开始,选择正确的客史档案,这一点十分重要。

另外,酒店在获得客人的信息后需要第一时间录入酒店的PMS系统中,保证信息录入的及时性。这一方面要求有系统录入权限的部门得到客人的信息之后按时录入;另一方面要求其他部门,例如餐厅、客房等部门,如果没有更新客史档案的权利,就要保证将自己获得的信息及时交给前台这样有权限的部门,这样酒店才能保证信息的及时共享,以便全酒店做好沟通,更好地为客人服务。

对点案例

客史档案的重要性

某五星级酒店有一个VIP客人特别喜欢吃鸡蛋果和火龙果,而且火龙果还得是黄色的火龙果,但这些水果酒店平时是不会买的,因此对于有这样的特殊要求的客人,酒店必须提前为他准备,每次知道他要来了,就会提前出去买这两种水果。

同时这个客人有很多行李还有小摆件寄存在酒店,他一来就会住至少两周,每次来的时候都需要酒店把他的行李、衣服、摆件按照他的习惯放在房间特定的位置,同时必须每次入住同一间套房,他说这样他才能有家的感觉。对于这个客人,由于东西真挺多,另外还要有固定房间,酒店通常在他抵店前一两天就开始安排了,而对于他的房间号码更是在给他做预订时就已经安排上了,同时在入住前一天就在系统中把房间锁定,不给其他客人使用。因为如果不这样做,可能就无法满足客人这些需求。当然,对于这个VIP客人,酒店有十分详细的客史档案,记录了酒店该如何去做,这就是客史档案的重要性。

案例评析:在酒店中,由于并不是所有部门都有查看客史档案的权力,这就要求前台员工做好信息的共享,当前台员工知道哪个客人要来并且客人有涉及其他部门的服务需求,而这个部门恰巧没有权限时,前台员工一定要做好信息的分享,所以说前台是酒店的"神经中枢",要起到联络沟通、传递信息的作用。

三、客史档案的使用

客史档案信息的使用对每一个营业部门的服务水准而言都至关重要,各部门应在当天打印出次日抵店的客人名单,对那些有客史档案记录的客人需及时跟进相关服务。客史档案是酒店各部门开展工作的重要依据,各部门应充分利用好客史档案,为客人提供精准、个性化的服务。

1.预订处

(1)按照抵店客人名单查找客人客史档案。

(2)按照客史档案中记录的客人需求特点预分客人所需的房间类型及特定房号。

(3)通知客房部按照客人喜好布置房间。

（4）通知大堂副理安排VIP、团队客人接待。

（5）通知大堂副理安排抵达客人的生日、结婚纪念日等所需的贺卡及礼品。

（6）查询客人投诉档案，了解客人此前是否有过不愉快的入住经历，提醒有关部门注意跟进服务。

2.接待处

（1）按照预订单的要求，结合客史档案，核查并预分相应的房间类型、位置及房号。

（2）依据客史档案，做好客人的入住接待准备工作。

（3）为团队和重要客人完成预先登记工作，以便为客人提供快速入住服务。

（4）在客人整个住宿期间，记录客人的特殊要求。

3.客房部

（1）在客人抵店前，依据客史档案中客人的喜好，做好房间的布置工作，摆放相应的房间物品。依据客史档案，为客人增加、减少、更换房间用品，如更换另一种枕头、增加加湿器等。

（2）在客人入住期间，留意客人住房习惯和特殊要求。

4.餐饮部

（1）查阅客史档案，计划和落实餐饮接待安排。

（2）根据客人的习惯与口味，安排适当的菜品、酒水和用餐环境。

（3）留意客人的生日，在生日当天为客人准备长寿面、小礼品等惊喜和祝福。

（4）留意客人饮食习惯，做好餐饮服务的跟进和意见征询工作。

5.客户关系部

（1）依据次日抵店客人名单，做好入住接待准备工作。

（2）随时掌握客人的联络方式，定期通过电话、邮件、当面拜访等方式征询客人意见。

（3）定期向客人发送节日问候，联络顾客感情，增强顾客关系。

6.市场营销部

（1）查询客人的预订来源、合同类型、消费金额、房间类型、房价等。

（2）根据客人抵店的时间，安排有关销售人员迎接客人。在客人住店期间，适时进行销售拜访和意见征询等工作。在平时，适时进行电话拜访、顾客关系维护等工作。

对点案例

完美的个性服务

李先生又一次入住某国际酒店，开房时，服务人员礼貌地询问："现在需要给您的房间送去您喜欢的热咖啡吗？是加点白兰地的。"李先生没想到他上次赞许的这款咖啡，酒店还记得，喜欢得连连说好。次日早上，李先生走出房门准备去餐厅，楼层服务员恭敬地问道："李先生您是要用早餐吗？"李先生感到很奇怪，反问道："你怎么知道我姓李？"服务员回答："熟记所有客人的姓名，是酒店的服务规范。"这令李先生吃惊，他住过无数高级酒店，但这种情况还是第一次碰到。

李先生愉快地乘电梯下至餐厅所在楼层，刚出电梯，餐厅服务员忙迎上前："李先生,里面请。"李先生又问道:"你怎么知道我姓李?"服务员微笑答道:"我刚接到楼层服务员电话,说您已经下楼了。"

李先生走进餐厅,服务员殷切地问:"李先生还要老位子吗?"李先生的惊诧再度升级,心中暗想:"上一次在这里吃饭已经是半年前的事了,难道这里的服务员依然记得?"服务员主动解释:"我刚刚查过记录,您去年6月9日在靠近第二个窗口的位子上用过早餐。"李先生听后有些激动,忙说:"老位子!对,老位子!"于是服务员接着问:"老菜单?一个三明治,一杯咖啡,一个鸡蛋?"此时,李先生已经极为感动了:"老菜单,就要老菜单!"

给李先生上菜时,服务员每次回话都退后两步,以免自己说话时唾沫飞溅到客人的食物上。一顿早餐,就这样给李先生留下了深刻的印象。

此后三年多,李先生因业务调整没再去该酒店,有一天李先生收到了一封该酒店发来的贺卡:"亲爱的李先生,今天是您的生日,祝您生日快乐。我们常常想起与您共度的美好时光,希望能够再次见到您。"李先生非常感动,每当有朋友去往那个城市,他都推荐朋友住这家酒店,并嘱咐他们:"告诉酒店你是我的朋友,别忘了替我带个好。"靠完美的客户关系维护,这家酒店几乎天天客满。

案例评析:本案例表明,酒店所提供的服务用心用情、恰到好处,非常符合客人心愿,留给客人深刻的印象。只有掌握客人的习俗爱好、特殊要求、意见等信息,满腔热情的服务才能如愿地令客人称心甚至惊喜。善于发现客人新的喜好,共同分享服务信息,依客人喜好提供完美服务,应成为服务人员的工作习惯,这样案例中打动客人的惊喜服务会经常演绎。

知识拓展

正确使用
客史档案

四、客史档案的更新与合并

酒店管理者要正确管理客人的客史档案,及时更新客人的基本信息、喜好以及消费记录,保证客史档案的正确有效;同时酒店对于重复信息以及无效信息要进行客史档案的合并,以避免给客人造成不便,同时也能减少系统内存占据空间。

1.客史档案的更新

首先,客人的基本信息是可能发生变化的,比方说客人的电话号码、公司、职位和邮箱等,酒店在发现客人的信息发生变化后需要对客人的客史档案进行更新。酒店前台员工经常能碰到这样的情况,客人在签写入住登记单或者结账时,看到他的信息还是以前的,有些客人会很友好地说,这个已经不对了,他早就换公司了,或者他的职位发生了变化等,他可能会将最新的名片交给酒店前台员工,这时酒店前台员工一定要感谢客人,及时将客史档案中的内容更新。

其次,客人的需求喜好也可能发生变化,比如一些客人在一些特殊阶段身体不好,最近几个月每天早上都得喝燕麦粥或小米粥、热牛奶,不能吃凉的和辛辣的食物,但并不代表半年之后或一年之后他还有这种需求,因此需要做好跟客人的沟通,及时更新客人的需求和喜好。

最后,如果一个客人在酒店曾经发生过投诉,如果酒店的处理方式包括答应客人在他下次入住时，可以给他安排免费的房间或者将房间免费升级，这样的信息同样可以记录在客人的客史档案当中，这时就要及时履行承诺，让客人觉得自己的投诉意见有被重视。此类投诉记录的标准在每个酒店可能有所不同。

2. 客史档案的合并

客史档案的合并就是将酒店 PMS 系统中相同的或者重复的客史档案合并成一个档案，这样不仅便于统计，而且还可以节省数据库空间。虽然在前文中都已经提到了，每位员工办理预订时，都需要查询客人是否有客史档案，但还是会存在不当的操作，造成大量的重复档案，因此对于前厅部来说，酒店通常会以季度为单位，整理出全酒店重复的客史档案，并制作报表。将这些报表分发给前厅部的员工，来做档案的合并工作。

酒店在客史档案合并工作中需要注意以下三点。

(1) 档案姓名相同不代表档案重复。酒店在系统中输入客人姓名，会显示出客人的客史档案，假如出现一个姓名多个档案，这就要看看几个档案是不是同一个人的，虽然可能名字相同，但是其他例如出生年月、证件号码等不同，这就说明不是同一个人的，这样当然就不需要合并。

(2) 将资料不全的档案合并到资料详细的档案中。如果姓名相同，且其他基本信息都一样，这就要将资料不全的档案合并到资料详细的档案中去。如果遇到只有客人姓名，而没有详细信息，也没有入住记录的档案，酒店可直接将这样的档案合并到其他有详细信息的档案当中，如图 12-2 所示。

图 12-2　客史档案合并

(3) 保留最新档案信息。合并的时候酒店要看哪个档案的信息是新获得的，例如客人公司的名称、邮箱等，可能是客人新换了一个公司工作，所以酒店要保证保留最新的档案，将旧的档案在系统中合并。

注意以上三点，再加上酒店 PMS 系统中的正确操作才能做好客史档案的合并工作。

任务二 前厅信息化管理

任务导入

张女士是某酒店的常客,来到酒店,她总会遇到一些惊喜:酒店不仅经常安排她住在曾经住过的客房,并在房间里准备她心仪的欢迎礼物,还会记得把枕头换成她喜欢的薰衣草枕头;如果住店期间遇到她的生日,酒店从来不会忘记送上生日蛋糕。几年下来,张女士就纳闷了,他们的员工是怎么做到这么周到的?在前厅主管的解释下她才明白,原来酒店借助酒店管理信息系统为每位顾客建立了完善的客史档案,在客史档案的帮助下,员工才能熟知每位顾客的喜好,并为之提供满意的服务。

任务分析

酒店管理信息系统(Hotel Management Information System,HMIS)依靠先进的科学技术手段,通过对客史资源等数据的分析和挖掘,创造服务优势,提高酒店科学管理水平。随着现代酒店信息化的发展,酒店越来越离不开酒店管理信息系统,作为酒店的"神经中枢",前厅部的工作更是如此。前台管理系统是酒店业最早实现信息化的部分,是酒店管理信息系统的重要组成部分,其主要功能包括客史档案管理、客房预订、收银与账务管理、客房管理、夜审报表、系统维护等。酒店管理信息系统可以建立完善的客史档案,提高宾客服务水平,也可以完成从预订到入住到退房的全部操作,提高对客服务效率。

一、客史档案管理

Opera的前台管理系统称为PMS(Property Management System),客史档案是酒店提高对客服务质量的好帮手,PMS提供客户资料记录功能,使预订及其他操作的完成更加快捷、准确。

(1)在"Reservation"中点击"Profile",出现建立"Profile Search"的对话框,点击"New",进入客史档案查询界面,如图12-3所示。

(2)选择档案类型。Opera PMS的"Profile"包括Individual(个人)、Company(公司)、Travel Agent(旅行社)、Source(销售员)、Group(团队)、Contact(联系人)等。具体如图12-4所示。

(3)填写客史档案信息(见图12-5)。

(4)如果需要档案合并、添加附件、备注等操作,可以点击右侧的"Option"按钮进行相关操作(见图12-6)。

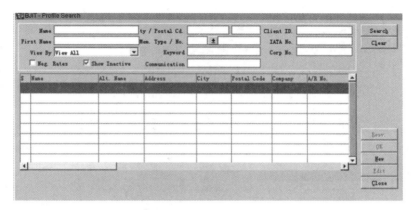

图 12-3　客史档案查询

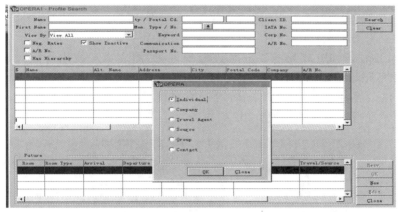

图 12-4　新建 Profile 界面

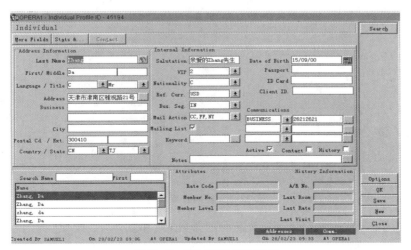

图 12-5　填写客史档案信息

Opera系统介绍

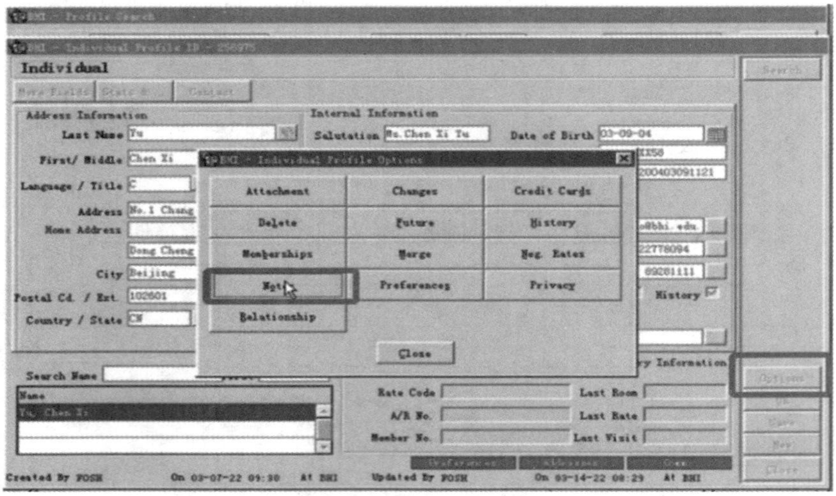

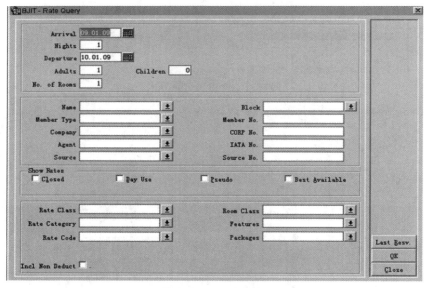

图 12-6　Option 中相关操作

二、客房预订

当客人通过各种方式与酒店联系进行预订时，酒店员工使用新建预订功能来办理。散客预订是最基础的预订形式。

(1)新建散客预订。进入 PMS 后通过按快捷键 F5 进入"Rate Information"，选择"Rate Query"进行价格查询(见图 12-7)。

图 12-7　价格查询界面

(2)在图 12-7 所示界面上，输入查询的条件后，单击"OK"按钮，弹出"Rate Query Details"(价格查询明细)界面(见图 12-8)，该界面详细展示了该酒店所有符合查询条件

前厅部计算机系统的应用——Opera系统介绍

的房型以及房型的各类价格。

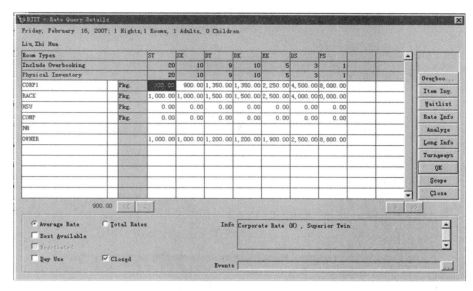

图12-8 价格查询明细界面

（3）按标准及实际情况输入预订内容，然后点击"Save"，出现该预订的预订号，预订成功（见图12-9）。

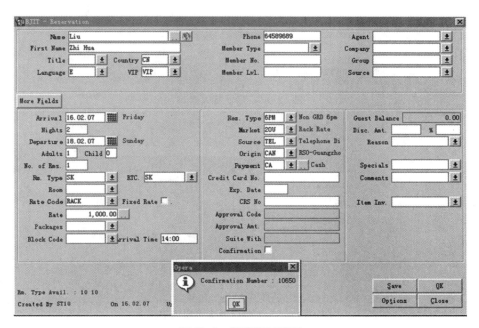

图12-9 新建预订界面

（4）如果需要进行复制预订、取消预订、留言等操作，可以点击右侧的"Option"按钮（见图12-10），进行相关操作。

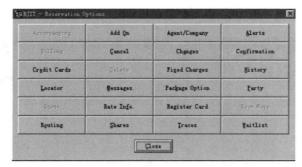

图 12-10　Option 相关操作

三、入住登记

(1)输入散客预抵店信息(见图 12-11),可以按姓名或者预订号查找,找到该客人预订信息核对后,点击右侧"Check In",进行入住登记界面(见图 12-12)。

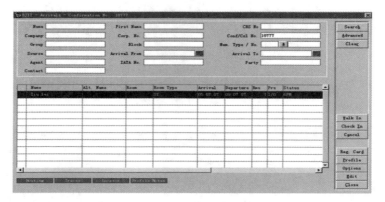

图 12-11　预抵客人查询

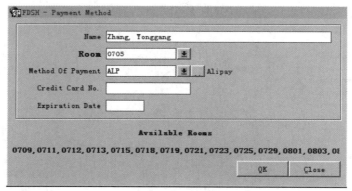

图 12-12　入住登记时安排房间界面

(2)若无预订的客人,可先按照上述内容新建档案或者新建预订。

四、收银管理

(1)收银登录(Cashier Login)。酒店为每一个有收银权限的员工设置了一个收银员号码(Cashier ID),进入任何与账目相关的功能界面前,都会弹出"Cashier Login"界面,在此界面输入"Cashier ID"和"Password"(见图12-13),进入相应的功能界面。

图12-13 收银员登录

(2)收取押金。当客人入住时,酒店要收取相应的押金,以方便客人在店期间的挂账消费。客人Check In后,收银员点击"Payment"按钮,进入如图12-14所示的界面,收取客人的押金。

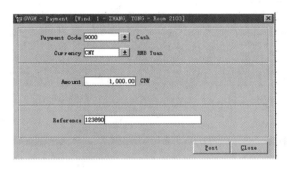

图12-14 收取押金

(3)入账。即将客人消费录入客人的账户中。点击客人账单界面(见图12-15)左下方的功能键"Post",打开如图12-16所示的录入界面。

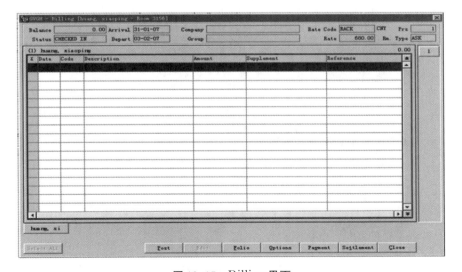

图12-15 Billing界面

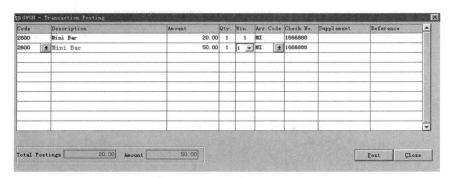

图 12-16　客人消费入账界面

(4)结账。当客人账单界面中的"Departure"为系统的当前时间,此时客人的 Billing 界面上的按钮会显示为"Check Out",表明客人要结账离店了。

①在"In House Guest Search"页面搜索客人信息,如图 12-17 所示。

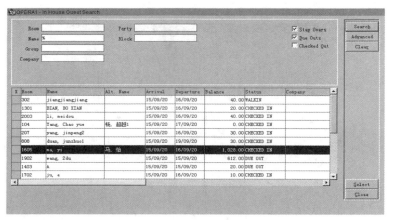

图 12-17　在 In House Guest Search 页面搜索客人信息

②进入客账。找到客人信息后,双击列表,进入客账,如图 12-18 所示。

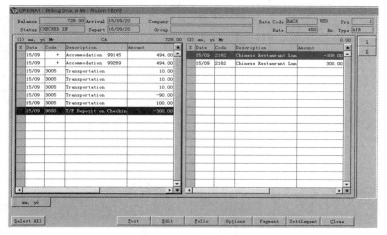

图 12-18　客账界面

③结账。在客账界面中,如果是住店客人(即非当天离店的客人),下方会显示出"Settlement"按钮,如果是预离店的客人(即当天要离店的客人)此处则显示"Check Out"按钮。为客人办理结账手续,如果还有费用没有结算,点击下方的"Post"按钮。如果账目没有问题,点击下方的"Check Out",为客人办理结账退房手续。结账后"Check Out"按钮变为灰色。

(5)夜审。进行完夜审前的准备工作,就可以开始系统夜审了。单击PMS中的"End of Day"(夜审),首先弹出夜审员工系统登录界面,在此界面录入夜审员工的用户名和密码后,单击"Login"(登录)按钮,即可进入夜审系统,开始"Business Date"显示当天的系统夜审,如图12-19所示。

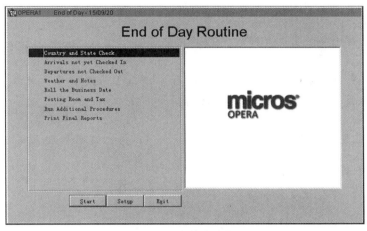

图 12-19　系统夜审界面

英语积累

名　词	英　文
客史档案	Profile
个人	Individual
收银登录	Cashier Login
付款	Payment
入账	Post
夜审	End of Day
合并	Merge

知识拓展

Opera系统结账程序

项目训练

一、选择题

1. 客史档案的内容不包括(　　)。
   A. 民族　　　　　　B. 单位　　　　　　C. 收入　　　　　　D. 住店时间

2. 以下软件中不属于酒店前台系统 PMS 的是(　　)。
   A. Windows XP　　　B. Opera　　　　　C. 西湖软件　　　　D. Fidelio

3. 以下关于客史档案的描述正确的是(　　)。
   A. 酒店客人资料的数量永远不能减少
   B. 一个客人或一家公司应该只有一个资料
   C. 酒店保存客人资料的唯一目的就是预订
   D. 客人可以没有资料而独立存在

4. (　　)是 Opera PMS 管理系统核心,可以根据不同酒店的不同运营方式所带来的需求多样性合理设置系统,以贴合酒店的实际运作。
   A. Opera 前台管理系统　　　　　　　　B. Opera 销售宴会系统
   C. Opera 物业业主管理系统　　　　　　D. Opera 工程管理系统

二、基础训练

1. 建立客史档案的意义有哪些?
2. 怎样做好客史档案的管理工作?
3. 客史档案需要记录哪些内容?
4. Opera PMS 具有哪些功能?

三、技能训练

实训项目	酒店管理系统操作
实训目的	通过实训,掌握前台接待业务和退房离店的酒店管理系统操作技能和技巧。掌握规范的操作流程和注意事项
实训要求	正确运用系统,操作熟练
实训方法	1. 教师首先讲解示范,说明训练要求及训练时的特别注意事项,然后将学生两人一组分为若干个训练小组; 2. 设置不同情境进行入住登记的办理和退房离店的情景模拟操作。教师指导纠正
实训总结	对操作过程中几个环节的要点进行总结

学生签名：

日期：

四、实操练习

按照世界技能大赛酒店接待项目要求,运用Opera酒店管理信息系统进行操作。
(1)录入某客人的国航会员信息;
(2)录入该客人的喜好:无烟房;
(3)录入该客人备注信息:客人对坚果过敏;
(4)合并多余的宾客档案;
(5)登录系统,详细了解Opera系统各模块功能。

附件

第三届"海河工匠杯"技能大赛世赛选拔项目酒店接待竞赛要点(节选)

参考文献
References

[1] 刘萍,闫雪梅,刘鎏.前厅服务与数字化运营[M].北京:旅游教育出版社,2022.
[2] 何玮,卢静怡,张潮.前厅服务与数字化运营[M].北京:清华大学出版社,2022.
[3] 邓俊枫.酒店数字化运营[M].北京:清华大学出版社,2022.
[4] 刘伟.酒店前厅管理[M].重庆:重庆大学出版社,2018.
[5] 宋扬,匡家庆,栗书河.前厅运营管理(中级)[M].北京:中国旅游出版社,2021.
[6] 张胜男,何飞,李宏.酒店管理信息系统[M].武汉:华中科技大学出版社,2019.
[7] 章勇刚,沙绍举.酒店管理信息系统:OPERA应用教程(第2版·数字教材版)[M].北京:中国人民大学出版社,2022.

教学支持说明

为了改善教学效果,提高教材的使用效率,满足高校授课教师的教学需求,本套教材备有与纸质教材配套的教学课件(PPT电子教案)和拓展资源(案例库、习题库视频等)。

为保证本教学课件及相关教学资料仅为教材使用者所得,我们将向使用本套教材的高校授课教师赠送教学课件或者相关教学资料,烦请授课教师通过电话、邮件或加入酒店专家俱乐部QQ群等方式与我们联系,获取"教学课件资源申请表"文档并认真准确填写后发给我们,我们的联系方式如下:

地址:湖北省武汉市东湖新技术开发区华工科技园华工园六路

邮编:430223

电话:027-81321911

传真:027-81321917

E-mail:lyzjjlb@163.com

酒店专家俱乐部QQ群号:710568959

酒店专家俱乐部QQ群二维码:

教学课件资源申请表

填表时间：_____年___月___日

1. 以下内容请教师按实际情况写，★为必填项。
2. 根据个人情况如实填写，相关内容可以酌情调整提交。

★姓名		★性别	□男 □女	出生年月		★职务	
						★职称	□教授 □副教授 □讲师 □助教

★学校		★院/系	
★教研室		★专业	
★办公电话		家庭电话		★移动电话	
★E-mail（请填写清晰）				★QQ号/微信号	
★联系地址				★邮编	

★现在主授课程情况	学生人数	教材所属出版社	教材满意度
课程一			□满意 □一般 □不满意
课程二			□满意 □一般 □不满意
课程三			□满意 □一般 □不满意
其 他			□满意 □一般 □不满意

教 材 出 版 信 息						
方向一		□准备写	□写作中	□已成稿	□已出版待修订	□有讲义
方向二		□准备写	□写作中	□已成稿	□已出版待修订	□有讲义
方向三		□准备写	□写作中	□已成稿	□已出版待修订	□有讲义

　　请教师认真填写表格下列内容，提供索取课件配套教材的相关信息，我社根据每位教师填表信息的完整性、授课情况与索取课件的相关性，以及教材使用的情况赠送教材的配套课件及相关教学资源。

ISBN（书号）	书名	作者	索取课件简要说明	学生人数（如选作教材）
			□教学 □参考	
			□教学 □参考	

★您对与课件配套的纸质教材的意见和建议，希望提供哪些配套教学资源：